초목전쟁

초목전쟁

영국은 왜 중국 홍차를 훔쳤나

세라 로즈 지음 — 이재황 옮김

산처럼

일러두기

1. 이 책은 Sarah Rose의 *For All the Tea in China : How England Stole the World's Favorite Drink and Changed History*(Penguin Books, 2010)를 번역한 것이다.
2. 외래어 인·지명은 국립국어원의 외래어 표기법에 따라 표기했다. 다만 중국 인명은 현재의 중국어 발음으로 표기하되, 신농神農·육우陸羽 등 일부 고대인에 한해 우리말 발음으로 적었다.
3. 본문의 괄호 안에 옮긴이 주를 실었다. '옮긴이' 표시가 없는 것은 원서의 보충 설명이다.
4. 인명의 경우 원서에는 없으나 생몰연도나 작품 등을 '옮긴이 주'라는 표시 없이 간단히 밝혀주었다. 예를 들면, 밀턴(1608~1674. 영국의 시인, 서사시 『실낙원失樂園』의 저자).

차례

초목전쟁

MAP OF THE WORLD.
SHOWING THE EXTENT OF THE BRITISH TERRITORIES IN 1786.

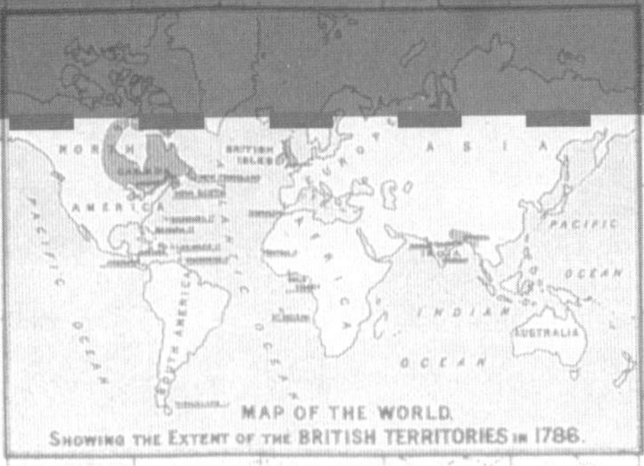
MAP OF THE WORLD.
SHOWING THE EXTENT OF THE BRITISH TERRITORIES IN 1786.

| 프롤로그 |

세계지도가 식물의 이름에 따라 다시 그려진 시대가 있었다. 그 시기에 영국과 중국 두 제국은 두 꽃을 놓고 전쟁에 돌입했다. 두 꽃은 바로 양귀비와 동백이었다.

양귀비(학명 *Papaver somniferum*)는 가공을 거쳐 마약인 아편으로 만들어져 18~19세기 동양에서 널리 이용됐다. 이 마약은 인도아대륙에서 재배되고 제조됐는데, 인도는 할거하던 지방 왕국들이 1757년 대영제국의 깃발 아래 통합된 상태였다. 아편은 인도 식민 당국의 비호 아래 '명예로운' 영국동인도회사에 의해 독점적으로 판매됐다.

동백나무(학명 *Camellia sinensis*)는 차나무로도 알려져 있다. 청淸 제국은 차를 독점하다시피 하고 있었다. 청나라는 당시 이 '액체 보석'을 재배·수확·가공·조제하며 기타 온갖 방법으로 생산·도매·수출하는 유일한 나라였다.

동인도회사는 200년 가까이 중국에 아편을 팔고, 그 대금으로 차를 샀다. 반대로 중국은 인도에서 온 상인들로부터 아편을 사고, 차를 팔아 얻은 은을 마약 값으로 지불했다.

린쩌쉬(林則徐)

이러한 아편과 차의 교환은 영국에 이득을 안겨주었을 뿐 아니라, 나라 경제에 없어서는 안 될 요소로 자리 잡았다. 정부가 거둔 국고 수입이 10파운드라면 그 가운데 1파운드 가까이가 차의 수입과 판매에 매긴 세금이었다. 1년에 1인당 1파운드 꼴이었다. 차에 대한 세금을 통해 신흥공업국 영국은 철도와 도로, 공무원 봉급 등 여러 가지 수요에 필요한 예산을 마련했다. 아편 또한 영국 경제에 마찬가지로 긴요했다. 대영제국이라는 빅토리아 여왕의 왕관을 장식하는 반짝이는 보석이었던 인도를 통치하기 위한 자금원이었기 때문이다. 한편으로 인도 식민지는 항상 경제적으로 자립할 것을 요구받고 있었다. 19세기 중반까지 영국은 인도 서북변경주 전선에서 일련의 영토 확장 전쟁을 벌이고 있었고, 이 전쟁은 풍요롭고 거대한 인도아대륙에서 뽑아낼 수 있는 모든 수익을 나오는 족족 빨아들이고 있었다.

농산물의 삼각무역은 세계경제에 동력을 제공하는 엔진이었고, 제국의 바퀴는 농작물의 재배·가공·판매를 통해 굴러갔다. 인도는 아편을 공급하고 중국은 차를 공급했으며, 영국은 그 두 가지 모두에서 자기 몫을 챙겼다.

19세기 중반 무렵 영국과 중국의 관계는 너무나도 좋지 않았다. 고귀한 천자天子인 베이징의 청나라 황제는 1729년 중국 내에서의 아편 판매를 '공식' 금지했지만, 그 이후로도 100여 년 동안 아편 밀수는 계속됐다. (주목할 만한 것은, 빅토리아 여왕이 영국제도에서도 아편 판매를 금

린쩌쉬가 아편 폐기를 지시하는 모습의 그림.

지했다는 점이다. 이는 대체로 지켜졌다.) 아편 판매는 빠르게, 그리고 꾸준히 증가했다. 1822년에서 1837년 사이에만도 물량 기준으로 다섯 배로 증가했다.

결국 1839년 외국인들의 방종과 자국민들의 아편 중독 만연에 시달리던 무역항 광저우廣州의 중국 관서 최고 책임자(흠차대신欽差大臣으로 광저우에 파견된 린쩌쉬林則徐(1785~1850)였다 — 옮긴이)가 외국인 숙소에 있던 사람들을 모두 잡아들이고 영국인 300명의 몸값으로 아편을 요구했다. 당시 가치로 600만 달러(오늘날의 달러 가치로 1억 4500만 달러)였다. 아편이 몰수되고 잡혔던 사람들이 풀려나자 중국 관원은 500명의 중국인 일꾼을 시켜 300만 파운드 가까이나 되는 아편에 소금과 석회를 섞은 뒤 그것을 주강珠江에 떠내려 보냈다. 그러자 젊은 빅토리아 여왕은 수익성 높은 아편과 차의 거래를 유지하기 위해 영국 해군을 보내 싸움을 걸게 했다.

영국은 전투에서 중국을 완파했다. 조잡한 중국의 목선은 증기기관

제1차 아편전쟁. 중국의 목선들이 영국의 네메시스호에 의해 파괴되고 있다.

으로 움직이는 여왕의 현대식 해군을 당해낼 수가 없었다. 영국은 평화조약의 조항들을 통해 중국으로부터 양보를 얻어냈다. 홍콩 섬과 함께 본토의 다섯 개 조약항條約港 즉 무역이 허용되는 항구를 양도받았던 것이다. 외교적으로 100년 동안이나 간청을 했지만 아무도 가능하다고 생각지 않았던 일이었다.

서양 사람들은 마르코 폴로(1254~1324) 이후로 중국 내륙으로 들어간 경우가 별로 없었다. 제1차 아편전쟁 이전 200년 동안 영국의 배들은 주강 하구에 있는 남부의 교역 도시 광저우 항구에만 정박할 수 있도록 제한돼 있었다. 영국인들은 공식적으로 자기네 화물 창고 밖으로 나갈 수 없었으며, 대부분의 사람들은 외국인 구역에서 겨우 200미터 떨어진 곳에 있는 폭 6미터, 높이 8미터의 성벽조차 본 적이 없었다. 이제 전쟁에서 승리하면서 중국 내륙은 작은 틈이지만 영국인들이 장사를 할 수 있도록 열리게 됐다.

교역할 수 있는 다섯 개의 도시가 생기자, 영국 상인들은 중국 내륙에 쌓여 드넓은 세계시장에서 팔리기를 기다리고 있는 화려한 비단과 우아한 도자기와 향긋한 차를 꿈꾸기 시작했다. 상인들은 광저우의 창고를 쥐고 흔들던 골치 아픈 중간상인 '홍('상관商館'을 가리키던 '항行'의 사투리 발음이다—옮긴이)' 대신 중국 생산자와 직접 거래할 수 있다고 생각했다. 은행가들은 막대한 부와 광물자원, 그리고 농작물과 초목과 꽃들을 기대했다. 중국은 돈으로 바뀔 상품들이 가득한 거대한 나라였다.

그러나 제1차 아편전쟁으로 수립된 새 질서는 불안정한 것이었다. 영국 포함에 굴복해 감내할 수 없는 조약을 맺은 것은 중국으로서는 엄청난 치욕이었다. 중국은 한때 자존심 세고 부족할 것 없던 나라였다. 영국 정치인들과 상인들은 자존심 상한 중국 황제가 중국에서의 아편 제조를 합법화해 평화협정에 따라 형성된 미묘한 균형을 무너뜨리고, 그럼으로써 인도의 (그리고 이에 따라 영국의) 양귀비 독점을 깨지 않을까 우려했다.

런던에서는 영국을 위해 차를 확보해야 하고 그럴 능력도 있다는 인식이 확산됐다. 나폴레옹전쟁이 끝난 것은 아편전쟁보다 한참 전이지만, 트라팔가와 워털루에서 싸웠던 용사들은 여전히 외교정책과 여론에 막대한 영향력을 미치고 있었다. 넬슨 경과 웰링턴 공작 곁에서 나폴레옹 격파의 일익이 됐던 위대한 장군 헨리 하딩(1785~1856)은 인도 총독 시절, 말을 듣지 않는 중국이 제기할 수 있는 위험성에 대해 이렇게 경고했다.

> 내가 생각하기에는 몇 년 안에 베이징 정부가 중국에서 아편 재배를 합법화함으로써 우리 정부로부터 기존의 중요 수입원 가운데 하나를 빼앗아갈 가능성이 충분합니다. 중국의 토질은 인도만큼이나 양귀비 성장에

적합하다는 것이 이미 입증됐습니다. 이런 관점에서 나는 인도에서 차를 재배하는 일을 최대한 장려하는 것이 매우 바람직하다고 생각합니다. 내 생각으로는 머지않아 차가, 지금 아편 독점이 나라에 가져다주는 것만큼이나 유용하고 더욱 안전한 수입원임이 입증될 것으로 보입니다.

만약 중국이 아편을 만드는 양귀비를 합법화한다면 경제 트라이앵글에 치명적인 구멍이 생길 것이다. 영국은 더 이상 차를 수입하고, 인도에서 전쟁을 치르고, 국내에서 공공사업을 벌일 돈을 얻지 못할 것이다. 중국의 아편 재배는 두 제국 사이의 수치스러운 경제적 상호의존과 두 꽃의 교환으로 보증된 불행한 결혼 관계를 끝장낼 것이다. 영국은 그런 이혼을 할 상황이 아니었다.

인도의 히말라야 산간은 중국의 최고급 차 산지들과 비슷한 점이 많았다. 히말라야는 고도가 높고 땅이 비옥하며 안개가 많아, 차나무에 수분을 공급하고 뜨거운 햇볕도 막아준다. 서리도 자주 내려 당도를 높이고 차 맛을 좋게 한다. 차가 더욱 복합적이고 강렬한 맛을 내며 기분이 좋게 하는 것이다.

농작물들이 동양 무역의 대차대조표를 풍성하게 하자 세계 질서에서 그것들이 매우 중요해졌고, 이에 따라 농작물을 연구하던 사람들(과거 단순한 원예사로 보통 생각됐던 사람들이다)은 식물학자로 대접받기 시작했다. 19세기 중반 무렵 식물학자들은 더 이상 모자 쓰고 징 박은 장화 신고 알뿌리와 꽃과 초목을 보살피는 허드레꾼이 아니라, 어깨에 힘주고 세상을 바꾸는 사람들이었다. 그들이 수집한 외국의 식물들은 영국 본토 및 제국 전체에서 과학적·경제적·농학적으로 잠재적 가치를 지니고 있었다. 살아 있는 식물군을 옮겨 심는 새로운 기술 또한 보다 정교해져서, 전문적인 식물 채집자들이 더욱 이국적인 표본들을 수집해 보낼 수 있게 됐다.

더 이상 중국의 최남단 해안에 갇혀 있지 않게 된 영국인들은 이제 차가 재배되고 가공되는 여러 지역에 더 쉽게 접근할 수 있었다. 인도에서 성공적으로 차를 생산하려면 영국은 가장 좋은 차나무의 건강한 표본과 수천 톨의 씨앗, 뛰어난 중국차 생산자들의 수백 년 묵은 지식을 입수해야 했다. 이 임무는 식물 채집자와 원예사, 도둑과 스파이를 겸해야 했다.

영국이 필요로 했던 사람은 로버트 포천(1812~1880)이라는 사람이었다.

중국 민강,
1845년

로버트 포천이 세계 유수의 식물 채집자 가운데 한 사람으로 유명해지기 훨씬 전인 1845년의 어느 가을날 오후, 그는 자신이 중국에서 죽을 것 같다는 생각이 부쩍 들었다. 그는 2주일 동안 민강閩江 하구 푸저우福州 부근의 한 무심한 배에 틀어박혀 있었다. 본래 튼튼했던 그의 몸은 거의 망가져가고 있었다. 열이 너무 심해서 그는 원양 화물선 선실에서 잠자리에 들었으나, 배 바닥의 구정물과 상한 물고기 냄새로 어지러웠다. 시골에서 가져온 목재가 가득 쌓여 있는 배 갑판에는 포천의 짐도 있었다. 꽃·나무·풀·채소·과일 등 온갖 이국적인 식물들이 가득 찬 커다란 유리 상자들이었다. 발명자의 이름을 따서 워드 상자로 알려진 이 유리 상자들은 포천이 런던으로 싣고 가는 것이었다. 그가 그렇게 멀리까지 갈 수 있다면 말이다. 키 작은 중국인들을 위해 만들어진 침상에서 긴 두 다리를 흔들거리며, 당시 서른세 살밖에 되지 않은 포천은 자신이 배에 갇혀 죽어가고 있으며 더러운 침대보에 꽁꽁 싸여 아무렇게나 배 바깥에 던져져 수장될 것이라는 상상을 했다.

그는 3년에 걸친 중국 여정의 막바지를 보내고 있었다. 런던원예협회(1861년에 영국왕립원예협회가 된다—옮긴이)의 요청으로 동양의 귀중한 식물들을 찾아내고 그 표본을 채집하기 위한 것이었다. 포천의 임무 중에는 여러 가지 상상 속의 진미 가운데서도 "베이징의 대궐 뜰에서 길러져 무게가 1킬로그램이나 나가는 복숭아"를 구하는 것도 있었다. 살아 있는 식물군들과 함께 그는 압착한 식물 표본과 중국의 솜씨 좋은 화가가 그린 정교한 식물 그림들을 가지고 가야 했다. 포천은 수집된 이들 여러 가지 씨앗과 초목, 접붙이고 복제한 것들을 통해 서양 사람들의 동양에 대한 지식과 식물에 관한 지식을 확충하고 있었다.

로버트 포천

그가 정리한 여러 가지 새로운 초목들은 참신한 가치를 지녔다는 이유뿐만이 아니라, 그것이 대영제국에 유용하게 쓰일 수 있다는 점에서 중요했다. 19세기 세계에서는 기계를 이용해 자연물을 가공품으로 제조해 내는 혁명이 일어났다. 솜은 자동 직조기 위에서 옷이 됐고, 철광석은 철도 선로와 증기선의 선체로 변했으며, 찰흙은 사기그릇과 도자기가 됐다. 중국은 농업으로 부를 이루었고 공업 발전의 잠재력을 지닌 개척자였다.

그러나 고열로 끙끙대며 침상에 누워 있던 포천은 자신과 스스로 수집한 식물들이 안전하게 영국의 식물원으로 돌아갈 수나 있을지 확신할 수 없었다. 그는 외국인으로 이미 3년 동안이나 중국에서 살았지만, 이전에 겪어보지 못한 최악의 곤경에 처해 있었다.

그는 나중에 이렇게 회고했다.

> 나는 분명히 죽을 것 같았다. … 내 눈을 감겨줄, 아니면 내 마지막 안식처로 함께 가줄 친구나 동포 한 사람 없이 말이다. 집과 친구들, 그리고 고국이 그때 내게 얼마나 소중하게 생각됐던지!

포천의 생애는 제국의 팽창이 가져다준 기회를 붙잡았던 수많은 모험적인 영국인 생애의 전형이었다.

그는 평범한 집안 출신이었다. 농작물 가꾸기에 관한 기초적인 지식은 품팔이 농사꾼이었던 '울타리 일꾼' 아버지로부터 얻은 것이었다. 그는 스코티시보더스주의 에드롬이라는 작은 마을의 교회 학교 외에는 정규적인 고등교육을 받은 적이 없었다. 자연사에 관한 그의 지식은 옥스퍼드대학이나 에딘버러대학에서 얻은 것이 아니라 민간의 실무와 직업 훈련을 통한 것이었다. 그는 교역 자격증인 원예 분야 1급 면허를 가지고 있었으나, 의학 학위가 없었다. 그는 식물학 전문가 그룹에 끼이기를 열망했는데, 그 사람들은 거의 의학 학위를 가지고 있었다.

그렇기는 하지만 포천은 야망이 있었다. 그리고 약간의 재능은 있지만 시원찮은 자리도 없었던, 19세기 스코틀랜드나 잉글랜드의 장남이 아닌 자식들로서는 외지로 나가서 기회를 찾아보는 것이 엄격한 빅토리아 시대 사회 위계에서 신분 상승을 할 수 있는 유일한 방법이었다. 제국의 미개발 자원을 개발하면 품위 있는 생활을 누릴 수 있는 무궁무진한 기회가 있었다.

적극적인 생각을 가졌던 포천은 원예 분야에서 빠르게 지위를 높여갔다. 처음에는 에딘버러 왕립식물원에 있었고, 그 뒤 치즈윅의 원예협회 정원들로 옮겼다. 포천은 난초를 기르고 온실에서 장식용 초목(동양에서 가져온 희귀하고 멋진 초목들이었다)을 기르는 기술이 뛰어났기 때문에 제1차 아편전쟁이 끝난 뒤 중국 탐사를 위해 파견될 협회의 1순위 후보자였다.

찰스 다윈(1809~1882. 영국의 생물학자)의 외삼촌 존 웨지우드(1766~1844)가 1804년 설립한 이 협회는 영국에서 식물에 관한 한 모든 것의 결정권자였다. 협회의 활발한 모임들에서는 식물학자·동물학자들이 논문을 제출하고 자기네 분야의 최신 성과에 관해 토론했으며, 이런 일들은 영국의 전 세계 식민지가 증가함에 따라 훨씬 많아졌다. 협회에서 발간하는 잡지에서는 제국의 변경에서 찾아낸 새로운 초목들을 상세히 분류했다. 협회의 식물학자들은 그들이 베껴온 방법, 즉 린나이우스로도 알려진 위대한 칼 폰 린네(1707~1778. 스웨덴의 식물학자)가 얼마 전 유럽에 도입한 체계에 따라 모든 종에 이름을 붙이고 설명하는 거대한 프로젝트에 열심히 매달렸다.

빅토리아 시대 영국에는 이국적인 자연물, 먼 나라에서 선교사·관리·상인들이 수십 년 동안 수집해 온 곤충·화석·초목들에 대한 열망이 있었다. 공업화가 진척되고 지주들이 농지에 울타리를 쳐서(영국에서 대지주들이 대규모 농업이나 목축을 위해 경지 등에 울타리를 쳤던 '인클로저'를 말한다—옮긴이) 시골 농민들이 농토를 떠나 도시로 이주하게 되자 영국인들은 어떤 형태로든 자연을 갈망하게 됐고, 영국의 가정에 초목을 공급하는 새로운 시장이 떠올랐다. 화분에 담긴 각양각색의 양치식물에 온 국민이 마음을 빼앗겼고, 곧 어디서나 그런 것들을 볼 수 있게 됐다. 장식용 도자기와 벽지와 옷감에도 그려졌고, 부자의 온실과 가난뱅이의 창턱에서도 발견할 수 있었다. 양치식물은 기르고 번식시키기 쉬운데다 매우 강인해 옮겨심기에도 좋았는데, 자연스럽고 일부러 가꾸지 않은 듯한 모습을 지녀 전 국민의 자연 취향을 드러내는 데 제격이었다.

보다 이국적인 기념품을 찾던 제6대 데번셔 공작 윌리엄 캐번디시(1790~1858)는 1856년 처음 수입된 필리핀 난초(학명 *Phalaenopsis amabilis*) 표본에 100기니(현재 가치로는 약 1만 2천 달러)의 돈을 지불했다. 공작은 꽃에 대한 자신의 열정을 충족시키느라 재산을 거의 탕진했다. 순백의 길쭉한 꽃잎과 노란 꽃잎을 지녀 매력적이고 은은한 이 난초는 협회 회원들에게 많은 사랑을 받았고, 그것을 발견한 사람은 큰 수지를 맞았다.

중국은 수백 년 동안 서양 사람들에게 닫혀 있었기 때문에 식물 채집 지도에서 대체로 공백으로 남아 있었다. 예전에 이런 곳은 지도상에서 '용이 있는 곳(서양 옛 지도에서 가보지 못해 어떤 위험이 있을지 모르는 곳을 'here be dragons'로 표시한 데서 이 말이 위험 지역을 가리키게 됐다고 한다—옮긴이)'으로 표시했었다. 중국은 자기네가 세계의 중심이라고 생각했다. 그러나 중국 문명이 5천 년 이상 이어왔다 해도, '중국中國'은 사실상 세계 무대에서 거의 전적으로 배제됐었다. 서방은 중국에 대한 실질적인 지식이 거의 없었기 때문에 거기에 낙원이라느니 위험하다느니 이국적이라느니 하는 온갖 환상들을 덮씌웠던 것이다. 영국인들이 정원에 대해 기대하는 온갖 열망들을 채우고 심지어 확대하기 위해서는 중국을 자연 그대로의 원예 무릉도원으로 인식할 수밖에 없었다.

유럽인들이 중국을 가까이서 볼 수 있었다면 이 나라가 내부의 동요로 분열돼 있고 혐오스런 이민족의 지배를 받는 나라임을 알았을 것이다. 만주족들이 북쪽에서 만리장성을 넘어와 수도 베이징에서 200년 동안 한족을 지배하며 충성과 세금을 요구했다. 남부 지방에서는 수많은 비밀결사가 생겨나 만주족 청 왕조의 이민족 황제에 맞서 싸울 것을 다짐했다. 시골에는 도둑과 강도가 들끓었고, 바닷길에는 해적이 출몰했다. 기근이 시골 농민들의 생명을 앗아갔고, 부패한 관리와 선비라 불리던 유학자들에게도 마찬가지였다. 반면에 도시는 어디라 할 것 없이 지저분했다.

영국인들은 거래 관계를 통해 중국 사정에 대한 약간의 지식을 얻었다. 동인도회사가 광저우에서 200년 가까이 사업을 했기 때문이다. 그러나 중국 내륙 지방은 대부분 '미지의 세계terra incognita'였다. 그래도 영국인들은 두 가지는 알았다. 중국에는 신기한 초목들이 있을 것이고, 이는 대영제국의 미래 경제에 상당한 도움을 주리라는 것이었다.

중국 황제는 침입자들이 자기네 영토를 뒤지고 다니며 자원을 수탈하는 것을 막기 위해 골치를 썩였다. 제1차 아편전쟁에 이은 난징南京 조약으로 영국은 푸저우와 다른 네 개의 합의된 항구에서 상거래를 할 수 있는 권리를 얻었다. 이 항구들은 이전에 외국인들에게는 접근이 금지됐던 해안의 성곽 도시들이었다. 그러나 영국인들과 그들의 의도에 대한 의구심은 여전히 널리 퍼져 있어서, 백인들은 공식적으로 이 항구 도시들에 새로 건설된 조계租界 바깥을 여행하는 것이 금지됐다. 물론 중국 법이 외국인들을 도시 성벽 안에 묶어놓지 않았더라도 중국의 현실 생활은 녹록치 않았다. 가장 문명화된 개항장조차도, 습기·벌레·야생동물·질병과 형편없는 위생시설에 익숙지 않은 영국인들에게는 쉽지 않은 환경이었다. 정신이 멀쩡한 사람이라면 중국에서 살거나 거기서 죽고 싶지는 않았을 것이다.

1842년 가을 중국과 영국 사이의 강화講和 소식이 원예협회에 전해졌고, 이에 따라 협회는 중국 내륙으로 탐사를 보낼 전례 없는 기회를 얻었다. 당시 영국이 우선적으로 해야 할 일은 식물 자료를 찾아내 활용하는 것이라는 인식이 널리 퍼져 있었다. 로버트 포천은 전쟁이 끝나고 외무부가 중국 여행을 허가한 최초의 인물이었다.

포천은 그런 협회의 영예로운 임무에 걸맞은 그 흔한 '신사紳士' 계층이라는 배경도 없이 중국 탐사에 뽑혔다. 그는 연간 겨우 100파운드(오늘날 가치로 약 5천 파운드 즉 1만 달러에 해당한다)의 급료를 받았는데, 한 가족이 먹고살 정도의 보잘것없는 금액이었다. 그나마 그 일을 하는 3년 내내 인상도 없었다. 그가 급료를 올려달라고 교섭하려 하자 협회는 준엄하게 그를 질책하면서 "당신 임무에 대한 금전적인 보상은 그저 부차적인 고려 사항이어야 하며" 더욱 중요한 것은 "당신이 다른 무슨 수를 쓰더라도 얻을 수 없는 영예와 지위"임을 상기시켰다.

포천은 신분이 낮고 재산이 없었는데, 협회는 그에게 소총·권총이나 총알·화약 등을 세세하게 갖추는 데 필요한 수당을 줄 필요가 없다고 판단했다. 그의 임무는 동양의 희귀 화초를 연구하고 사들이는 것이었다. 그들의 주장에 따르면 이 일은 무기가 필요치 않은 것이었다. 포천은 무기가 초목을 구하는 데 필요한 것이 아니고 자신의 안전을 위해 필요하다고 역설했다. 동료 식물학 전문가들이 그의 말에 공감을 하기는 했지만, '신사' 식물 채집자들의 경우 총이 필요하다면 스스로 총을 살 독자적인 수단을 가지고 있다는 것도 분명한 사실이었다.

협회 회원들은 포천이 임무를 완수하기 전에 죽는다면 그들의 중국 탐사 투자가 허사가 되거나 적어도 성과가 많이 줄어들 것임을 결국 인정했다. 그들은 포천의 급료를 올리는 문제는 다시 거부했지만, 마지못해 그에게 약간의 무기는 제공했다.

나중에 확인되지만, 포천에게 탐사를 맡긴 것은 대성공이었다. 그는 자신이 발견한 식물들의 세부 사항을 모두 충실하게 협회에 보고했고, 중국의 새롭고 놀라운 초목들의 살아 있는 견본을 될 수 있는 대로 많이 영국으로 실어 보냈다. 그는 나뭇가지를 자르고, 접을 붙이고, 꼼꼼하게 주석을 달고, 세계의 식물학자들을 위해 상세한 편지를 썼다. 식물학자들 상당수는 전 세계의 대영제국 식민지 초목 교환 프로그램의 일환으로 그가 발견한 과실을 전달받았다. 포천은 첫 번째 중국 여행을 마칠 무렵에는 과학 탐사 분야에서 성공작으로 인식되고 있었다. 그가 맨 처음 실어 보낸 것들이 접수되자 그의 활약은 널리 알려지고 당연하게도 찬사를 받았다.

이는 그가 희귀하고 아름다운 것을 수집하는 안목뿐만이 아니라 잠재적 시장가치에 대한 안목도 지녔기에 가능한 일이었다. 그는 드넓은 중국의 경이로운 자연을 탐사했으며, 과학에 엄청난 의미를 지니지는 않더라도 경매에서 비싼 값을 받을 수 있는 꽃들에 대한 자신의 안목을 끊임없이 단련시켰다.

3년 동안 포천은 겨울에 꽃피는 재스민인 영춘화, 빅토리아 시대의 낭만주의를 표현하는 상심傷心 이미지의 꽃인 금낭화, 빅토리아 여왕 32세 생일 선물로 바쳐졌던 식민지산 이색 물품 비로야자, 흰꽃 등나무, 장식용 꽃을 피우는 치자나무(학명 *Gardenia fortunei*), 팥꽃나무(학명 *Daphne fortunei*) 등을 발견했다. 포천은 한 고관의 정원에서 4~5미터 높이까지 벽을 타고 기어오르는 전설 속의 노랑 겹꽃 월계화(보통 '포천의 노랑 겹꽃' 또는 '오빌의 금'으로 알려져 있다)를 발견했다. 특히 한 가지 발견은 그를 불멸의 인물로 만들게 된다. 껍질째 먹을 수 있는 작은 감귤류 과일인 금귤(학명 *Citrus fortunei* 또는 일반적으로 *Fortunella*)

금귤

이다. 포천은 비록 자신이 발견한 어떤 초목에 대해서도 재산권을 보유하지 않았지만, 다른 여러 가지 팔릴 만한 희귀품과 장신구, 희귀한 보석, 도자기, 비취 제품들을 가지고 고향으로 돌아가게 된다.

포천은 꼼꼼하게 관찰한 학술적 현장 메모 외에 자신이 해낸 일에 대해, 그리고 낯선 민족과의 만남 및 중국의 풍습에 대해 일기를 썼다. 그는 자신의 하인·통역에 대해, 관리·상인·약초꾼·예술가·어부·원예사·승려·매춘부·행상·여자·아이들에 대해서 썼다. 빅토리아 시대의 다른 여행자들과 마찬가지로 그도 돌아온 뒤인 1847년에 이 기록을 여행기라는 형태로 출간했다. 『중국 북부 지방 방랑 3년*Three Years' Wanderings in the Northern Provinces of China*』은 어떤 원예학 연구서에서나 발견할 수 있는 지리적 또는 식물학적 묘사가 자유롭게 펼쳐져 있다. 그러나 이 책에는 또한 개항지에서 같은 영국인 거류민을 만난 일이나 절과 승려들, 강도의 위험성 등 발랄하고 거리낌 없는 저자의 추억담이 들어 있다.

포천의 여정은 1843년 태풍이 부는 계절에, 영국이 가장 최근에 얻은 식민지 홍콩에서 시작됐다. 그는 이 섬이 "통탄할 만한 상황에 빠져" 나쁜 공기*mal aria*에 시달리고 이에 따라 유럽 출신 거주민들을 파멸시킬 것이라고 강조했다. 그는 그다지 예언하는 말투는 아니었지만 "교역 장소라는 관점에서 나는 홍콩이 실패하지 않을까 우려된다"고 썼다. 포천은 해안선을 따라 최북단 교역항 상하이上海로 항해해 가다가 태풍을 만나 거의 난파 직전에까지 이르렀다.

무게가 15킬로그램이나 나가는 커다란 물고기가 바다에서 솟구쳐 배 뒷부분 선루船樓 위 채광창에 떨어졌다고 하면 그 태풍이 어느 정도였는지 상상할 수 있을 것이다. 채광창의 틀은 산산조각이 났고, 물고기는 그 공간을 지나 선실 탁자 위로 떨어졌다.

본토의 산비탈에서 초목을 채집하면서 포천은 도둑들에게 소매치기를 당하고 쫓기고 얻어맞았다. 도둑들은 그에게 벽돌을 집어던지기도 했다. 그는 이렇게 썼다.

나는 몇 초 동안 기절했었고, 깨어나 숨을 쉬게 될 때까지 벽에 기대어 있었다. … 불량배들은 다시 나를 에워싸고 몇 가지 물건을 빼앗았다.

포천은 또한 아편을 사고파는 소굴을 찾아가기도 했고, 아편 중독의 위험성에 대해 장황하게 설명했다.

나는 종종 마약을 흡입하는 것을 봤는데, 대부분의 경우는 지나치게 빠지지는 않는다고 단언할 수 있다. 동시에 나는, 우리나라에서 독한 위스키를 마시듯이 종종 통탄스러울 만큼 과도하게 마약을 흡입하는 경우도 있음을 잘 알고 있다.

그는 특히 고관들의 정원에서 초목을 얻으려 애썼고, 종종 얻을 수 있는 최상의 표본을 얻기도 했다. 그는 가서는 안 되는 도시 쑤저우蘇州의 정원에 들어가려고 변장을 하기도 했다.

물론 나는 중국인 복장으로 여행을 했다. 머리칼을 밀고 멋진 가발을 쓴 뒤 꼬리머리를 했다. 과거의 일부 중국인들도 매우 자랑스러워했을 차림이었다. 대체로 나는 내가 훌륭한 중국인이 됐다고 생각했다.

이렇게 위장하자 문지기들을 속여 넘길 수 있었고, 포천은 "우리 가운데 영국인이 있다고 슬쩍 말해 주면 그들이 얼마나 놀라겠는가" 하고 생각했다.

『중국 북부 지방 방랑 3년』은 또한 포천이 스스로 알 수 없는 곳이라고 여겼던 사회를 점차 받아들이고자 하는 인간으로 진화해 가는 과정을 기록하고 있다. 처음에 그는 식민지 개척자의 오만에 사로잡혀 중국을 보았기 때문에, 이 나라를 "형편없는 중국식 돼지우리와 목화밭과 무덤들"로 가득 찬 나라라고 무시했다. 그는 다른 많은 외국인처럼 자신을 서양적인 생활방식의 전도자로 생각하고, 중국이 우월하다는 생각에 대해서는 무엇이든 조소를 보냈다. 그는 유럽 출신 거류민들이 중국인들에게 본보기 역할을 해야 한다고 믿었다.

우리의 안락함과 세련됨을 슬쩍 엿보기만 해도, '개명된' 중국인의 눈을 통해 '야만 종족'을 한두 단계 끌어올리는 움직임이 시작될 것이다.

그러나 3년 뒤 그의 생각은 누그러졌다. 그는 일상 속의 중국인들과 가까이 접촉하지 않고는 자신의 임무를 성공적으로 완수할 수 없었고, 그렇게 하는 과정에서 어쩔 수 없이 이 나라가 인간의 얼굴을 지니고 있음을 인정하지 않을 수 없었기 때문이다.

중국 내부로 들어가지 못하게 하는 장벽은 매우 많았다. 언어 문제에서부터 사회적인 문제, 순전히 행정적인 문제에 이르기까지 다양했다. 포천은 국외자 신분이었기 때문에 중국인 농민·선원·일꾼·안내자·짐꾼들에 전적으로 의존할 수밖에 없었다. 그는 자신이 국경과 문화적 경계를 넘을 수 있도록 도와주겠다는 사람을 여럿 만났다. 물론 대가를 내라는 것이었다. 그는 서양 사람들이 이전에 거의 경험하지 못했던 보통 중국 사람들과의 만남을 통해 두 나라 사이의 단결과 화합을 바라게 됐다. 그는 이렇게 썼다.

> 우리가 꽃을 사랑하는 것보다 더 중국인들에게 우리 문화와 성과를 잘 이해시키고 우리와 그들 사이의 애정을 더욱 확충할 수 있는 방법은 없다.

『중국 북부 지방 방랑 3년』은 비평가들이나 대중들 모두로부터 호평을 받았다. 권위 있는 런던의 『타임스』에 기고한 한 비평가는 이렇게 썼다.

> 독자들이 『톰 아저씨의 오두막』이라는 자극성 음료로 인한 취기에서 깨어났다면 "포천의 순한 무이차武夷茶(우이차)"를 마셔보라고 … 진지하게 추천한다. 이 차에는 아무런 불순물이 섞이지 않았다. 그것은 순수해서 너무 지나칠 정도이며, 중국인들이 차를 마시는 방식대로, 우유와 설탕을 타지 않고 마셔야 한다. 우리의 외골수 저자는 감미로운 첨가물과 불필요한 부가물 그 어느 것도 타지 않았다. 맛에 관한 한 아무런 문제도 있을 수 없다. 한번 마셔보면 이 차의 뛰어남이 입증될 것이며, 한 모금 마신 사람이라면 심호흡을 하고 다시 홀짝이게 될 것이다.

이 책은 책상머리 식물학자들과 몽상가적인 식민지 개척자들에게 불티나게 팔렸지만, 단순히 흥밋거리 이야기를 찾는 독자들에게도 팔려나갔다. 포천은 자신의 경험을 빅토리아 시대 성장소설bildungsroman이라는 전통적인 형태로 풀어냈다. 재치 있게 살며 임기응변에 능했던 이 지방 출신의 젊은이는 가장 믿기 힘든 방식으로 유명해졌고, 런던으로 돌아온 뒤 찬사를 받았다.

그러나 포천이 특히 대중의 머릿속에서 영웅으로 도드라지고 확고하게 자리 잡게 만든 한 가지 삽화가 있다면 그것은 그가 위험한 민강에서 고열에 시달리며 갑판 아래 선실에 누워 있던 장면일 것이다.

포천이 탄 평저선平底船은 바위가 많은 하구에서 북쪽으로 꺾어져 남중국해로 들어갔다. 작은 목선은 이른 아침의 바람을 맞으며 나아갔다. 배의 등나무 돛은 바람을 가득 머금었는데, 누비이불처럼 짜 맞춰져 대나무 버팀줄 사이에 주머니처럼 튀어나와 있었다.

선실 문이 벌컥 열리고, 가쁜 숨을 몰아쉬는 선장과 키잡이가 해안지역 사투리인 푸젠福建 말로 소리치기 시작했다.

"하이다오海盜(해적이다)!" 그들은 경고했다.

갑판 위는 아수라장이었다. 선장은 자기 소유의 귀중품들을 숨기기 위해 마룻장을 뜯어내기 시작했고, 선원들 역시 고달픈 선원 생활을 하면서 어렵사리 챙겨놓은 몇 푼의 동전을 숨길 곳을 찾았다. 포천이 망원경을 꺼내 보니 수평선에 배 다섯 척이 있었다. 아무런 표시도 없고, 제국의 깃발도 나부끼지 않았다. 해적선일 수밖에 없었다.

첫 번째 해적선이 그들에게 다가오자 50여 명의 선원은 통로를 따라 모여 "악귀들처럼 폭소를 터뜨리고 고함을 치기" 시작했다.

포천은 나중에 이렇게 썼다.

> 그들의 공포스런 고함소리는 지금까지도 내 귀에 울리는 듯하다. 이렇게 시간이 지났고, 지금 나는 지구의 반대편에 있는데도 말이다.

다시 타고 있는 배의 선원들에게로 눈을 돌리자, 그들은 미묘하게 변화돼 있음이 눈에 띄었다. 사람들은 거지꼴을 하고 있었다. 40년 넘게 바다에 있었다는 듯이. 그들은 옷을 입은 시늉만 하고 있었다. 찢어진 천과 뜯긴 쌀 포대를 둘렀다. 풍성해 보이던 배였지만, 해적들이 배에 오를 즈음에는 가져갈 만한 것은 없을 듯했다.

해적은 중국의 골칫거리였다. 서양과의 교역은 막대한 외국의 부를 가져다주었지만, 해안 지역은 해운을 관의 장악 아래 두려는 관리들과 이에 저항하는 해상 도적들 사이의 전쟁터로 변했다. 해적단 생활에는 동성애·윤간·고문·식인食人 등의 광란도 있지만, 그것은 또한 청조의 융통성 없는 사회 구조 밖에서 삶을 영위하는 한 방법이기도 했다. 포천이 탄 배처럼 작은 배는 잡아봐야 남는 게 별로 없었다. 거기서 포로 몇을 잡아 노예로 팔고, 무시해도 좋을 배는 끌고 가거나 가라앉혀 버릴 것이기 때문이다. 하지만 그런 배는 위험성도 거의 없었다. 해적선은 포천이 탄 둔중한 화물선에 비해 무력이나 병력이나 전술이 우세해 전체적으로 거의 상대가 되지 않았다.

선원들은 이제 짐칸에서 바구니에 돌을 담아 날라다가 갑판에 죽 쌓아놓기 시작했다. 평상시에 이 돌들은 배의 균형을 잡는 바닥짐으로 쓰이며, 전투가 벌어졌을 때는 가장 간단한 무기가 된다. 그러나 포천이 지적했듯이 "해적선은 모두 총을 가지고 있었고, 따라서 갑판에 돌을 가득 쌓아 놓더라도 그다지 도움이 될 수는 없었다."

"배를 돌려." 선원 가운데 하나가 요구했다.

"해안으로 돌아가서 절벽 아래 숨자." 다른 사람이 주장했다.

"다打(싸우자)!" 한 사람이 울부짖었다.

"저우走(도망치자)!" 또 다른 사람이 외쳤다.

해적에게 잡힌 서양 사람의 운명이란 종종 피를 보게 돼 있다. 강도들은 아마도 포천을 잡아 몸값을 요구하며 고문할 것이다. 협박에 못 이겨 그는 영국 공관에 편지를 보내 자신의 석방 대가로 감당할 수 없는 돈을 지불해 달라고 구걸하지 않을 수 없을 것이다. 그런 상황에 처했던 한 영국인 포로는 이렇게 썼다.

> 나는 어떤 사람이 양발에 대못이 박히고, 등나무줄기 네 개를 꼬아 만든 채찍으로 피를 토하도록 얻어맞았으며, 한동안 그런 상태로 방치됐다가 육지로 끌려가 토막이 나는 것을 보았다.

또 한 사람은 "똑바로 묶어놓고 배를 가른 뒤 염통을 꺼냈고, 나중에 술에 담가 먹었다."

해적들은 자기네가 사형 선고를 받으리라고 확신했기 때문에 그런 잔인한 짓도 서슴지 않았다. 나라에서 해적들을 처벌하는 방법은 범인을 십자가에 못 박고 예리한 칼로 저며 120조각이나 72조각, 36조각, 24조각으로 토막 내는 것이었다. 한 목격자는 가장 경미한 처벌인 24조각 형에 대해 이렇게 썼다.

> 첫 번째와 두 번째로 베어내는 것은 두 눈썹이다. 세 번째와 네 번째는

양어깨고, 다섯 번째와 여섯 번째는 양쪽 가슴이다. 일곱 번째와 여덟 번째는 양쪽 손과 팔꿈치 사이 부분이고, 아홉 번째와 열 번째는 양쪽 팔꿈치와 어깨 사이 부분이다. 열한 번째와 열두 번째는 양쪽 넓적다리 살이고, 열세 번째와 열네 번째는 양쪽 다리의 종아리다. 열다섯 번째로는 염통을 째고, 열여섯 번째로는 머리를 몸통에서 잘라낸다. 열일곱 번째와 열여덟 번째로는 양손을 잘라내고, 열아홉 번째와 스무 번째로는 양팔을 잘라낸다. 스물한 번째와 스물두 번째로는 양발을 잘라내고, 스물세 번째와 스물네 번째로는 양다리를 잘라낸다.

포천은 자신이 해적들에게 최고의 전리품이 될 것임을 알았다. 그래서 거의 소진된 기력을 한껏 끌어 모은 뒤 고열을 이겨내며 갑판 위의 아수라장에서 자신이 어떻게 해야 하는지를 생각했다. 그는 권총을 집어 들고 키잡이의 머리를 겨누었다. 그는 이렇게 위협했다.

"내 총이 해적들의 총보다 네게 가까이 있다. 네가 키를 떠난다면, 단언컨대 나는 너를 쏠 것이다."

그가 경고를 하는 동안 해적선은 포를 쏘며 공격해 왔다. 선원들은 갑판 아래 선창으로 달아났다. 모든 선원이 도망쳤지만 포천에게 겁먹은 키잡이만은 예외였다. 포탄이 휙휙 포천의 머리 위를 지나갔고, 그 궤적은 곧바로 돛과 돛 사이로 향했다.

해적선은 포천이 탄 배 크기의 적어도 1.5배는 됐다. 그러나 총이 통로(배의 양옆을 따라 만들어진 통로다)를 따라 고정돼 있었기 때문에 사격을 하기 위해서는 똑바로 오던 길을 바꾸어 급회전을 해야 했다. 포격이 계속되는 동안 포천은 계획을 정했다. 그는 먼 거리에서는 응수하지 않고 해적들이 쉽게 목표한 배에 오를 수 있다고 믿게 내버려둘 참이었다. 그들이 가까운 범위에 들어오면 해적들의 둔중한 대포나 사제 장총 및 화승총에 비해 정확한 포천의 무기가 유리해진다(중국인들에게는 소총과 권총이 없다). 그것은 저격수의 손으로 한 방 터뜨리는 것이나 마찬가지였다.

해적들이 육박해 오고, 총이 불을 뿜었다. 그들이 20미터쯤의 거리에 있을 때 포천은 기회를 잡았다. 그는 갑판을 기어 배꼬리의 높은 후갑판 쪽으로 가다가 갑자기 일어서서 소총을 쏘아댔다.

순간, 공격을 하다가 깜짝 놀란 해적들은 엄호물 뒤로 숨었다. 포천의 사격은 명중했다. 해적 하나가 다쳤고, 아마도 죽은 것 같았다. 해적선은 갑자기 유령의 배가 됐다. 키를 잡은 사람도 없었고, 배는 속수무책으로 바람 부는 쪽으로 흘러갔다.

반면에 포천의 배에는 키잡이가 있었고, 전속력으로 달렸다.

그러나 해적들은 떼를 지어 다녔다. 잠시 후 두 번째 배가 따라붙기 시작했고, 멀리 세 척의 배가 더 보였다.

그때 포천은 한 가지 아이디어를 짜냈다. 누더기를 뒤집어쓴 선원들, 그리고 변장을 한 채 쑤저우에 있는 고관의 정원을 찾아갔던 자신의 경험을 떠올리며 생각해 낸 것이었다. 아이디어란 이민족의 옷으로 바꿔 입는 것이었다. 아래 선실에 여벌의 서양 옷이 몇 벌 더 있었다. 선원들에게 서양 사람들처럼 옷을 차려입게 한다면? "이제 나는 우리 힘이 더 강한 것처럼 해적들을 속일 수 있을 것이라는 생각이 들었다"고 그는 썼다. 중국인들은 바다에서는 눈이 먼 것이나 마찬가지였다. 영국 배들은 모두 망원경을 가지고 다니고 일부는 쌍안경까지 있지만, 중국 배에는 거의 없었다. 해적들이 여기에 모두 유럽 사람들이 타고 있고 무기가 있다고 생각한다면 이 배와 부딪칠 생각이 줄어들 수밖에 없었다.

포천은 선원들 가운데 "가장 덜 중국인스러운 중국인들"에게 화려한 자신의 여벌 옷을 입혔다. 프록코트를 입히고 바지를 입히고 굽 높은 구두를 신기자 이들은 빅토리아풍의 여행자처럼 보였다. 그는 옷을 갈아입은 선원들에게 지팡이를 들어서, 멀리서 보기에 소총처럼 보이도록 하라고 가르쳐주었다. 그러고는 돛을 들어올리는 짧은 지렛대를 몇 번 휘둘렀다.

그러나 선원들은 틀림없이 영국인처럼 보였겠지만, 해적들이 가까이 다가오자 그들은 겁을 먹을 수밖에 없었다. 대포가 발사되기 시작하자 사람들은 모두 갑판 아래로 도망쳤고, 포천 혼자만 남았다.

두 번째 해적선이 사격을 시작했다. 파편이 튈수록 공포감이 더 커지고 비명 소리가 더 높아졌다. 그러나 해적들이 다시 장전하기 전에 포천이 일어섰다.

그는 소총 두 발을 쏘았다. 뱃머리와 배꼬리를 향해서였다. 그러고는 권총을 쏘아 키잡이를 죽이자 해적선이 바람에 떠내려갔다.

수평선에서 나머지 해적선들이 방향을 돌리기 시작했다.

포천의 배 선원들이 아래에서 올라와 승리의 함성을 지르고, 도망치는 해적들에게 조소를 퍼부었다.

"돌아와서 사내답게 싸우자!" 그들은 외쳤다.

선원들은 갑판에 널려 있는 돌멩이를 집어 들고 해적들이 도망치는 바다 쪽으로 던졌다.

포천은 나중에 이렇게 평가했다.

> 전에 이 신사들을 보지 못한 사람들은 이들이 세상에서 가장 용감한 사람들이라고 생각했을 것이다. 다행히도 해적들은 도전을 받아들이는 것

이 좋겠다는 생각을 하지 못했다.

그는 또 이렇게 썼다.

> 선장·키잡이·선원과 승객들을 거느린 나는 이제 세상에서 가장 위대하고 훌륭한 사람이 됐다. 실제로 그들은 내 앞에 와서 어떤 초월적 존재에게 하듯이 무릎을 꿇었다.

그가 항해 도중 만용을 부리고 그것이 책 출간 시 관심을 끌게 되면서 노련한 중국 전문가로서의 명성을 굳히게 됐고, 지역 주민들에게는 어떤 상인이나 군인이나 선교사도 이전에 경험하지 못한 방식으로 숭배의 대상이 됐다. 포천이 다음 번 탐사를 하기 위해 중국에 돌아올 때는 난초 몇 송이의 운명 따위는 문제가 안 될 정도의 중대한 기로에 서게 된다. 그가 나라의 운명을 바꿔놓게 되는 것이다.

런던 동인도회사,
1848년 1월 12일

동인도회사는 런던시 중심가 레든홀스트리트의 요지를 차지하고 있었다. 건물의 웅장한 외관은 이오니아식 기둥들이 눈에 띄고, 이 기둥들은 세계 무역의 상징물들을 장식한 삼각형의 팀판(그리스식 건축의 지붕에 의해서 구획된, 박공지붕 윗부분의 벽 — 옮긴이)을 떠받치고 있었다. 귀퉁이에는 유럽을 나타내는 형상이 말 위에 놓여 있고, 아시아의 형상은 낙타 위에 걸터앉아 있었다. 유럽과 아시아 사이에는 로마식 옷을 휼날리는 조지 3세(1738~1820) 왕이 올려져 있다. 잘 알다시피 아메리카의 돈이 되는 13개 식민지의 지배권을 잃은 이 미친 왕은 국제 교역을 유지하기 위해 칼을 휘둘렀다. 이 건물의 박공벽은 북쪽을 향하고 있지만, 그 아래를 걸어 분주한 동인도회사 사무실로 들어가는 모든 사람은 정동쪽 즉 동양을 향하고 있었다. 동양은 바로 이 유서 깊은 회사 수익의 핵심이었다.

편지를 다시 복사하고, 아침부터 저녁까지 계속되는 회의를 통해 선물과 부수입과 특권을 분배하며, 아침을 제공한다. 이런 무역회사의 일

동인도회사

상적인 활동이 이루어지고 있던 이 왁자지껄한 곳에 인도로부터 나무 궤짝 하나가 도착했다. 그 궤짝은 판자를 덧대고 초상화와 조각품과 기념물들로 화려하게 장식된 홀을 통해 거대한 도서관과 박물관(그곳에는 모형·동전·메달과 화석, 박제한 새, 돋을새김 작품 등이 가득 차 있다) 너머로 옮겨졌다. 부두에서 짐꾼들이 어깨에 메고 온 그 궤짝은 호랑이 형상의 시계를 지나갔다. 시계는 태엽을 감아주면 나무로 깎은 영국 병정을 '먹게' 되는데, 한 인도 술탄이 동인도회사에 패배하기 전에 갖고 있던 것이었다.

부피는 크지만 무게는 가벼운 그 궤짝은 젊은 사무원에게 넘겨졌다. 사무원이 주석으로 금이 그어진 뚜껑을 떼어 열자 향긋한 약초 향이 피어났다. 궤짝에서 나온 것을 가지고 그는 몇 개의 작은 꾸러미를 만들기 시작했다. 자신의 앞에 놓여 있는 자와 크기에 따라 금이 그어진 놋쇠 저울을 가지고 그는 상자 안에서 나온 것을 일정한 양으로 측정하고 각각을 왁스 먹인 천 가방 안에 조심스럽게 넣었다. 그는 런던의 최고급 차 유통업자들에게 보낼 봉지 차 꾸러미를 준비하고 있었던 것이다.

차를 배분하는 일은 이 사무원의 통상 업무가 아니었다. 그가 하던 일은 동양에서 이 회사 사무실로 보내오는 모든 기록과 편지와 뱃짐인 수권을 세 부씩 베껴내는 일반적인 비서 업무였다. 그러나 힘들거나 화려하지도 않은 일에 연간 300파운드라는 상당한 임금을 받는 이 남자에게, 차 몇 갑씩을 나눠주는 이 업무는 그가 평생 일하면서 했던 가장 중요한 행위 가운데 하나였을 것이다. 그 회사 사주가 살아남느냐의 여부는 그가 보내는 차가 그것을 받을 유명 인사들에게 좋은 인상을 주느냐 아니냐에 달려 있었다고 해도 조금도 과장이 아니었다.

이 사무원이 근무하는 회사는 공식 명칭이 '영국 동인도무역상인 연합회사United Company of Merchants of England Trading to the East Indies'지만 때로 '존 컴퍼니John Company' 또는 '명예로운 회사Honourable Company'로도 불렸는데, 300년 가까이 동양과의 무역에서 영예롭고 가장 많은 수익을 내는 나날들을 보낸 세계 기업이었다. 당시 이 회사는 세계의 여러 지역을 식민지로 삼았고, 그 과정에서 최초이자 최대의 다국적기업이 됐다. 이 회사가 '세상에서 가장 큰 상인 조합'으로 불린 것은 너무도 당연한 일이었다.

1600년 엘리자베스 1세 여왕이 동인도회사에 칙허장을 내주었을 때, 여왕은 이 회사에 동인도 지역(인도아대륙은 물론 오늘날의 동남아시아나 더 나아가 동아시아 지역까지 포괄하는 개념이다—옮긴이)의 모든 무역권을 주었다. 위임 범위는 공기업들이나 가질 수 있을 정도로 광범위하고 가치가 있었다. 창업 후 첫 100년 동안에 이 회사는 동양에서 향신료와 직물을 사다가 런던에서 팔았다. 회사는 동방 개척 자금을 대기 위해 주식을 팔았고, 주주들은 이익에서 배당금을 받았다. 이 사업은 영국에게도 매우 성공적이었고, 회사는 번창했다.

그러나 이익과 기회가 늘어나면서 동양과의 무역은 점점 더 복잡해졌다. 동인도회사는 자신이 사업을 하는 여러 지역에서 사실상 정부 역할을 하게 됐다. 회사는 영토를 획득할 수 있었고, 돈을 찍어낼 수 있었고, 군대를 지휘할 수 있었고, 조약을 체결할 수 있었고, 전쟁을 일으키고 끝낼 수 있었고, 독자적인 사법제도와 조세제도를 만들 수 있었다. 이 회사는 제국이나 국가와 동격이 됐고, 이에 따라 세계경제에서 완전히 새로운 존재가 됐다.

동인도회사는 피트 가문(채텀 백작인 윌리엄 피트 가문을 말하며, 초대 채텀 백작인 대大피트(1708~1778)와 그 둘째아들 소小피트(1759~1806)가 모두 총리를 지낸 정치 명문이다—옮긴이)의 부를 쌓게 해주었고, 웰링턴 공작의 군사적 명성(초대 웰링턴 공작 아서 웰즐리(1769~1852)는 나폴레옹 전쟁에서 명성을 떨쳤다—옮긴이)을 이루게 해주었으며, 헤이스팅스의 제국(헤이스팅스(1732~1818)는 초대 인도 총독이어서 인도 식민 정부를 가리킨다—옮긴이)을 만들어낼 수 있게 해주었다. 회사의 총독 가운데 하나였던 일라이휴 예일(1649~1721)은 누구나 알 수 있는 유명 대학에 기금을 내놓았다.

클럽과도 같은 레든홀스트리트의 사무실에서는 존 스튜어트 밀(1806~1873. 영국의 철학자, 정치경제학자)과 찰스 램(1775~1834. 영국의 수필가) 같은 뛰어난 지성인들을 채용했다. 런던 사무소에 350명 가까운 직원을 거느린 이 회사는 영국에서 가장 많은 사람을 고용한 사기업이었다. 이 회사는 왕이 거느린 군대와 맞먹는 규모의 군사를 고용했고 이에 따라 군대에서 얻을 수 있는 일자리 수를 두 배로 늘렸으며, 공무원 자리는 50퍼센트 늘렸다. 이 회사는 재산 없는 유한계급으로 남을 뻔했던 영국인들(주로 영국 남부의 사립학교 출신들이다)에게로 신사 자본주의(신사층이 주로 담당했던 비산업적 경제활동을 말한다—옮긴이)를 확장시켰다. 한 기업인은 "영국의 가장 우수한 노동자 혈통 일부는 인도에 있다"고 평가했다.

런던의 이사회에서 관리하는 동인도회사는 현대 기업들과 매우 비슷한 방식으로 조직됐다. 이전의 기업들은 소유자가 경영을 맡는 형태였지만, 동인도회사의 주주들은 일상적인 운영에는 참견하지 않았다. 전문적인 경영자 계층이 영국에서 생겨났고, 그 일원이 된다는 것은 중산계급으로 성공한다는 것과 동의어가 됐다. 회사는 세계에서 이루고자 하는 야망이 매우 광대하고 그 구조가 매우 복잡했기 때문에 대양을 넘나들며 물건과 인력과 금전 관계를 추적하기 위해 정교한 국제 금융 시스템과 재고 관리 시스템을 개발했다. 경영자들은 편지든 전보든 육감이든, 손에 닿는 기술과 정보를 무엇이든지 이용해 몇 개의 시장에서 동시에 대량 거래를 할 수 있는 권한을 갖고 있었다.

오늘날 세계시장의 기업들처럼 이 회사는 경쟁에서 앞서기 위해 무슨 일이든지 하려 했고, 차가 회사를 정상에 머물게 해줄 상품이라는 게 일반적인 인식이었다. 차는 1660년대에 영국에 처음 소개됐다. 포르투갈 공주인 카타리나 데 브라간사(1638~1705)가 찰스 2세(1630~1685)에게 시집오면서 가져온 혼수품 가운데 하나였다. 차는 상업용 배인 동인도 무역선에 이상적인 화물임이 입증됐다. 무게가 가볍고, 쉽게 포장할 수 있으며, 대양을 건너는 데 걸리는 여러 달 동안의 변덕스런 날씨에도 견뎌낼 수 있었기 때문이다. 차는 이국적인 사치품으로서 상류층에서 예의를 차리는 방법으로 금세 인기를 끌었으며, 쌀쌀하고 눅눅한 영국의 날씨에 마시기에 제격이었다. 그러던 것이 빠르게 사회 하층에 퍼져, 18세기 중반에는 차가 영국에서 가장 대중적인 음료가 돼서 맥주보다도 많이 팔렸다.

차는 동인도회사의 또 하나의 무역 품목에 불과했던 것이, 이제는 영국인들의 생활에 필수품이 됐다. 영국인이 되려면 차를 마셔야 했다. 주부들은 아침 식탁에 차를 올려놓았고, 제국의 금융업자들은 동아시아 무역을 움직이는 것이 차라는 사실을 알아차렸다. 차는 정부에 막대한 이득의 원천이었고, 수십억 파운드짜리 산업이었다. 국고에 들어오는 조세 수입 기준으로 전체 영국 경제의 10퍼센트를 차지하고 있었던 것이다. 그리고 동인도회사는 영국으로 선적되는 한 건 한 건에 인지를 붙였다.

그러나 동인도회사의 독점은 19세기 초 의회가 이 회사의 아시아 무역 면허를 철회하는 조치들을 취하면서 흔들리기 시작했다. 우선 이 회사에 대한 칙허장은 아무도 그러한 허락이 어떤 결과를 초래할지 실질적으로 이해하지 못하던 시절에 동양 무역에 대한 완전한 독점권을 준 것이었다. 독점은 당연히 경쟁과 혁신을 저해한다. 경쟁 기업들이 외국 항구에서 거래하는 일에 높은 장벽을 치는 데 반발했을 뿐만 아니라, 영국에서 인기 영합적인 성향이 확산돼 제국의 사업 관행에도 영향을 미쳤다. 점점 더 많은 영국인이 정치적으로 권리를 부여받고 있는데, 왜 모든 영국 무역 회사가 동아시아 무역에서 똑같은 권리를 갖지 못한단 말인가?

1813년 영국 의회는 인도에서의 무역에 대한 이 회사의 독점권을 철회했다. 동인도회사는 사실상의 정부로서 인도아대륙을 그대로 통치

19세기 광저우.

하게 됐지만, 다른 회사들이 인도 항구에서 인도산 제품을 거래하는 것을 허용하라는 명령을 받았다. 이렇게 회사의 권한이 제한당했음에도 불구하고 동인도회사는 인도에서 영국의 전체 조세 수입의 절반과 맞먹는 조세 수입을 올려 재정적으로는 여전히 건전했다. 이 회사는 또한 가장 귀중한 중국에서의 무역 독점권을 보유하고 있었다.

중국은 한때 이 회사에 순도 높은 수익원이었다. 이 회사는 중국에 자유로이 드나들 수 있었고, 광저우에서 사들인 차·비단·도자기 궤짝들을 동인도무역선에 실어 수송함으로써 사실상 돈이 돈을 벌었다. 차는 특히 이문이 많았다. 19세기에 접어들 무렵에는 차에서 남은 이문이 다른 모든 중국 물건에서 남은 이문을 다 합친 것과 맞먹었다.

그러나 애덤 스미스(1723~1790. 영국의 정치경제학자, 윤리철학자, 『국부론』의 저자)를 비롯한 자유무역 옹호자들은 계속해서 동인도회사의 중국 무역 독점을 비난했다. 의회는 마침내 1834년 입법을 통해 동인도회사에 오랫동안 부여했던 중국 무역 독점권을 박탈했다. 영국을 휘젓고 있던 자유무역 정서와 중상주의 경향은 수지맞는 차 사업에 한몫 끼이려는 악다구니판이 벌어졌었음을 확인하는 것이었다. 보다 작은 새로운 무역업체들은 곧 광저우에 정박해 아편을 내리고 영국으로 가는 차를 실은 뒤 보다 빠른 자기네 배로 대륙 사이를 기록적인 시간에 항해했다. 돛을 세 개 단 동인도무역선은 상대적으로 낡고 비대하고 속도도 느려, 동인도회사 자체와 많이 닮아 있었다. 동양에서 이 회사가 누렸던 무적 지배 시대가 끝나가고 있는 듯했다.

동인도회사가 마지막 무역 독점권을 상실한 뒤, 중국은 대체로 회사에 골칫거리였다. 매듭이 잘 지어지지 않는 몇 가지 미해결 과제들 때문이었다. 대영제국은 차를 알게 된 것도, 그리고 물론 그것을 계속 공급받는 것도 청 제국에 기대야만 했다. 중국은 찻잎을 따서 덖고 혼합해 넉넉한 이문을 남기고 영국에 팔았다. 중국은 200년 동안 영국인의 입맛을 지배해 온 이 음료를 완전히 손아귀에 쥐고 있었다. 필수적인 물건을 다른 나라에 의존한다는 것은 부족한 것이 없다고 생각했던 대영제국에 하나의 충격이었다. 특히 분통터지는 일은, 툭하면 무례하고 뻣뻣한 태도를 보였고 생각날 때마다 시답잖은 물건의 가격을 올릴 나라에 그렇게 의존해야 한다는 사실이었다.

동인도회사는 어떤 나라라도 당시 막강한 해군이 세계를 호령하고 있던 영국의 무역 주도권을 그렇게 깡그리 무시할 수 있다는 것은 터무니없는 일이라고 오래전부터 생각해 왔다. '동양의 후진국들' 가운데 하나인 중국은 말할 것도 없었다. 그러나 고립주의를 펴고 있던 중국은 대영제국과 적당한 거리를 두는 데 성공했다. 자기네가 생산하고 있는 차 다섯 상자 가운데 한 상자를 영국이 사주고 있는데도 말이다.

100년 동안이나 외교적으로 접근했지만 중국은 차 제조에 관한 비밀을 하나도 풀어놓지 않았다. 누가, 어떻게 재배하며 어떤 조건이 필요한지는 서양 사람들에게는 여전히 미스터리였다. 심지어 차의 이름조차도 수수께끼였다. 작설雀舌·용정龍井·옥녀봉玉女峰·경암鏡巖·수금귀水金龜·삼승암三僧巖. 이것들은 녹차인가, 홍차인가? 그런 설명을 가지고 어떻게 상표를 붙여 시장에 내놓으라는 건가? 회사는 차가 해마다 같은 맛을 내리라고 어떻게 확신할 수 있단 말인가? 동인도회사 이사회는 욕심쟁이 중간상인을 다루기에 지친 지 오래고, 화를 돋우는 중국인들과는 이익을 조금도 나누고 싶지 않았다.

차는 여전히 영국의 거대 기업에 저항하고 있는 지구상의 한 대국의 상징이었다.

차 무역이 전성기의 동인도회사에게 가장 중요한 수입원이었으나, 이 회사는 19세기 중반쯤에는 기울고 있었다. 회사의 차 무역은 감소세에 있었지만, 동시에 살아남기 위한 마지막 희망이자 최대의 희망이었다.

인도에서 이 회사는 여러 가지 사회적 재난을 처리해야 했다. 1000만 명 이상이 기근으로 죽었고, 지방 세력들 사이의 전쟁으로 수많은 사람이 죽었으며, 부패와 팽창주의, 마약 거래, 인종청소 등도 골칫거리였다. 인도아대륙을 통치하는 것 역시 돈이 많이 드는 일이었다. 영토를 지키기 위해 회사는 아프가니스탄과 펀자브에서 군사작전을 벌였는데, 병사들에게 돈을 줄 재원이 부족했다. 새로운 식민지는 영국에서 만든 상품을 팔 새로운 시장을 창출할 것으로 생각됐지만, 아시아의 농민들은 영국산 모직물을 거의 찾지 않았다.

동인도회사 사무원은 검은 판자를 붙인 회사 격실에서 한결같은 손놀림으로 인도산 차 궤짝에 든 것을 끄집어냈다. 그것은 이전에 영국에서는 본 적이 없는 히말라야산 차였다. 회사를 살리기 위한 계획 가운데 하나로, 하딩 자작이 직접 지시해 캘커타(오늘날의 콜카타)에서 보내온 것이었다.

하딩 자작은 넬슨 경과 웰링턴 공작 곁에서 나폴레옹과 싸웠다. 그는 리니전투에서 한 손을 잃었기 때문에 이틀 뒤에 벌어진 워털루전투에 참전하지 못했다. 그렇지만 웰링턴 공작은 하딩 자작을 무척 좋아했기 때문에 나폴레옹의 칼을 선물로 주었다. 하딩은 군문을 나와 정계로 들어갔고, 의회 의원으로 있다가 나중에 휘그당과 보수당 정권에서 내각의 전쟁부 장관을 지냈다. 지휘관으로서 그는 수완(비록 한 손뿐이었지만)이 있었으며, 동인도회사는 그런 믿음직한 군인이 1844년부터 1848년까지 총독으로서 인도를 이끌게 된 것을 다행으로 생각했다. 그가 이 인도산 차를 전 세계 최고의 전문가들인 런던의 맛 감식가들과 차 제조업자들에게 보내야 한다고 주장하자 동인도회사 이사진은 곧바로, 그리고 진심으로 동의했다.

히말라야산 차는 인도 땅에서 생산된 첫 번째 차는 아니었다. 회사는 거기서 적어도 10년 동안 아삼주의 인도 토산土産 차 모종으로 번식시킨 차나무를 기르고 있었다. 인도산 차는 처음 아삼에서 회사 의무팀 외과 의사들이 이미 1815년에 발견했지만, 공식적으로 인정된 것은 1831년이었다. 인도산 차는 버마(지금의 미얀마) 인근의 해수면 높이 자생지에서 잘 자랐다. 그곳 원주민들은 차를 끓여 마시기보다는 찻잎을 씹었다. 그 이후 회사는 토산 차의 시험 재배에 많은 돈을 투자했다. 국내 시장용으로 인도의 식물원에서도 잘 자랄 수 있는지 알아보려는 것이었다. 이 계획은 어느 정도 효과가 있었다. 회사는 중국의 찻잎처럼 보이는 잎이 나오는 것을 확인했다. 회사는 또 원주민들을 훈련시켜 찻잎을 따고 차를 제조하도록 할 수 있었다. 그러나 회사는 결코 아삼 차의 맛을 좋게 할 수는 없었다. 적어도 중국차만큼 좋게 할 수는 없었다. 중국차는 세계에서 가장 좋은 차였고, 목마른 영국 시장이 긴요했던 유일한 차였다.

아삼 차는 자극성이 강했고, 얼얼하며 매캐한 맛이었다. 오늘날에도 아삼 차는 경매에서 좋은 값을 받지 못하고, 강한 향을 원하거나 우릴 때 일종의 취기를 원하는 사람들에게서나 환영받고 있다. 또한 썩 잘 자라지는 못해서, 단위면적당 생산량이 적다. 그때나 지금이나 아삼 차는 대체로 고상한 맛의 차를 약간 강하게 할 필요가 있을 때 혼합용으로 쓰인다. 차의 실험을 시작한 지 몇 해가 지난 뒤 동인도회사는 아삼 차가 경쟁 제품처럼 높은 가격을 받을 수 없으며, 분명히 세계시장에서 결코 중국차를 따라잡을 수 없음을 깨달았다. 그래서 회사는 어쩔 수 없이 그곳의 차 관련 자산을 처분했다.

히말라야산 차는 회사가 다음으로 품은 큰 희망이었다. 흥분한 하딩은 이사진에게 보낸 1847년 9월 20일 자 편지에서 이렇게 썼다.

나는 몇 년 안에 (히말라야) 차의 재배가 나라에 매우 가치 있는 수입원임이 입증될 가능성이 매우 높다고 생각합니다. 산악 지대에서 차를 거의 무한대로 재배하도록 확대하는 데 확연히 드러나는 어려움은 없습니다. 또한 나는 머지않아 차가 충분히 많이 생산돼, 매우 클 것으로 예상되는 인도에서의 수요에 부응할 뿐만 아니라, 양적으로나 질적으로도 충분히 뛰어나 유럽 시장에서 중국차와 경쟁할 수 있고 영국으로 하여금 이 생활필수품 공급에서 외국으로부터 어느 정도 자유로울 수 있게 할 것이라는 절대적인 확신을 가지고 있습니다.

히말라야산맥은 중국 최고의 차 산지와 같은 생장 조건을 지니고 있었다. 이들 지역은 대략 카이로와 같은 위도의 아열대 지역이지만, 높고 서늘해 차가 서서히 자라고 맛은 자극성이 있다. 히말라야 산비탈에는 차를 재배하기 위한 거의 무한한 공간이 있고, 원주민들은 식품이나 다른 수익을 위해 산지를 원하거나 활용하는 것 같지 않았다.

하딩 자작의 지시에 따라 회사는 각기 200헥타르 이상의 시험 농장을 만드는 상세한 계획을 수립했다. 중국의 차 생산에서는 볼 수 없는 규모의 경제와 자본 투자, 그리고 유럽식 효율성을 얻기 위한 것이었다. 영국 법과 영국 투자자들은 히말라야산 차의 판매와 마케팅을 감독하게 된다. 중간상인도 없고, 사기 거래도 없고, 중국식의 불투명함도 없을 것이다. 인도의 노동력은 적어도 중국만큼은 쌀 것이다. 두 나라 모두 인력 과잉 상태이기 때문이다. 품질은 결국 개선될 것이고, 가격은 내려 1페니를 들여 딴 찻잎이 런던에서 그 300배인 3파운드에 팔릴 것이다. 차를 재배하는 것은 돈을 찍어내는 셈이 된다.

사무원은 차를 넣은 주머니를 닫고 나서 동인도회사의 밀랍 도장으로 봉인했다. 한 통 한 통은 저명한 런던의 중개상과 조제인, 맛 감식가, 상인들에게 보내졌다. 이들의 후각과 미각이 상품의 가격과 나라의 운명을 결정하는 것이다. 기브스사, 피크브러더스사, 밀러앤드로콕, 그리고 유명한 트와이닝스사 등이었다.

이사회는 "쿠마온 지역에서 재배되고 생산된 차 시제품의 품질과 가치에 대한 각자의 의견과, 아울러 만약 있을 경우 제품의 개선을 위한 실질적인 제언을 들려주시기를 청"했다.

마침내 배달원들이 도착해 물건을 가져갔다.

이사회는 끈기 있게 회답을 기다렸다.

트와이닝스사 등 네 회사는 모두 히말라야산 차가 품질 면에서 최고급 중국차만큼이나 훌륭하다고 썼다. 찻잎은 완벽했다. 외관상 아름다웠고, 적기에 땄으며, 순이 빛나고, 찻잔에서 은은하고, 우려내면 황금색 즙이 많이 나왔다. 이 차는 경매에서 상당한 경쟁력이 있을 것이다. 그들은 여기에 자기네의 명예를 걸었다.

그러나 경고도 있었다. 전문가들이 지적했듯이 히말라야산 차는 "향이 부족"했다. 최고급 중국차가 지닌 꽃향기가 없었다. 이 가운데 일부는 품종 문제였다. 샘플로 보낸 히말라야산 차는 중국산 씨앗을 틔워 재배했는데, 그것은 최고의 산지에서 얻은 최고의 씨앗이 아니라 중국 남부 광저우에서 밀반출한 평범한 품종이었다. 광저우는 당시 영국인들이 접근할 수 있도록 허용된 유일한 지역이었다. 광저우산 차는 중국의 다른 산지의 차에 비해 품질이 매우 낮은 것으로 알려져 있었다.

차 품종 자체의 질 이외에 히말라야산 차에 관해 지적된 다른 결함들은 필연적인 것이 아니었다. 반대로 맛 감식가들의 불만 가운데 일부는 가공과 제조 과정의 미숙함이 원인이었다. 중국차에는 있는 향이 히말라야산 차에 없지만, 그것은 중국차가 향을 넣기 위해 재스민·베르가모트·레몬·버베나 등 다른 물건들을 넣어 포장하기 때문이다. 게다가 동인도회사가 보낸 차는 선적을 준비하면서 밀폐되지 않은 상자에 넣어 엉성하게 처리됐다. 바다의 공기가 틀림없이 샘플을 오염시켜 풍미를 사라지게 한 것이다.

이 회사의 시제품 차는 최고의 품질을 갖추지는 못했다. 그러나 세계 최고급의 중국차 생산자들이 사용하는 방법과 절차를 인도의 농장에 도입할 수 있고 진짜 중국인 원주민 전문가가 차 생산 과정에서 히말라야의 재배 일꾼들을 훈련시킬 수 있다면 히말라야산 차의 결함은 유익하게 바로잡을 수 있을 것이다.

1846년 하딩 자작의 차가 자라던 때에 히말라야에 있던 이 회사의 차 시험 재배지는 총 240헥타르 이상이었다. 그러나 이사회는 이를 서둘러 확대할 계획을 세웠다. 인도 식민 정부는 재배 용지로 4만 헥타르를 보유하고 있었다. 회사는 이런 면적의 땅에서 연간 400만 루피(현재 가치로 1억 달러) 가까운 수익을 올릴 것으로 기대할 수 있었다. 그러나 단 6년(차나무가 잎을 딸 수 있을 정도로 자라는 기간이다) 안에 그런 정도의 수입을 올리려면 중국의 최고급 녹차 및 홍차 산지에서 엄청난 양의 중국산 씨앗을 즉각 확보해야 했다.

히말라야의 차 시험 재배를 위한 회사의 구입 품목 목록은 짧고도 분명했다. 회사는 중국의 자재와 중국 최고의 씨앗, 그리고 중국의 차에 관한 지식을 중국차 생산자 및 차 제조 도구와 같은 형태로 얻어야 했다.

회사는 차를 중국 밖으로 가지고 나오는 것은 어려운 과업이며 정상적인 외교 경로를 통해서는 이루기 불가능하다는 것을 잘 알고 있었다. 상하이의 영국 영사 러더퍼드 올콕(1809~1897)은 하딩 자작에게 이렇게 경고했다.

각하께서도 틀림없이 생각하고 계시겠지만, 중국인들은 우리 쪽에서 차의 씨앗이나 나무를 달라고 하면 대단한 질시를 품게 될 것입니다. 또한 씨앗을 얻고 차 재배와 제조에 숙련된 중국인을 그 나라에서 꾀어내 인도로 데려다가 사람들을 가르치게 하려는 노력을 포함하는 모든 시도는 결국 실패할 것입니다.

다시 말해서, 동인도회사가 인도에서 차를 재배하려면 그것을 훔쳐내야 한다는 것이었다.

차는 지적재산의 모든 정의에 부합했다. 그것은 상업적 가치가 높은 물건이었다. 그것은 중국만이 가지고 있는 방식과 공정을 사용해 생산되는데, 중국은 그 방식과 공정을 철저하게 숨기고 있었다. 그리고 그것은 중국이 경쟁자들에 비해 엄청난 혜택을 누릴 수 있도록 해주고 있었다.

당시는 지적재산과 영업비밀이라는 개념이 분명해진 지 얼마 되지 않은 때였다. 미국 매사추세츠주의 한 판사는 1845년 한 특허 소송에서 이런 판결을 내렸다.

오직 이런 방법으로 우리는 지적재산과 정신노동, 생산물과 이득을 자신의 것으로서 보호할 수 있다. … 자신이 경작한 밀이나 자신이 기른 가축과 같은 것이다.

1848년 새해 벽두에 동인도회사는 산업스파이나 진배없는 일을 꾸미고 있었다. 회사의 계획이 성공한다면 세계 최대의 다국적기업인 동인도회사는 인류 역사상 최대의 영업비밀 절도를 저지르게 되는 것이다.

첼시 약초원,
1848년 5월 7일

1848년 어느 봄날, 로버트 포천은 템스강변에 있는 녹지대 첼시 약초원을 산책하며 자신의 작품에 감탄하고 있었다. 대지는 바야흐로 생명의 약동이 시작되고 있었다. 튤립은 활짝 피어났고, 은방울꽃은 지면을 향해 우아하게 드리워져 있었다. 가을 전의 쌀쌀한 날씨에 심었던 구근 밭은 꽃이 피고 있었고, 자신이 동아시아에서 발견한 것 가운데 가장 소중한 축에 속하는 모란도 마찬가지였다.

3년 전 포천이 성공적으로 일을 마치고 중국에서 돌아오자 그는 첼시 약초원의 관리인으로 임명됐다. 원예협회가 임무 수행의 가치를 평가해 그의 미래 경력을 보장한 것이었다.

이제 서른다섯 살인 그는 자신의 삶이 매우 긍정적인 방향으로 변하고 있음을 깨달았다. 『중국 북부 지방 방랑 3년』은 1년 전에 출간돼 극찬을 받았다. 그와 그의 가족은 지금 남들이 부러워하는 지위를 누리며 사회적인 명성과 안락을 얻었다. 중국 여행이 없었다면 꿈도 꾸지 못할 일이었다. 그는 약초원 일로 연봉 100파운드(오늘날의 가치로 약 1

만 달러)를 받아 중국에서 받았던 것보다 많지는 않았지만, 봉급 외에 약초원 부지에 지어진 멋진 벽돌집을 가족 및 하인들과 함께 사용할 수 있었다(다만 이 집에는 옥내 배관과 상하수도 시설은 돼 있지 않았다). 또 석탄이 지급되고, 개인용 채마밭도 가꿀 수 있었다.

약초원 관리인 자리는 그의 재능을 드러내는 무대이자 동시에 그가 영국에서 손꼽히는 원예가로 발돋움할 기회였다. 1673년 약제사협회가 설립한 이 약초원은 영국에서 두 번째로 오래된 식물원이었다. 오늘날 이곳은 면적 1.6헥타르에 불과한 오아시스 같은 전원으로, 런던 중심가에서 그리 멀지 않은 슬론스퀘어 인근 상류층 지역에 위치해 있다. 붉은 벽돌 담들이 둘러쳐져 거리와 격리된 이곳은 지구상의 이국적인 약초들을 모아놓은 생생한 박물관 노릇을 하고 있다. 포천의 시대에는 여러 가지 새롭고 신비로운 빅토리아 시대 초목의 생생한 전시장이었으며, 또한 약초 및 채소를 이용한 치료와 향유·분말·시럽·팅크·고약·연고 등 약물학을 연구하는 실험실이기도 했다. 본래 그냥 '약초밭'으로 알려졌던 이곳은 원예학 발전에 핵심적인 역할을 했으며, 100년 이상 전 세계 원예사들을 위한 완벽한 원예 기술 및 재배 매뉴얼 노릇을 했던 『원예사·화훼가 사전 : 원예학 통론*The Gardener's and Florist's Dictionary, or a Complete System of Horticulture*』을 만들었다. 템스강을 따라 조금 내려간 곳에 있는 큐 왕립식물원과 더불어 이 약초원은 수익성도 있으면서 전략적으로 중요한 초목 관련 산업에 중요한 역할을 했으며, 대영제국 경제를 운용하는 데 도움을 주었다.

초목을 교환한다는 생각과 제국은 사실상 동시에 발전했다. 식물학자들은 1768년 제임스 쿡(1728~1779. 영국의 탐험가, 항해사) 선장의 첫 번째 세계 일주 때 인데버호에 동승했다. 쿡은 항해를 계속하며 오스트

레일리아를 발견했고, 동승한 학자들은 행성인 금성의 경로를 그리고, 생물 표본을 채집했으며, 남반구의 신기한 초목들을 그림으로 그렸다.

조지프 뱅크스(1743~1820. 영국의 박물학자)는 부호 원예사로, 쿡의 배에 동승한 사람 가운데 하나였다. 영향력 있는 인물이었던 뱅크스는 세계를 주름잡는 영국 해군 함대가 앞으로 원정을 나갈 때는 생물학자들을 동승토록 하자는 운동을 전개했다. 뱅크스와 쿡은 모두 자기네의 항해 이야기를 출간했다. 포천의 책과 달리 이들의 방대한 기록은 자기들의 주관적인 인상은 적지 않고 대신 그들이 발견한 것들에 대해 정확하게 설명을 붙인 목록을 제시했다. 이들 제국의 건설자들은 먼 지역으로부터 구체적인 지식을 가져왔으며, 영국은 그런 지식을 얻음으로써 자기네가 세계 전 지역을 소유하고 지휘하며 이득을 얻을 수 있다는 확신을 키우게 됐다.

초목 교환은 대영제국의 주요 수입원이었다. 대영제국은 당시 서인도제도 같은 오래된 식민지와 인도아대륙의 새로이 병합한 식민지, 그리고 대양들 사이에 산재하는 섬들로 이루어져 있었다. 포천과 같은 식물학자들은 해외 영토에서 새로 발견된 초목들을 어떻게 서양의 시장을 위해 개발할 것이며, 선택과 교배를 통해 어떻게 환금작물을 개선할 것인지, 값싼 식민지 노동력을 이용해 최대의 수익을 올리려면 특정 작물을 지구상의 어느 곳에서 재배해야 하는지, 그리고 시장에 유통시키기 위해 초목을 어떻게 가공할지에 대한 방안을 만들어내는 일을 맡고 있었다.

초목 채집자들은 고도의 훈련을 받고 날카로운 눈을 지닌 사람들로서, 발견의 매력에 빠져 고향과 가족을 떠난 사람들이었다. 공업화 시대 초창기에 식물학 연구는 오늘날의 산업 연구 실험실과 맞먹는 것이었다. 식물학 제국주의는 식민지 당국들이 자활할 수 있도록 만들어주는 한 방법이었고, 초목 채집자들은 제국의 연구·개발 인력이 됐다.

포천의 작업에서 비록 과학이 상당히 핵심적인 것이긴 했지만, 그는 속마음으로는 원예사였고 원예사는 예술가였다. 그의 도화지는 땅이었고, 그의 재료는 초목이었다. 원예사는 3차원 세계에서 작업을 하는데, 나무들의 상대적인 높이와 가장자리의 깊이, 언덕의 기울기, '차용'하거나 보강해야 할 조망 등을 고려한다. 그러나 동시에 4차원에서도 작업을 한다. 바로 시간이 추가된다. 원예사는 계절에 따른 계획을 세운다. 어떤 나무가 봄에 꽃을 피우고(개나리·목련·버찌·라일락·사과) 어떤 것이 가을에 절정의 색깔에 도달하는지(단풍나무·화살나무·딱총나무)를 고려한 계획이다. 원예사의 일이란 또한 여러 해가 걸리는 일이다. 어떤 나무가 빨리 성숙하고 쉽게 자라는지, 어떤 나무가 천천히 자라고 적은 노력으로 오래가는 유산을 남길 수 있는지 판명되는 데는 시간이 많이 걸리는 것이다. 자작나무·물푸레나무와 재질이 무른 상록수(삼나무·전나무·소나무)는 전자에 속하고, 떡갈나무·단풍나무·너도밤나무는 후자에 속하며 여러 세대 동안 유지된다. 포천은 훌륭한 원예사가 되려면 각별한 인내심이 필요하다는 것을 잘 알고 있었다.

식물원 가꾸기는 그의 성격 가운데 조용한 부분을 필요로 했다. 그는 활발한 사람으로 야외 활동을 즐겼지만, 초목이 번성하는 데 무엇이 필요한지에 대해 타고난 감각이 있었다. 그늘과 햇빛, 물의 양, 배수가 잘 되도록 하기 위해 경사진 산비탈에 심어야 하는지 아니면 뿌리를 부드럽고 따뜻하게 하기 위해 용기에 넣을 것인지 따위다. 그는 여러 해에 걸친 훈련을 통해 땅에 무릎을 꿇고 있으면 어디서 나무를 잘라낼 것인지나 어떻게 조심스레 싹을 틔울지 하는 것들을 정확히 알 수 있었다. 초목들은 그를 위해 잘 자라주었다.

1848년의 그 봄날에 포천은 성취감 속에 다시 깨어나는 첼시 약초원을 지켜볼 수 있었다. 그의 설명에 따르면 그곳은 자신이 넘겨받았을 때 엉망이었다. 가장자리는 웃자랐고, 온실은 허물어져가고 있었으며, 목록은 쓸모가 없었다. 포천은 일을 꾸리는 재주가 있고 자신만의 포부가 있었기 때문에 괄목할 만한 변화를 이끌어냈다. 그는 약제사협회의 약초원 담당 위원회에 보낸 편지에서 이렇게 썼다.

> 위원회도 틀림없이 알고 계실 여러 가지 원인 때문에 약초원은 가장 황폐한 지경으로 접어들게 됐습니다. 제가 이곳의 책임을 맡게 됐을 때 … 잡초가 우거져 있고, 식물의 배치는 엉망이었으며, 온실 안의 이국적 초목은 상태가 매우 좋지 않았고, 전체적으로 그것이 설계된 목적에 가장 부적합한 상태에 있는 것을 목격했습니다.

포천은 잡초를 제거하고, 새로운 연장들을 구입했으며, 기증이나 다른 수목원과의 초목 교환을 통해 구색을 늘렸다. 가장 중요한 일로, 새로운 온실 건립과 기존 온실 수리를 위한 돈을 마련하기 위해 묘목 364파운드(오늘날 가치로 4만 4천 달러에 해당한다)어치를 팔았다. 그의 건설 계획은 시기적절한 것이었다. 1845년에는 영국의 '유리세'가 폐지돼 약초원의 높은 벽돌담 옆에 새로운 유리 온실을 지으면서 유리 값을 줄일 수 있었기 때문이다. 이 유리를 끼운 건물들은 곧 외국에서 새로 들여온 가장 이국적인 초목들의 보금자리가 됐다. 우아한 난초와 장식용 화초, 각진 분꽃과 항아리에 담은 야자나무, 선사시대의 양치식물과 최신의 베고니아·벽오동·빵나무·바나나·대나무 등이 새 온실에 자리 잡았다.

이 약초원은 여전히 공식적인 17세기 양식으로 배열돼 있었다. 초목은 심하게 가지를 쳤고, 기하학적으로 정렬된 화단에 심었다. 포천은 그런 지나친 정형성에서 탈피하기를 원했으며, 린네의 분류 체계가 지닌 정확하고 질서 있는 계통에 따라 약초원을 재구성했다.

칼 폰 린네

빅토리아 시기에 탐구를 이어갈 수 있도록 한 것은 스웨덴 생물학자 린네의 작업으로 인해 생겨난 자연과학에 대한 열정이었다. 라틴어 이름 카롤루스 린나이우스로 글을 쓴 린네는 각 식물과 동물 고유의 생식기관에 따라 두 개의 이름을 사용해 생물을 분류하는 분류법을 창안했다. 린네의 작업은 지구상의 생명체를 먼저 계界(regnum)로 크게 나누고, 계를 문門(phylum)으로, 문을 강綱(classis)으로, 강을 목目(ordo)으로, 목을 과科(familia)로, 과를 속屬(genus)으로, 속을 종種(species)으로 나누었다. 어떤 종의 이름만으로도 그에 관한 많은 정보를 알 수 있다. 어떤 유기체가 포유강(학명 *Mammalia*)에 속한다면 그것은 털이 있고 젖을 분비한다. 두 종이 같은 목에 속한다면 이들은 같은 강에만 속하는 제3의 종보다 더 밀접하게 연관돼 있다. 한 생물학자가 아마존강 답사에서 새로운 딱정벌레 종을 발견했다면 그는 이제 자신이 발견한 것에 이름을 붙이기 위해 그 체형과 생식 방법 등을 포함하는 표준 질문을 제기하게 된다. 린네의 단순한 구분은 자연계에 과거 과학자들이 생각지 못했던 방식으로 질서와 체계를 제공했다.

신앙심이 깊었던 린네는 생물체들 사이의 관계를 규명하면 창조자를 더 잘 이해하게 될 것으로 기대했지만, 그의 작업은 오히려 과학혁명의 토대를 닦았다. 린네는 당시 유럽에서 확산되고 있던, 지구상의 만물이 인류의 이성적인 노력에 의해 이해되고 통제될 수 있다는 생각에 불을 붙였다. 당시는 계몽주의가 한 획을 긋는 시기였다.

포천의 새로운 약초원 구상하에 약초들은 그 자연 질서대로 서로 멀고 가까움에 따라 배열됐다. 린네는 "어떤 노동이 식물학보다 혹독하고, 어떤 과학이 식물학보다 지루할까?"라고 썼다. 포천은 틀림없이 그런 생각에 맞장구쳤을 것이다. 그러나 그 노력이 종종 지루하기는 했을지라도, 질서와 이해를 추구하는 마음이 있는 사람에게는 끊임없는 보상이 주어진다. 약초원을 걷다 보면 한 생물체와 그 이웃 사이의 관계에 관해 과학과 인간의 지식이 진보하고 있음이 가시적으로 표현돼 있는 것을 발견할 수 있었다. 약초원의 화단을 공부하는 것은 활짝 피어 체계적으로 정리된 자연사를 보는 것과 마찬가지였다.

공업혁명과 같이 험난했던 시기에 영국에서 온 국민이 정원 가꾸기에 집착했던 것은 아마도 놀라운 일이 아닐 것이다. 과학기술이 일상생활에 빠른 대응을 필요로 하는 여러 가지 새로운 요소들을 가져다주게 되자 온 나라에 걸쳐 인내와 시간은 서서히 자취를 감추게 됐다. 약간의 옷감이나 담요 또는 침구 몇 가지를 만들려면 한때는 불을 밝히고 밤늦게까지 작업을 해야 했지만, 이제는 리버풀과 맨체스터의 공장에서 매일 엄청나게 많은 직물이 쏟아져 나왔다. 국토 횡단 여행은 한때는 몇 번씩 마차를 갈아타는 지구력이 필요한 일이었지만, 이제는 짧게 기차를 한 번 타면 되는 일이 됐다. 촛불은 가스 불빛에 밀려났고, 풍력은 증기에 밀려났다. 세계는 더욱더 기계화되고 확실성이 높아졌다. 날씨를 둘러싼 우여곡절은 옛날 일이 됐고, 자연적인 과정이 시야에서 사라지면서 그것들은 맹목적으로 숭배되기 시작했다. 공업화한 빅토리아 시대의 새로운 중산계급은 이렇게 자연과 멀어지게 된 것을 후회하고 그 손실을 슬퍼하며, 곧 자연을 모사한 것에 대해 웃돈을 지불하고자 했다.

첼시 약초원의 관리인이 되면서 포천은 사실상 자신이 올라갈 수 있는 가장 높은 자리까지 올라갔다. 그리고 당연히 그것이 마지막이 아닐까 하는 두려움이 있었을 것이다. 그는 자신의 중국 여행 결과에 따라 주어진 성공을 누렸지만, 자신의 출생과 계급에 따른 한계를 여전히 느끼고 있었다. 포천과 같은 시대를 살았던 어떤 사람이 이런 말을 했다.

> 먹고살기 고달픈 사람은 과학에 끼어들면 안 된다. 과학은 절대로 돈벌이와 연결될 수 없기 때문이다.

느슨하게 연결된 제국의 식물원 조직에는 봉급을 주는 일자리가 별로 없었다. 큐 식물원과 세인트헬레나 식물원, 캘커타 식물원 정도였다. 식물학 쪽에는 원예협회에서 일하거나 유니버시티 칼리지에서 가르치거나 에딘버러와 옥스퍼드에서 식물원을 운영하는 등의 몇몇 드물고 멋진 일자리가 있긴 했지만, 전체적으로 보아 그런 자리는 얼마 되지 않고 경쟁이 매우 심했다. 대학의 일자리는 상급 교육을 받은 사람들에게 돌아갔고, 그나마 그것만으로 생계가 유지될 만큼 보수가 충분히 지급되는 경우는 드물었다. 찰스 다윈처럼 스스로 명성을 일군 생물학자들 상당수는 막대한 개인 소득이 있어서 그것으로 자신의 연구 자금을 댔다. 아마추어 시골 목사나 의사들도 스스로 생물학자라고 생각하고 동네 뒷산을 뒤져 채집을 했으며, 때로 상당한 수집품을 모아 자기네의 과학 연구를 진척시키기도 했다. 식물학 쪽의 일부 좋은 일자리는 아버지에게서 아들에게로, 때로는 손자에게까지 전해졌다. 큐 왕립식물원 책임자 자리 같은 것이 대표적인데, 이 자리는 64년 동안 계속 후커 가문의 손아귀를 벗어나지 못했다(1841년 취임한 윌리엄 잭슨 후커(1785~1865)가 1865년에 죽자 아들 조지프 돌턴 후커(1817~1911)가 이어받았고, 1885년 조지프의 사위인 윌리엄 터너 티셀튼다이어(1843~1928)가 물려받아 1905년까지 재임했다 — 옮긴이).

포천에게 업무상 어떤 문제가 닥치더라도 적어도 아내 제인만큼은 지지자와 동반자가 돼주었다. 제인은 결혼 전 성이 페니로, 활발한 스코틀랜드 여자였다. 그는 아내의 도움이 없었다면 그만큼도 이루지 못했을 것이다. 약초원 관리인이 됨으로써 그는 봉급과 집과 채소밭을 얻었는데, 제인은 집과 채소밭을 잘 관리했다. 그가 약초원 일과 연구에 매달려 있는 동안 아내는 3월에 채소 씨앗을 뿌렸고, 봄철 내내 햇볕에 따라 초목을 안팎으로 옮겼으며, 5월 마지막 서리가 내린 뒤 모종을 옮겨 심었다. 아내는 먹을거리를 길러 식구들이 먹을 수 있도록 했다. 또한 남편을 위해 헌 옷을 깁고 새 옷을 만들었다. 너무도 자주 가시덤불에 들어가 바지와 양말과 외투를 찢어먹는 남편이었다.

제인은 또한 집안의 비서이자 경리였다. 포천이 초목 채집을 위해 중국에 가 있는 동안 그의 봉급은 런던에 있는 제인에게로 보내졌다. 제인은 남편의 빚을 갚고 저축을 했으며, 출장 계좌를 관리하고 고지서를 처리했다. 또한 포천이 배편으로 고국의 경매인들에게 보낸 장신구들을 전해 주기도 했다. 제인은 식물학의 최신 동향도 확실히 파악하고 있었던 듯, 참고가 될 만한 논문과 잡지를 포천의 현지 주소로 전달해 주었다. 포천은 장기간 계속해서 멀리 떨어져 있으면서도 과학계의 동향에 무지하지 않을 수 있었던 것이다.

포천 부부는 당시 10년 가까이 결혼생활을 이어가고 있었지만, 오랜 기간 헤어져 살았고 운도 없어 아이는 두 명밖에 두지 못했다. 아들 존 린들리는 포천의 친구이자 식물학 쪽의 멘토였던 사람(식물학자 존 린들리(1799~1865)는 포천보다 13년 연상이다—옮긴이)의 이름을 땄는데 네 살이었고, 딸 헬렌 제인은 일곱 살이었다. 헬렌은 이미 아가씨가 다 돼서 포천이 중국에 가 있는 동안 제 엄마의 자랑이자 위안이었고, 반면에 존 린들리는 엄마를 따라다니며 관심을 가져달라고 조를 나이였다. 그러나 가족 가운데 최근에 죽은 사람이 있었다. 바로 딸 애그니스로 포천의 어머니 이름을 땄는데, 태어난 지 1년도 못 돼서 저세상으로 갔다. 이 딸은 밝고 명랑했으며 금세 정이 가는 아이였고, 약초원에서 처음 낳은 아이였다. 그 아이의 죽음은 부모 모두에게 큰 충격을 주었다.

제인이 남편 포천의 생애와 이력에 없어서는 안 될 중요한 역할을 했지만, 그는 둘 사이의 사생활에 관해서는 별로 기록을 남기지 않았다. 그는 약초원 시절에 관해 많은 기록을 남겼으면서도(자신이 만들고 지낸 곳이나 심고 거둔 것 등에 관해서다), 런던 시절의 개인적인 기억은 남아 있지 않다. 그가 중국에 관해 쓴 책에서는 자신이 선택한 어떤 모습이라도 세상에 내보일 수 있었고, 그가 전달하려는 내용을 완전히 파악하고 있었다. 그러나 고국인 영국에서는 철저한 추적에 노출될 수 있기 때문에, 늘 그러하듯 무뚝뚝한 방식으로 남들에게 가능한 한 적은 정보를 주어 그것만으로 자신을 판단토록 했다.

포천이 해외에서의 자신은 그렇게 활발한 성격으로 그렸으면서도 자신의 국내 생활에 대해서는 왜 침묵했는지 알 수가 없다. 아마도 그의 생활에서 구체적인 일상들은 중국에서의 모험에 비해 너무 제한적인 것이라고 생각됐는지도 모르겠다. 세계의 중심에 있는 '중국', 그가 경험했던 가장 큰 연구용 실험실이 여전히 그를 부르고 있었다. 그가 습관적으로 비밀주의를 취했던 것이 과거에 대한 부끄러운 감정 때문에 생긴 것일 수도 있다. 그것은 포천의 출발이 미천했다는 것뿐만이 아니다. 그는 교회의 출생 기록과 다르게 이야기하지 않으면 보통 이상으로 올라갈 수 없었기 때문이었다. 로버트 포천은 1812년 9월 16일에 태어났는데, 그의 부모인 토머스와 애그니스(친정 성은 리드패스)는 1812년 6월 24일에야 결혼했다. 임신 7개월인 어머니의 상태는 스코틀랜드 시골 작은 마을의 교회를 드나들 때 눈에 띄지 않을 수 없었을 것이다. 포천이 유명해져서 공적 인물이 되자 그의 구체적인 탄생일이 1812년에서 1813년으로 바뀌게 되는데, 남 보기에 그럴듯하게 만들려 했던 것으로 보인다.

존 포브스 로일(1799~1858) 박사의 중요한 약초원 방문이 있었던 것은 1848년 5월 7일이었다. 당시 이미 노인이었던 로일은 식물학계에서 가장 존경받는 사람들 가운데 하나였고, 런던 킹스칼리지의 약물학 교수로 있었다. 그는 포천의 멘토인 린들리와 가깝게 지내고 있었고, 유명한 왕립학회와 린네학회 회원이었다. 포천은 전에도 유명 인사들을 맞은 적이 있었지만, 로일과 같은 사람을 맞게 되고 또 그가 오는 것이 얼마나 대단한 찬사를 내포한 것인지 알기에 매우 기뻤다.

로일은 동인도회사의 원예학 고문으로, 회사를 대신해서 차 문제를 논의하기 위해 포천을 만나러 온 것이었다. 로일 역시 스코틀랜드인으로, 회사와 함께 성장했으며 실질적으로 그 안에서 자라 애디스컴에 있는 군사학교를 다녔다. 그는 1819년 인도에 갔는데, 식물학에서 재미를 찾아 군 장교로서 군의관이 되는 것을 사절하고 결국 인도 북부 사하란푸르의 식물원 책임자로 들어갔다. 『히말라야산맥의 자연사 중 식물학 및 기타 분야 도감』과 『인도의 생산적 자원에 관한 에세이』 등에 나오는 로일의 권고에 따라 회사는 식물학 문제만을 다루는 전담 부서를 만들었다. 커져가고 있는 히말라야산맥의 중요성에 대한 로일의 인식은 다른 어떤 식물학자도 따라갈 수가 없었다. 그는 하딩과 마찬가지로 차가 그곳에서 재배돼 매우 큰 이익을 낼 수 있다고 믿었다.

로일과 포천은 새로 지은 온실 하나를 살피기 위해 약초원 끝의 담장까지 함께 걸었다. 여러 해 동안 인도아대륙에 가지 못했던 로일은 햇빛을 받아 빛나는 유리를 보고 감탄했다. 온실은 따뜻했는데, 이는 동인도회사에 필요한 기술 하나를 암시하고 있었다. 포천은 중국 여행을 통해 한 가지 신기술의 초기 전문가가 됐다. 앞서도 언급했듯이 그것은 워드 상자로 불렸고, 오늘날에는 테라리엄으로 알려져 있다. 이런 이동식 유리 집은 지구상의 재배 방식을 변화시켰다.

대략 1840년 이전에 초목은 이동하기 어려운 것이어서, 대영제국 식민지들 사이의 초목 교환은 어렵고 때로는 불가능했다. 해외에서 들어오는 씨앗과 자른 생나무는 영국이나 다른 곳으로 오는 과정에서 몇 달씩 배를 타야 하고 적도를 적어도 한 번 또는 종종 두 번씩 넘어야 했다. 선원들은 원예사들처럼 훈련받은 사람들이 아니었고, 따라서 그들에게 초목을 맡겨두면 좋은 상태로 운반되기 어려웠다. 신선한 물은

워드 상자

오랜 항해 동안에 부족하기 마련이었고, 쉽게 이국의 식물들에게 줄 수가 없었다. 때로는 갑판 위에 실려 햇빛을 직접 받고, 해로운 바닷물이 튀기도 한다. 초목을 햇빛이 없는 갑판 아래 싣는다면 햇빛을 쏘이지 못해 서서히 죽어간다. 원양항해에서 살아남는 것은 강인한 표본들뿐이었고, 그 수도 적었다.

그러나 런던의 너새니얼 배그쇼 워드(1791~1868) 박사는 일련의 논문으로 이 모든 것을 바꾸어 현장 생물학자들의 주목을 끌었다. 1830년대 말에 워드는 징검다리 발견을 했다. 그가 나방의 번데기를 넣어 뚜껑을 닫아놓은 병에서 약간의 평범한 흙 위에 씨앗이 싹트고 있었다. 씨앗은 그전 여름에 밀봉돼 따뜻한 상태로 보호됐고, 그때까지 손댄 적이 없었다. 워드는 그것을 열지 않고 병을 창턱으로 옮겨놓은 다음 그 이후 어떻게 되는지를 꼼꼼하게 기록했다. 4년 안에 씨앗은 양치식물과 흔한 풀로 싹을 틔웠다.

1791년에 태어난 워드는 의사의 아들이었는데, 런던의 부둣가 지역에서 자랐다. 아버지의 병원에 자주 드나들던 선원들은 소년에게 먼 이국 취향을 일깨워주었을 것이다. 워드는 열세 살 나이에 자청해서 자메이카행 배를 탔고, 험한 선원 생활에 곧 싫증이 나기는 했지만 열대 지방은 계속해서 그를 잡아끌었다. 여행을 했던 다른 여러 사람이 그러했듯이 그도 식물학자가 되고, 약초 채집자가 되고, 약물을 다루는 사람이 될 터였다.

너새니얼 배그쇼 워드

워드는 또한 집착이 강했다. 병 속에서 씨앗이 싹을 틔우는 것을 우연히 발견한 뒤 몇 년 동안 그는 유리와 씨앗과 흙을 가지고 실험을 하며 그가 관찰한 것을 꼼꼼하게 기록했다. 유리 용기에 기를 초목으로 무엇을 택하든 모두 잘 자랐다. (그러나 새를 실험에 포함시켜 봤더니 살지 못했다.) 식물 표본이 2만 5천 가지로 늘었지만, 그는 여전히 실험을 계속했다. 워드는 이전 사람들이 생각지 못했던 사실을 처음으로 인식한 사람이었다. 초목은 밀봉되고 빛이 잘 드는 환경이라면 물이 없어도 여러 해 동안 생존한다는 사실이다. 그는 여러 가지 유리 상자를 만들고 유리 접합제와 페인트로 밀봉했다. 그는 골치 아픈 퍼즐의 잃어버린 조각을 우연히 발견한 것이다. 길고도 고된 대양 항해 동안 초목이 살아 있게 만드는 방법이었다.

워드는 단순하지만 자족적인 그 과정을 보고 기록했다. 햇빛이 비치는 동안에 초목은 흙 속의 수분과 이산화탄소를 이용해 광합성을 한다. 밤에는 산소를 방출하고 수증기를 내보내는데, 그것이 찬 밤공기로 인해 유리에 응결하고 다시 아래로 흘러내려 흙을 적신다. 수분은 거의 무한히 보존되기 때문에 그러한 용기에 담긴 식물은 사실상 무한히 유지해 나갈 수 있는 것이다.

직업적인 초목 수집자들에게 워드의 발견은 혁명적인 의미를 지니고 있었다. 이전에는 누군가에게 살아 있는 외국의 초목을 보여줄 수 있는 방법이 별로 없었다. 연구를 위해 상당히 먼 곳에서 초목을 옮겨올 적절하고 믿을 만한 방법이 없었던 것이다. 생물학자들은 초목을 죽여서, 표본을 파낸 뒤 말리거나 압착해서 살펴볼 수 있었다. 아니면 그림으로 그릴 수 있었다. 살아 있는 표본을 보존해 운반하는 일은 식물학자에게 도박의 연속이었다. 어떤 씨앗이 생생함을 유지하고 어떤 것이 습한 바다 공기에 젖을까? 어떤 묘목이 열대 지방과 북쪽 지역을 통과할 수 있을 만큼 충분히 튼튼한가? 워드 상자가 나오기 전에는 영국에서 자라는 외국의 초목은 씨앗과 묘목이 극단적인 온도에서도 버틸 수 있는 소수의 강인한 품종들뿐이었다.

이제 생물학자들은 역사상 처음으로 초목을 살아 있는 그대로 보존할 수 있게 됐다.

워드가 실험을 진행하고 있던 1834년, 오스트레일리아 태즈메이니아섬의 호바트에서 돌아오는 배 하나가 영국의 부두에 닿았다. 그 배는 새 유리 상자 몇 개를 싣고 있었다. 배가 지나온 곳들의 기후는 매우 다양해서, 몇 번의 겨울과 여름을 지나고 수천 킬로미터를 항해하며 오는 내내 파도와 짠 공기가 상자를 때렸는데도 불구하고 초목은 멀쩡한 상태로 도착했다. 그것은 워드의 발견이 만들어낸 감격적인 사건이었고, 워드 상자를 실은 배들이 곧 세계의 가장 먼 지역으로 출항했다.

워드는 자신의 실험에 대해 이렇게 썼다.

전체적으로 요약하자면, 빛이 있는 곳이라면 어디서든지, 심지어 가장 북적대고 매연에 찌든 도시 한복판에서도 거의 모든 종류의 초목이 자랄 수 있다.

워드의 발견은 제국에 엄청난 경제적 영향을 미쳤다. 예를 들어 페루 금계랍나무의 껍질은 알칼로이드 키니네를 만들어낸다. 이 나무는 이제 인도아대륙에 이식돼 현지에서 생산된 키니네가 인도와 버마에서 말라리아에 걸린 영국 병사들을 치료하는 데 쓰일 수 있게 됐다. 큐 식물원에서 싹을 틔워 기른 브라질 고무나무는 쾌적한 실론(지금의 스리랑카) 섬에 이식돼 새로운 수입원을 창출할 수 있게 됐다. 모든 산업이 워드의 유리 상자로부터 나올 수 있었다. 심지어 취미용 화원조차도 외관이 달라져, 씨앗을 틔워 기른 초목들로 풍성한 연간 재배 계획을 짜야 하는 원예사들의 고민을 버찌와 꽃아그배 같은 외국에서 가져온 강인하고 작은 표본들이 해결해 주었다. 앨버트 대공(1819~1861. 빅토리아 여왕의 남편이자 에드워드 7세의 아버지)을 비롯한 유행을 선도하는 영국의 열혈 원예가들은 수많은 새로운 초목을 들여올 준비를 열심히 했다. 그리고 동인도회사는 곧바로 워드 상자가 최고급 중국차 묘목과 씨앗을 인도로 옮겨오는 데 도움을 줄 수 있을 것이라고 장담했다.

로일과 포천은 약초원에서 오랜 오후 시간을 보내면서 워드 상자와 약초원, 중국, 포천의 훌륭한 책 등 여러 가지 이야기를 나누었다. 중국은 초목 수집자들의 머릿속에 특별한 곳으로 각인돼 있었다. 원예사들에게는 완벽한 나라였기 때문이다. 영국이 식민지화 계획을 추진하고 있던 세계의 여러 지역과는 달리 중국은 영국 사람들이 생각하기에도 거의 문명화된 나라였다. 중국인들에게는 세련된 열정과 품위가 있었고, 시와 음악과 철학이 있었다. 무엇보다도 중국은 정원을 존중했다. 고관들은 연못과 돌다리와 정자 사이에 구불구불한 정원을 꾸며 놓고 거기서 유학을 닦음으로써 자신들의 지위를 과시했다. 중국 농민들은 자신들이 먹을 농작물을 어떻게 가꾸는지, 야생의 식용 식물들을 어떻게 찾아야 하는지를 알고 있었다. 중국의 지리 역시 초목 수집자들에게는 횡재를 약속했다. 중국은 온대·열대·한대 등 환경이 다양하고 지형도 변화가 많은 광대한 나라여서, 유전 변이와 자연선택을 보여주는 천연의 전시장으로서 유례가 없는 곳이었다.

영국 식물학의 원조인 조지프 뱅크스 경은 중국을 초목 수집의 '성배聖杯'라고 했다. 뱅크스는 18세기 말 영국이 베이징의 중국 황제에게 첫 외교사절을 보낼 때 원예사를 딸려 보내도록 주선했다. 원예사가 "베이징의 동업자와 만날 수 있다면 뭐든 배우는 데 실패하지 않을 것"이라고 뱅크스는 썼다. 그는 아마추어든 전문가든, 외교관이든 선원이든 중국에 가는 모든 영국인에게 "유용하고 신기하며 아름다운" 초목을 찾아 가능한 어떤 방법으로든지 고국으로 가져다달라고 전방위로 호소했다.

중국에 식물이 많다는 뱅크스의 생각은 대체로 풍문과 추측에 근거한 것이었다. 최남단 항구인 광저우 한 곳에서 얻을 수 있는 정보란 매우 적었기 때문이다. 그러나 그는 나무를 작게 기르는 중국의 방식에 관한 상세한 정보를 요청했다. 지금 우리가 일본에서 하는 '분재盆栽'로 알고 있는 그 방법이다. 뱅크스가 수집을 원했던 초목들은 여러 종류의 철쭉·모란·여지荔枝·용안육龍眼肉과 차나무처럼 경제적으로 가치가 있는 나무, 떡갈나무처럼 단단한 나무 등이었다. 그는 또 중국에 간 영국인들에게 인간의 배설물 즉 '분뇨'를 정원용 퇴비로 만드는 방법을 조사해 달라고 요청했다. 영국에서는 인구는 급격히 늘고 있는데 하수도 시설은 부족해 인분이 넘쳐나고 있었다. 이 중국의 특수 기술을 도입한다면 공중 보건의 큰 장애물을, 공업화한 영국을 위한 생산적인 은택으로 바꿀 수 있었다.

뱅크스는 이렇게 경고했다.

> 한때 희귀하고 신기했던 초목을 흔한 것이라고 잘못 생각하고 넘어가는 것은, 사정을 알게 된다면 앞으로 두고두고 고민의 원천이 될 것이다.

포천은 자신이 중국에 갔을 때 실제로 뱅크스의 주문을 이행했다. 이야기가 나온 지 거의 60년 만이었다. 그러나 그는 중요한 초목들을 그냥 두고 돌아온 셈이었다. 그가 첫 3년 동안에 영국인들이 가본 적이 없는 곳들을 찾아 널리 여행했지만, 그는 주로 조약항들만 돌아다녔을 뿐이다. 그가 중국 도시의 시장에서 수집한 것은 들에서 수집한 것에 못지않았다. 포천과 로일은 포천이 열심히 수집한 뒤에도 중국 내륙이 기본적으로 여전히 손대지 않은 상태여서 탐사를 할 때가 됐다는 사실에 놀라움을 금치 못했다.

이제 로일은 제안해야 할 일이 있었다. 포천이 차 수집자로 동인도 회사에 고용돼 중국에 가려고 할 것인지 하는 문제였다.

회사의 조건은 매우 후했다. 포천의 현재 봉급은 이 도시의 사무원 초봉에 해당하는 연간 100파운드인데, 이제 연간 500파운드(오늘날의 가치로 5만 5천 달러)를 받게 된다. 이는 책임 있는 자리에서 25년간 일한 사람의 임금에 해당하는 것이었다. 왕복 여비도 지급되고, 중국과 런던 사이를 오가는 화물의 운임 등 다른 모든 여행 경비도 마찬가지다. 화물 적재 공간은 초목 수집자들에게는 귀중한 것이다. 그가 고국으로 가져가려는 물건들이 시장에서 팔 상품들보다 조금 비싸기는 하지만, 그 운송비는 어느 식물학 탐사에서도 가장 큰 경비였다. 모든 새롭고 기이한 초목들은 돈벌이가 되는 차나 비단 같은 것들과 경쟁을 해야 했다. 어느 쪽이나 이용할 수 있는 한정된 공간을 서로 빌리고자 했기 때문에 적재 요금은 올라가게 마련이었다.

그러나 회사가 제안한 조건 가운데서 가장 관대했던 것은 역시 포천의 임무가 매우 단출하다는 것이었다. 그는 오직 차만을 수집하면 됐다. 그가 수집하는 다른 모든 초목 즉, 관상식물·잔디·씨앗·묘목·꽃·과일·양치식물·구근에 대한 재산권은 포천이 단독으로 행사하게 된다. 그런 후한 조건이라면 그가 자신의 사업으로 수집을 시작하고 경매에서 아마도 많은 이익을 남기고 팔 수 있게 될 것이다.

영국에서 정원에 대한 집착이 확산되자 보다 아늑하고 낭만화된 '영국적 풍광'이 유행하게 됐다. 시골 사유지에서는 가로수 길을 만들고, 호수를 파고, 언덕을 정돈했다. 이런 새로운 인공 풍광을 좀 더 돋보이게 하려면 희귀한 초목 표본이 필요했다. 포천은 그런 조경 방식이 진부하다고 생각했지만, 약삭빠르게도 회사의 제안이 자기 개인의 발전에 도움이 될 가능성이 있음을 알아차렸다. 영국의 조경은 변하고 있었다. 경매장은 해외에서 들어온 초목들로 가득 찼다. 아마추어와 전문가들이, 초목 탐사자들이 가져온 이국 초목들의 가격을 다투어 올리고 있었다. 포천이 중국으로 돌아가 초목을 수집하고 실제로 자기가 발견한 것을 판다면(그 시대 제국의 다른 지역의 여러 사람이 그렇게 했다) 그는 부자가 될 수 있었다.

그는 충분히 생각하고 싶었고, 로일에게 그렇게 말했다.

로일이 떠난 뒤 포천은 철문 부근 담 앞에 서서 벽을 기어 올라가는 연분홍 장미를 바라보았다. 장미는 막 피기 시작해 아직 만개하지는 않았다. 전설 속에 나오는 영국 장미는 페르시아 원산이었고, 영국 제도에 들어온 지 수백 년밖에 되지 않았다. 그러나 중국에서는 오랜 세월 동안 장미를 재배하고 있었다. 오늘날 우리에게 보통의 정원 장미로 알려진 것은 불과 50년 전 두 품종 사이의 우연한 딴꽃가루받이에 의해 만들어졌다. 개화 기간이 길고, 달큰한 향내가 나며, 강인하고, 키가 작은 품종이다. 중국 장미가 들어오기 전에 영국에는 짙은 색깔의 장미가 없었다고 한다. 장미전쟁(1455년부터 1485년까지 각기 붉은 장미와 흰 장미를 상징 표지로 했던 영국 랭커스터가와 요크가 사이의 왕위 계승 전쟁—옮긴이) 때는 상징으로 진짜 붉은 장미를 쓸 수 없었고, 연분홍 장미였을 것이다. 영국 장미라는 품종은 동양의 화초들이 어떻게 서양의 초목들과 교배되고 변화를 일으켰는지에 대해 포천의 약초원에서 볼 수 있는 여러 사례 가운데 하나일 뿐이었다.

약초원의 다른 곳에도 아시아산 인기 품종들이 많았다. 라일락은 페르시아에서 왔고, 튤립은 터키에서 왔으며, 감귤은 동남아시아에서 왔다. 그리고 포천 자신이 역할을 한 것이지만, 꽃이 피는 동백나무는 중국에서 영국으로 왔다.

그러나 회사가 지금 그에게 요청한 것은 그저 수집만 하는 것보다는 훨씬 중대한 작업이었다. 포천은 세계에서 가장 경제적 가치가 있는 초목 가운데 하나의 샘플을 훔치고 그것을 생생하게 보전하며, 다른 대륙에 성공적으로 이식할 수 있도록 조처해야 했다. 그것은 식물학자가 맡았던 임무로서는 가장 무시무시한 일이었다.

그는 제인에게 이야기를 해야 했다.

겨우 한 주일이 지나서 동인도회사로부터 편지 한 통이 도착했다.

로버트 포천 씨에게

첼시 약초원으로부터

선생님,

로일 박사와의 대화와 관련해서 동인도회사 이사회에서는 당신이 가장 바람직한 지역에서 가장 훌륭한 등급의 차 묘목과 씨앗을 얻어 당신의 책임 아래 그것을 현지에서 캘커타로, 그리고 최종적으로 히말라야로 운반할 목적으로 당신이 중국에 가는 문제에 대한 당신의 의견에 동의합니다. … 저는 이사회로부터, 이사진이 당신의 업무에 관한 제안을 승인했으며 그들은 당신이 오는 6월 20일 이전에 중국으로 떠날 준비를 마치기 바란다는 점을 당신에게 알리라고 지시받았습니다.

이사회는 당신이 영국을 떠나는 날로부터 연간 500파운드의 봉급을 지불하고, 이는 당신이 이 나라로 돌아오면 종료하게 됩니다. 이사회는 당신에게 중국으로 가는 여비를 지급하고, 당신이 영국으로 돌아오는 여비도 지급할 것입니다. 이사회는 또한 당신의 모든 여행 경비와 당신이 인도 및 중국에서 초목과 씨앗을 입수하고 운반하거나 그 밖에 인도 서북변경주 산지에서 차 재배를 확대하기 위해 이사회가 계획한 목표를 수행하면서 쓰게 될 비용들을 책임질 것입니다.

당신이 가능한 한 가장 이른 가을에 중국에 도착하는 것이 중요하기 때문에, 승선권은 페닌슐러앤드오리엔탈사의 배로 구입해 드려서 당신이 가장 빨리 가실 수 있도록 할 예정입니다.

1848년 5월 17일

동인도회사

상하이에서 항저우로,

1848년 9월

상하이에서 배로 하루 거리 되는 구불구불하고 악취가 진동하는 운하에 평저선 하나가 정박하고 있었다. 배는 작아서 길이가 10여 미터밖에 되지 않았는데, 선원 형제들과 그 아내들 일가가 사는 수상가옥이었다. 이 일가는 중국 해안 수로와 운하망을 따라, 불법이든 아니든 화물과 여객을 운송하는 일을 함께 하고 거기서 나오는 얼마 되지 않는 소득을 나누고 있었다. 그것은 상하이 부근에서 특별할 것 없는 낡은 배였다. 지금 타고 있는 손님 일행을 뺀다면 말이다.

포천의 중국인 하인은 "뼈대가 굵고 굼뜬 친구"였는데, 뭉툭한 바늘에 말총을 꿰어 바느질을 하며 앉아 있었다. 그는 바늘을 머리칼 아래로 통과시켜 포천의 목덜미로 내려뜨리면서 바늘땀을 팽팽하게 잡아당겼다. 매번 그렇게 했다. 그는 포천의 머리칼 속에, 전에 어떤 농민에게는 자랑이었을 검고 거칠며 긴 땋은 머리를 바느질해 넣고 있었다. 이것은 변발辮髮이라 불렸는데, 그의 목에서 허리까지 늘어뜨려져 본래 그의 머리칼인 듯 보였다.

포천은 뻣뻣하게, 그러나 초조해하며 앉아 있었다. 그는 중국에 온 지 몇 주일이 지났지만, 그의 진짜 여행은 이제 겨우 시작일 뿐이었기 때문이다. 그가 이 작은 배로 들어간 것은 효과적이고도 신속했다.

그는 지난 여행에서 "오두막 몇 개밖에 없는 황량한 섬"이라고 코웃음 쳤으나 이번에는 "궁궐과 정원도 있는" 놀라운 영국의 전초기지로 묘사한 홍콩을 재빨리 지난 뒤에 증기선을 타고 새로이 생겨난 해외 무역으로 부산한 도시 상하이로 향했다. 포천은 상하이 황푸강黃浦江 둔덕의 영국 조계에 있는 토머스 빌(1775~1841)의 웅장한 저택에, 잠깐이지만 효과적인 일을 하며 머물렀다. 빌은 유명한 무역회사 덴트 빌사의 설립자로, 동양을 여행하는 많은 영국인에게 오랜 친구이자 지적인 후원자 역할을 하고 있었다. 빌은 포천이 자기 회사의 매판買辦(근대 중국에서 외국 상사 따위에 고용되어 중국과의 거래를 맡았던 중국인—옮긴이)을 자유롭게 부릴 수 있도록 해주었다. 매판은 이 항구에서 지속적으로 서양 상인들이 찾는 것을 중국인 공급자와 연결시켜 주는 믿을 만한 중국인 해결사였다. 이 신흥 도시가 서양인이 투자하고 거주할 수 있도록 열리게 되자 이 통역 겸 모리배들이 중국 거상들과의 관계를 원활하게 해줄 수 있는 특사 역할을 했다.

상하이에 있는 동안 포천은 두 명의 하인을 고용해 식량을 마련하고 유리 끼운 워드 상자를 조립하도록 지시했다. 그리고 여행 계획을 짰지만, 사실상 정확한 계획은 세울 수 없었다. 포천은 중국에 관해 유용하고 신뢰할 수 있는 정보가 별로 없었기 때문에, 어디서 최고급 차가 자라고 그곳에 어떻게 갈 수 있는지를 판단하기 위해 그 지역들을 잘 알고 있는 사람들의 도움을 받아야겠다고 생각했고, 그는 그것을 하인을 선택하는 데서 찾았다.

황산을 묘사한 17세기의 목판화.

이 하인들은 그가 중국에 들어갈 수 있도록 해주는 선도자였다. 이들은 차를 수집하는 일을 같이 해줄 뿐만 아니라, 그의 희망대로라면 자신이 죽지 않도록 지켜주는 일도 해야 했다. 그는 중국의 명승지 황산黃山 인근의 가장 유명한 녹차 산지 출신인 두 사람을 고용했다. 이들은 그의 통역이자 요리사, 식물 채집자, 경호원, 짐꾼, 그리고 가장 중요한 것으로 안내자 역할을 해야 했다. 이들은 대체로 지적인 기술을 필요로 하는 일과 억센 힘을 필요로 하는 일을 여행 시에 나눠 맡았다.

포천의 머리칼을 정리해 준 사람은 그의 기록에 다른 어떤 이름으로도 나오지 않고 '쿨리'라고만 했는데, 해안과 배 사이에서 짐을 나르고 식물 채집 여행에서 무거운 유리 상자를 나르기 위해 고용된 인간 황소였다.

왕가는 20대 초반의 교육을 받은 사람으로, 둘 중 좀 더 세련된 사람이었다. 그는 중국 최고급 녹차 산지인 안후이성安徽省 쑹뤄산松蘿山 인근의 차 산지에서 자랐다. 왕가네 집안은 대대로 차를 재배하고 따서 유망한 자식을 항저우杭州와 상하이로 보내 장사로 성공시키려 했다. 중국의 인구는 18세기에 배로 늘었고, 대가족들을 먹여 살리기에는 농토가 너무 적었다. 왕가는 지방에서 상하이로 이주한 다른 많은 사람과 마찬가지로 천부적인 중간상인이고 교활한 자로서, 모든 거래에서 구전을 떼려 했다. 그는 새로이 열린 외국 조계의 지하경제에서 생계를 해결했다. 왕가는 포천을 위해 전문적인 여행 관리자로서 자신의 가치를 입증하게 됐다. 그는 상하이에서 차 산지로 가는 모든 길을 알고 있었다. 그는 타고난 장사꾼 기질로 짐꾼이나 뱃사공들과 흥정을 했다. 그리고 중국에서는 흔한 일이었지만 그는 모든 거래에서 어떻게든 자신의 몫을 챙겼다. 중국에 있는 영국인들에게 '쥐어짜기'로 알려진 관행이었다.

두 사람 가운데 왕가는 포천이 보기에 남에게 자신의 생각을 잘 표현하는 강점이 있었다. 쿨리는 그러지 못했다. 왕가는 100여 년 동안 차를 거래하는 가운데서 형성된, 항구에서 사용되는 말을 구사했다. 그 말은 영어와 중국어가 섞이고 힌디어와 포르투갈어가 조금 들어간 혼성어였다. 혼성어는 당장은 우스꽝스럽지만 중국을 여행하고 장사를 하는 백인들에게는 필요한 것이었다. 일부 단어는 일반 영어 어휘로 편입됐다. 예컨대 '찹찹chop-chop(빨리빨리)' 같은 단어다. 그러나 전체 문장은 때로 아기들 말처럼 터무니없게 들린다.

"오래 당신은 내 안 봤소."

"무어 당신 차저?"

대화를 나누기가 어렵다는 것을 잘 알고 있기 때문에 외국인들과 중국인들이 서로를 그다지 존중하지 않는 것도 그리 놀라운 일은 아니다. 왕가는 혼성어를 썼고, 포천은 그것을 알아들었다. 그러나 쿨리는 주인에게 사실상 벙어리나 마찬가지였는데, 태생이 천한 이 하인은 기본적인 외국 말조차 배우지 못했기 때문이다. 게다가 포천이 하는 어중간한 중국어는 항구 도시의 부자들에게서 배운 것이었는데, 쿨리가 거의 알아들을 수 없는 것이었다.

동인도회사를 위한 이번 임무에서 포천은 어느 영국인도 엄두를 내지 못했을 정도로 중국 내륙 깊숙이 들어갔다. 영국의 영향력이 미치는 범위를 넘어선 것이었다. 그는 상하이의 외국 조계에 있을 때는 사실상 영국 법의 보호라는 우산 아래서 움직였다. 제1차 아편전쟁을 끝내면서 맺은 조약의 특이한 부분이었다. 교역 지대 안의 모든 유럽인은 특별한 지위를 누렸다. 그들은 중국 법이 아니라 자기 나라 법의 지배를 받았다. 거기서는 황제의 법으로 그들을 단속할 수 없었다.

조약항에서 멀리 벗어나는 이 여행에는 첫 번째 여행에서보다 더욱 하인이 절실했다. 지금 중국은 더 위험한 곳이었기 때문이다. 유럽인들이 해안 지역에 점점 더 많이 나타나자 현지 중국인들은 강한 적개심을 품게 됐다. 그래서 남부 지방에서는 점차 성난 농민들이 외국인들을 공격해 공장이나 병원 같은 곳에 가둬놓고 때로는 아무런 이유도 없이 그들을 죽이기도 했다. 반란군들은 시골 지역을 손아귀에 넣었다. 쇠약해지고 있던 베이징의 조정은 외국과의 전쟁에서 패배해 굴욕을 당했고, 지방 관원들을 통제할 수 없었다. 지방 관원들은 도시와 농촌에 과도한 세금을 부과하며 학정을 펼치고 있었는데, 세금 증가 속도는 어떤 농민도 낼 수 있으리라고 생각할 수 없을 만큼 가팔랐다.

서양 세력이 상하이로 몰려들자 중국인들은 식솔 모두와 가지고 있는 모든 것을 지니고 떠나갔다. 심지어 조상의 묘소까지도 옮겼다. 포천은 이렇게 적었다.

그들이 다른 소유물과 함께 가장 신경을 쓴 것은 자기네 재산에 더해, 보통 집 주변의 사유지에 매장한 죽은 친지들의 시신을 옮기는 것이었다. 그래서 일꾼이나 친구들이 관을 서쪽으로 옮기는 일을 목격하는 것은 흔했다. 관을 열었을 때 부패가 심해서 옮기는 일이 불가능한 경우도 많았다. 그럴 경우에 중국인 한 사람이 손에 무덤의 목록이 적힌 책을 들고 다른 사람들을 지휘해 그것이 누구의 시신인지 찾아내곤 했다.

표면적으로는 유럽인이 단신으로 중국 내륙을 여행한다는 것은 완전히 바보 같은 짓이었고, 그것은 포천에게 하인들이 있다고 해도 변치 않는 사실이었다. 왕가가 상하이에서 포천을 실어다 달라고 배의 선장들과 흥정을 했지만 선원들은 이를 거부했다. 뱃사공들은 수로에서 불법 화물을 운송해 준다는 이유로 툭하면 매를 맞고 고문을 당했다.

이런 까닭으로 외국인이 배를 빌리는 것은 불가능했다. 그래서 나는 하인에게 자기 이름으로 배를 빌리게 하고 일행이 두 사람 더 있다고만 말하게 했다.

그것은 영리한 판단이었다. 왕가는 공식적인 서명이 있고 '관인官印' 즉 문자가 새겨진 도장이 찍힌 계약서를 가지고 돌아왔다. 그러나 일행이 배에 타자, 쿨리가 무지해서인지 악의가 있어서인지 선장에게 포천의 정체를 털어놓고 말았다. 포천은 선원들이 이제 그를 배에 태우기를 거부할 것으로 우려했다. 특히 그들이 속임수를 썼기 때문이다. 그러나 왕가는 "주인께서 운임에 웃돈을 약간 얹어 주시기만 하면" 계획했던 대로 여행을 계속할 수 있을 것이라고 장담했다.

포천은 쿨리가 자신의 새 머리 모양을 만들 수 있도록 참을성을 발휘했다. 푸른색과 흰색의 작은 찻잔 하나가 근처의 칙칙한 궤짝 위에 놓여 찻잎의 앙금이 가라앉고 있었는데, 포천은 식어가던 찻물을 더러운 갑판 위에 쏟아버렸다. 마룻바닥은 중국에서 쓰레기를 버리는 곳으로 생각했기 때문에, 그는 의식적으로 중국인처럼 행동해 자기가 변장한 것을 진짜처럼 보이게 하려 했던 것이다. 그리고 그렇게 중국식으로 도자기 찻잔을 뜨거운 물에 헹궈 그것을 데웠다. 포천은 녹차를 별로 좋아하지 않았었다. 우유나 설탕 같은 세련된 첨가물을 넣지 않기 때문이다. 그러나 그는 녹차를 담백하고 순수하게 마시는 습관을 좋아하게 됐다.

포천이 서양 사람으로 여행할 때는 줄곧 호기심의 대상이 됐다. 중국인들에게 이 스코틀랜드인은 괴상하게 보였다. 키가 크고, 코가 필요 이상으로 길었으며, 눈은 너무 동그랬다. 동그란 눈은 일반적으로 지성의 상징으로 생각됐지만, 더듬거리는 중국어를 하는 포천은 그들에게 어린아이처럼 느껴졌을 것이다. 무언가를 먹는 단순한 행동조차도 원치 않는 주목을 끌었다. 그가 처음 여행을 할 때 그를 본 사람들 가운데 하나가 "저 사람도 우리처럼 먹고 마시네?" 하는 말을 했다고 포천은 회상했다.

"이것 봐!" 하고 내 머리 뒤쪽을 매우 주의 깊게 살피던 내 뒤의 두세 사람이 말했다.

"봐봐! 이 외국인은 꼬리머리가 없어!"

변발. 하인이나 유랑 이발사 등이 머리카락을 땋아 늘이고 있다.

그러자 온 동네 사람들이 남녀노소 할 것 없이 내 주위를 빙 둘러싸고 내게 꼬리머리가 없다는 말이 사실인지 확인하려 했다.

당연한 일이지만, 하인들은 그가 상하이를 떠나면서 변장을 해야만 함께 가겠다고 고집했다.

그들은 내가 영국식 복장을 버리고 자기네 나라 옷을 입겠다고 약속해야만 나와 함께 가겠다고 했다. 나는 목표한 바를 이루려면 그것이 불가피하다는 사실을 깨달았고, 선뜻 그 조건에 동의했다.

당시 관습으로는 모든 중국 민족이 머리 앞부분을 밀어야 했다. 황제에 대한 충성을 맹세하는 것이었다. 2억 명 가까운 사람들이 머리를 미는 것은 침략자 만주 조정의 힘이 개개인에게 미친다는 강력한 상징이었다. 청나라 황제들은 칙령을 내려 신민들을 통제하고 다민족·다종교 사회를 통합된 사회로 바꾸고자 했다. 머리 밀기를 거부하는 것은 반역 행위로 간주됐다.

땋은 머리를 다 붙인 쿨리는 이제 자신의 녹슨 면도칼을 포천의 머리 앞부분에 대고 머리 선을 더 올려서 새로 만들기 시작했다. 포천은 이렇게 썼다.

> 그는 머리칼을 민 것이 아니라 사실상 불쌍한 내 머리를 박박 긁었다. 눈물이 내 뺨을 타고 흘렀으며, 나는 고통에 울부짖었다. 내 생각에 그가 머리를 밀어준 것은 내가 처음이었을 것이며, 나는 매우 자비롭게도 내가 그의 마지막 고객이기를 진심을 다해 빌었다.

여행 첫날이었던 그날, 포천은 자신이 공략해야 할 대상을 찾아가는 여정과 그 이유들을 재검토했다. 중국에서 이 일을 끝내려면 몇 년이 걸릴 것이다. 동인도회사 차밭에서 이를 받아 생산을 하려면 그가 수천 그루의 차나무 묘목과 수많은 씨앗, 그리고 이에 더해 고도로 특화된 중국차 재배 및 생산 기술을 가지고 돌아가는 일이 꼭 필요했다. 그는 어떻게든 최고급 차 생산 시설의 일꾼들을 설득하고 자기네 고국을 떠나게 해서 직접 인도로 데리고 가야 했다.

그러나 포천은 차를 가공하는 정확한 비법을 알아내기 전에 그 원료부터 구해야 했다. 중국이 산출하는 최고급 차로, 녹차와 홍차 두 가지 다였다. 이를 위해 그는 최소 두 차례 이상의 별도 차 수집 여행을 하기로 결정했다. 녹차와 홍차에 대해 각각 한 번씩인데, 이 두 가지는 같은 지역에서 재배되는 법이 없기 때문이다. 포천은 녹차와 홍차가 서로 다른 생장 조건을 필요로 한다고 생각했다. 최고급 녹차는 북쪽 지방에서 났고, 반면에 최고급 홍차는 중국 남부 산악 지대에서 출하됐다.

포천은 첫 여행지를 저장성浙江省과 안후이성의 녹차 산지로 정했다. 그의 두 번째 여행은 적어도 그 1년 뒤로 잡았다. 그 유명한 푸젠성 우이산맥武夷山脈의 홍차 산지로 가는데, 300여 킬로미터를 여행해야 한다.

서양에서의 인기를 감안하면 포천이나 동인도회사에게는 홍차가 더 탐나는 것이었지만, 또한 얻기가 더 어려운 것이었다. 홍차는 삐죽삐죽한 산의 카르스트 지형(석회암 대지에 발달한 침식 지형—옮긴이)에서 크게 자랐는데, 그런 지역의 희박한 공기와 쌀쌀한 밤이 세계 최고급 홍차인 진한 오룡차烏龍茶(우롱차)·백호차白毫茶·소종차小種茶 등을 만들어낸다. 상하이에서 푸젠성과 장시성江西省 경계 지역까지는 적어도 석 달이 걸리는 여정이며, 가는 도중 강배江船에서 남의 눈에 띄지 않을 수 없는 여행이다. 마르코 폴로 시대 이후로 프랑스 선교사 몇 명이 간간이 갔던 것을 제외하고는 그 먼 지역에 갔던 외국인은 없었다.

녹차를 구하는 세부 계획은 그에 비해 상대적으로 단순했다. 최고급 녹차를 생산하는 지역은 가기가 쉬워서, 장강長江(양쯔강)과 그 지류들로 몇 주일 동안만 배를 타고 가면 됐다. 그는 이전 여행에서 비슷하거나 약간 짧은 기간에 이동했는데, 배로 멀리 떨어진 산지까지 이동한 뒤 워드 상자를 가지고 다니며 씨앗을 수집하고 표본을 캐내 가득 채웠다.

포천은 첫 번째 중국 여행에서 차 재배에 관해 그 어느 서양인보다도 더 많은 것을 배웠다. 그는 영국 영사와 함께 조약항인 닝보寧波 인근의 방문이 허용된 녹차 밭에 갔었다. 『중국 북부 지방 방랑 3년』은 두 장章이나 할애해서 차나무의 재배와 수확, 그리고 가공에 관해 자신이 관찰한 내용을 기록했다. 포천은 심지어 차나무 표본을 영국의 식물원으로 가져오기도 했는데, 온실에서 키운 그 나무는 연구에는 적합했지만 차가 어떻게 만들어지는지에 대해서는 세부적인 정보를 제공하지 못하는 것으로 드러났다. 포천은 자신이 지식을 얻지 못한 것을 "중국 정부의 질시" 탓으로 돌렸다. 황제는 "외국인들이 차가 재배되는 어느 곳도 가보지 못하도록 막았"기 때문이다. 중국의 차 상인들도 믿을 수 없는 정보원임이 입증됐다. 그들은 과학자들에게 조금이라도 도움이 되기에는 공급 사슬에서 너무 내려와 있었기 때문이다. 그가 영국의 온실에서 가꾸던 살아 있는 차나무는 녹차와 홍차가 실제로 다른 종인지를 놓고 벌어지던 논쟁조차도 해결하지 못했다. 포천은 이렇게 썼다.

> 영국의 학자들은 각기 다른 주장을 하고 있었다. 일부는 홍차와 녹차가 같은 품종에서 만들어지며, 색깔의 차이는 조제 방식의 차이 때문이라고 주장한다. 그러나 다른 사람들은 홍차가 식물학자들이 말하는 무이차종武夷茶種(*Thea bohea*)이라는 나무에서 만들어지고, 녹차는 녹차종*Thea viridis*에서 만들어진다고 말한다.

두 번째 중국 여행은 이 논쟁을 최종적으로 해결할 수 있게 한다.

포천은 외국산 차나무 전용 농원을 성공적으로 가꾸는 최초의 사람이 되고자 했다. 그것은 완전히 새로운 산업이었다. 인도에 저급한 차 씨앗을 뿌려봤자 자신을 스타로 만들어주지는 못한다. 이전의 수집자들이 했던 것처럼 인도에 저급한 차 묘목을 잡다하게 구색 갖추어서 보내는 것은 아무런 의미가 없었다. 포천은 오로지 중국에서 가장 이름난 차를 입수하는 데에만 관심이 있었다.

> 중국에서 최고급 차를 생산하는 지역에서 묘목과 씨앗을 입수하는 것은 매우 중대한 일이었다.

포천은 자신이 수집해서 인도로 실어 보내는 물건에 관해 최대한 정확할 필요가 있었다. 그는 과학자였기 때문에 그의 작업이 훌륭하려면 그가 제시한 자료가 훌륭해야 했고, 따라서 그는 표본들의 산지와 그 환경, 재배 과정 등을 직접 확인해야 한다는 사실을 깨달았다. 포천은 수집과 기록을 위해 현지인 일꾼들을 보내면(그것이 회사에서 오랫동안 해오던 방식이었다) 일을 훨씬 빠르고 덜 위험하게 할 수 있을 것이라는 생각을 했지만, 그는 이런 선택을 하지 않았다. 중국인 일꾼들이 중국에서 낼 수 있는 최선의 것을 찾는 데 충분히 믿음직스럽다고는 거의 생각하지 않았기 때문이다. 그리고 자신이 직접 수집하지 않는다면, 과학은 고사하고 모험은 도대체 어디 있단 말인가?

그러나 단지 차나무를 인도에 실어 보내는 것만으로 충분한 것은 아니었다. 그는 자신이 보낸 차가 안전하게 도착하는 것뿐만 아니라 성공적으로 이식되는 것까지도 확인해야 했다. 자신이 보낸 나무가 운송 도중에 죽거나 새로운 보금자리에서 번성하지 못한다면 중국에서 3년 고생한 것은 도로아미타불이 되는 것이었다. 그는 가능한 한 가장 빨리 나무의 상태에 대한 정보를 받도록 분명히 하기 위해 인도 서북 변경주 정부에 협조를 요청해야 했다. 그래서 그는 이런 편지를 썼다.

최고급 차 품종의 나무와 씨앗을 송부할 목적으로 중국에 파견되도록 명예로운 동인도회사 이사회에 의해 지명된 … 씨앗과 나무를 기회가 되는 대로 캘커타로 보내는 것이 제 의도이며, 그것들이 조심스럽게 접수되고 그 목적지로 전달되는지의 여부가 매우 중요할 것입니다. 또한 나무와 씨앗이 인도에 도착하면 그 상태에 대한 보고서를 만드는 것이 매우 바람직하며, 그 보고서를 제게 전해 주시면 수집이 필요한 수량과 관련해서 제가 참고할 수 있을 것입니다.

저는, 나무를 전달하는 데는 언제나 약간의 어려움이 따르기 때문에 이런 제안을 드리는 것도 용서받을 수 있으리라고 생각합니다. …

저는 당신이 제게 내리실 필요가 있다고 생각하시는 어떤 지시를 내리시더라도 기꺼이 따를 것입니다. 그 지시는 덴트빌사로 보내주시면 그들이 제게 전해 줄 것입니다.

당신께 편지를 드리게 돼서 영광입니다.

로버트 포천 올림

"하이야! 아주 안 좋아, 아주 안 좋아."

쿨리가 혼성어로 웅얼거렸다. 그는 손으로 면도칼을 높이 들고 있었고, 포천은 고통스러워 얼굴을 찡그렸다. '아주 안 좋아'와 '아주 좋아'는 쿨리가 알아들을 수 있는 영어의 전부였다. 그는 뜨거운 물수건을 가져다가 피가 나는 포천의 민머리를 토닥거렸다. 다른 뱃사공들은 이발 의자 근처에 앉아 웃으며 도박을 하고 있었다. 마작 패의 딸깍거리는 소리가 그들의 대화 사이사이에 끼어들었다. "서투른 쿨리는 정말로 최선을 다했다"고 포천은 너그럽게 적었다.

그의 두 번째 하인 왕가는 포천이 입을 적당한 옷을 구해 왔다. 앞쪽에 단추가 달린 잿빛 비단옷으로, 깃이 높게 세워진 것이었다. 풍성하게 늘어진 바지는 통이 매우 넓어서 두 사람이 들어갈 만했고, 소매 역시 큼지막한 포천의 손을 가릴 정도였다. 사람의 발에 신겨 있는지조차 느끼기 어려울 정도의 얇은 신발로 겨우 도시 거리의 지저분한 것들로부터 그를 지켜주게 돼 있었다. 그 위에 누비 겉옷을 입었는데, 띠가 있고 깊은 주머니가 달려 있었다. 그것은 포천이 표본을 수집하기 시작하면 매우 유용한 것임이 드러나게 된다. 그것은 대체로 길 떠나는 중국 상인들이 입을 법한 차림으로, 존경심을 불러일으키고 불필요한 관심을 끌지 않는 모습이었다.

그러나 포천은 그것들을 사는 데 정확하게 얼마를 지불했는지 묻는 것을 빠뜨렸다. 중국의 동전은 페니보다도 작은 단위이기 때문에 왕가는 아무렇지도 않게 거스름돈을 제 주머니에 넣어도 문제가 되지 않았다. 쿨리는 액수에 차이가 난다며 화를 냈다. 그는 돈을 관리하는 (그리고 단물 빨아먹는) 것 같은 일은 당연히 시건방진 왕가가 아니라 둘 가운데 나이가 많은 자신이 맡아야 한다고 생각했다.

그래서 쿨리는 주인에게 하소연을 하려 했으나, 포천은 그의 불만을 그저 웃어 넘겼다. 하인들이 서로 신임을 얻으려고 아옹다옹하자 포천은 좀 더 편안해졌다. 그는 하인들이 아옹다옹하면 함께 뭉쳐 주인에게 대들려는 생각을 하지 못할 것이라고 기대했다. 포천은 그들이 고분고분하고 열성적인 하인일 것이라고 생각했고, 한 사람의 인간이라는 생각은 별로 들지 않았다. 예컨대 그는 쿨리가 끝없이 존중받으려

한다거나, 왕가의 '쥐어짜기' 충동이 여행 내내 만족할 줄 모르고 커져 갈 것이라고는 생각지 않았다. 왕가는 이미 통역 과정에서 차액을 챙기는 재주를 피우고 있었다. 모든 가격은 서류에 한자로 숫자를 써서 흥정을 했는데, 그 숫자는 포천이 읽을 수 없는 것이었다.

머리칼을 밀고 새 옷들도 갖추어 입자 포천은 자연스레 의문이 들었다. 이렇게 변장한 것이 잘 먹힐까? 그는 중국이 광대하고 세계의 다른 지역들과 동떨어져 있어서, 자신이 여행하면서 마주칠 농민들이 자기네 나라의 진짜 크기를 거의 인식하지 못할 것이라고 확신했다. 그들에게는 외부의 비교 기준이 없기 때문에 포천이 실제로 얼마나 이질적인지 판단할 수 있을 것 같지 않았다. 그는 자신의 얼굴 모습이 중국인과 다르다든지 자신의 키가 주위 사람들보다 머리 하나는 더 있다든지 하는 사실들은 이미 이민족의 지배를 받고 있는 나라에서는 특별히 이상하게 생각되지는 않으리라고 기대했다. 자신의 키는 어쨌든 해명될 수 있었다. 만리장성 북쪽에서 온 사람들이 키가 매우 크고 아주 야만스럽다는 사실은 잘 알려져 있었고, 모든 중국 신민은 변발을 하고 있었기 때문에 포천이 그런 차림을 한다면 황제의 신민 태가 날 터였다.

해가 시야에서 사라지자 그들 주위에는 어스름이 깔렸다. 흐릿한 골목 어귀에서 매춘부 몇 명이 돈에 불을 붙이기 위해 운하 쪽으로 나오기 시작했다. 그것은 명초冥鈔(귀신이나 조상을 제사지내면서 태우는 종이돈으로 명강冥鏹·명전冥錢·명지冥紙라고도 한다 — 옮긴이)였는데, 물리적 세계에서 정신적 세계로 옮겨가는 방법의 하나로 불태우는 것이었다. 그들은 밤에 일을 시작하기 전에 귀신과 조상을 달래기 위해 명초를 올린다. 쿨리는 아쉬워하는 눈으로 그쪽을 바라보았다.

포천은 변발이 등에서 흔들거리며 두 어깨뼈 사이에서 가볍게 춤추는 것을 느꼈다. 그는 자신이 '훌륭한 중국인'이라고 생각했고, 지금 이 순간부터는 3년의 공백 이후 사실상 해보지 않았던 중국어로만 말해야 한다는 사실을 상기했다. 그는 젓가락을 사용해야 했고, 지위가 높은 사람을 만나면 악수를 하는 대신 고두叩頭(경의를 표하기 위해 머리를 조아리는 것 — 옮긴이)를 해야 한다는 것을 기억했다. 그는 자신의 이름을 '밝은색의 꽃'이라는 뜻의 '싱와'라고 대야 했다.

쿨리는 면도칼과 가위를 싼 뒤 외국인 주인에게 머리를 끄덕이고 뒤쪽 바다의 여신 제단으로 갔다. 그는 향을 피워 올리며 그들의 여정에 여신의 축복이 내리기를 기원했다.

왕가는 배가 운하로 접어들어 여행이 본격적으로 시작되자 눈에 띄게 신경이 곤두서서, 누군가가 어디서 오느냐고 물으면 어떻게 해야 하는지 포천에게 물었다. 그들은 어떻게 대답해야 했을까?

포천은 웃으면서 대답했다.

"워 후이 가오쑤 타먼我會告訴他們(그들에게 이렇게 말하면 되지). 워 시 와이성런我是外省人(나는 다른 성 사람이고), 총 창청 경위앤 더 이시에 성 디 라이 더從長城更遠的一些省地來的(만리장성보다 더 먼 어느 성에서 왔소)."

저장성 항저우 인근,

1848년 10월

지난 천 년 동안 중국인들은 항저우라는 도시를 사랑했다. 상하이에서 남서쪽으로 200킬로미터 떨어져 있는 곳이다. 호수 주위에 건설돼 푸른 산이 빙 둘러쳐져 있고, 호수를 건너 안개가 자욱이 끼어 있다. 항저우는 시인들의 도시다. 또한 조용한 곳이어서 절과 정원들이 많다. 그러나 그저 그림 같은 곳 이상이어서, 현대 중국에도 남아 있는 몇 안 되는 아름다운 곳 가운데 하나다. 주변 지역은 당시에도 그랬고 지금도 나라 안에서 가장 부유한 곳이다. 1848년에 그곳 사람들은 하인이나 상인들까지도 화려한 색깔의 멋진 비단옷을 입고 붐비는 거리를 돌아다녔으며, 빵을 실컷 먹고 진주나 옥 같은 사치품들을 샀다. 가게에는 사람들이 가득했고, 상인들은 살이 쪘다. 이는 걸핏하면 기근과 물자 부족에 시달리던 나라에서는 쉬운 일이 아니었다. 포천의 기록에서 대부분의 중국 도시는 더럽고 해충이 들끓는 곳이었지만, 항저우는 눈에 띄게 잘 다루어졌다. 마르코 폴로는 이곳을 보고 "논란의 여지 없이 세계에서 가장 멋지고 당당한 도시"라고 적었다. 유학자 시인들도 마찬가지로 매혹됐다.

"위에는 하늘이 있지만, 땅에는 항저우가 있다."(남송대의 시인 범성대范成大(1126~1193)의 『오군지吳郡志』에 "上有天堂, 下有蘇杭"이라는 속담이 인용돼 있는데, 이것이 변형된 듯하다 — 옮긴이)

19세기 차를 마시는 중국의 노인 조각상. 마카오의 루이스 데 카몽스 박물관 소장.

무엇보다도 항저우는 차가 생활의 중심인 도시였다. 찻집(중국 이름으로는 다관茶館·다방茶坊·다료茶寮 등으로 불렸다 — 옮긴이)에서는 질 좋은 혼합차를 거래하고 시음했다. 이것은 포천이 경험했을 바로 그 분위기다. 옛날 정원으로 꾸며진 곳에서는 여유 있는 사람들이 일 대신 생각을 하고, 원대한 계획을 세우고, 오랜 시간 뜨거운 차를 마시며 자연의 신비에 대해 이야기를 나누곤 했다.

포천이 그저 여행을 온 것이라면 이곳에 오래 머물렀을 것이지만, 그는 완전히 항저우를 비껴가기로 했다. 그곳은 통과하기에 매우 위험한 곳이었다. 그곳은 무역의 길목이어서 비단과 차 무역로 한가운데에 위치해 있고, 해안 무역항에서 온 상인들은 변장한 백인을 쉽게 알아볼 것이기 때문이다. 그렇지 않더라도 그들은 적어도 포천이 중국 현지인들 중에서 좀 색다른 사람이라고는 생각할 것이다.

그래서 포천은 왕가에게 그들을 메고 항저우를 돌아갈 가마를 준비하도록 했다. 항저우 교외를 안전하게 벗어나면 그는 짐배를 홍정해 장강을 거슬러 올라가 왕가의 고향인 안후이성의 시골로 향할 것이다.

바로 비탈진 산마다 녹차가 자라고 있는 곳이다.

그러나 왕가의 계획은 달랐다. 차 산지로 가는 가장 빠른 길은 항저우를 직접 통과해 가는 것이다. '돌아' 가는 것과 '통과해' 가는 것에서 생기는 포천 일행의 여비 차이는 왕가가 불법적인 차와 담배를 즐기기에 충분한 정도였고, 어쩌면 매춘부인 '화냥花娘' 한두 명도 살 수 있을지 몰랐다. 포천의 여행 예산에서 조금만 더 단물을 쥐어짜면 돈으로 쿨리의 입도 막을 수 있을 터였다.

왕가는 지시받은 대로 먼 평지 길을 따라 포천을 메고 갈 가마꾼들을 홍정했다. '가마'는 두 개의 대나무 장대 위에 상자 비슷한 것을 올려놓은 것이었는데, 양쪽 끝을 일꾼들이 들었다. 포천은 항저우로 가는 여행에 대해 이렇게 말했다.

> 내게 조금이라도 주의를 기울인 사람은 아무도 없었고, 그래서 나는 매우 안심했다.

항저우로 가는 길은 몇 킬로미터나 앞으로 죽 뻗어 있었다. 주변은 뽕나무 숲이었고, 그곳 잠실에서는 중국의 유명한 누에들이 부드러운 마술을 부려 고치를 짓고 있었다. "뽕나무 말고는 보이는 게 별로 없었다"고 그는 썼다. 긴 여행 중의 하루가 끝나갈 때쯤 그는 편안히 가마에 앉아 "금방이라도 탁 트인 시골로 접어들 것을 기대"하고 있었다. 그러나 가마꾼들이 앞으로 나아갈 때마다 교차로가 더 자주 나타났고, 건물들이 툭툭 튀어나왔으며, 들판이 사라졌다.

> 나는 복잡한 도시로 점점 들어가는 것을 깨닫고 크게 놀랐다.

가마꾼들은 곧 포천을 싣고 진한 잿빛의 항저우 성벽에 난 문을 통과해 멋진 서호西湖 옆에 있는 도시 한가운데로 곧장 들어갔다.

겁이 덜컥 난 포천은 나중에 이렇게 썼다.

> 외국인이 항저우부杭州府 한가운데에 있다는 사실이 알려졌다면 곧 사람들이 모여들고 사태는 매우 심각했을 것이다.

그는 곧바로 하급 선원들이 쓰는 욕을 하며 왕가를 꾸짖었다. 자신이 알고 있는 듯한 욕은 그것밖에 없었다. 그는 이렇게 지시를 어기는 일을 당한 적이 없었고, 지금 아랫사람들을 엄하게 야단치지 않으면 앞으로 계속 그런 나쁜 짓을 저지르지 않을까 우려했다. 내륙으로 들어가면 들어갈수록 그 결과는 더욱 심각할 터였다.

그러나 포천의 맞대응은 별 효과가 없었다. 주인이 공개적으로 하인을 꾸짖는 것은 자존심 즉 '체면'을 세우는 역할이나 할 뿐이고, 심지어 책망은 하인이 부유한 고관의 주목을 받을 만큼 매우 중요하다는 사실을 은연중에 선언하는 일이었기 때문이다.

중국에서 '체면' 즉 미앤즈面子는 포천 같은 서양 사람들은 직관적으로 알 수 없는 것인데, 개개의 인간관계를 통해 한 사람이 얻은 위신이나 명성 같은 것을 말한다. 중국에서의 관계는 사람들 사이의 상호간 의무로 규정된다. 신분이 같든 다르든 마찬가지다. 그리고 모든 개인은 영향의 네트워크 안에, 의무와 사회적 연관성 즉 '관시關係'의 기반 안에 존재한다. 가족이 최우선이고, 그 다음이 확장된 사회적 이웃이다. '체면'은 한 사람이 자신의 네트워크 안에서 차지하는 위치를 나타내며, 중국인들이 어떤 명령을 따르고 어떤 은혜를 베풀고 어떤 간청과

애원을 할 것인지 등 자신의 의무를 판단하는 방법이었다. 아들은 아버지에 대해 겸손한 행동을 하고, 하인은 주인에게 복종해야 하며, 학생은 선생에게 복종해야 한다. 그러나 반대로 아버지는 아들에 대해 일련의 정해진 책무가 있고, 주인은 하인에 대해, 선생은 학생에 대해 각기 책무가 있다.

미앤즈와 관시는 아무리 미묘하게 표현되더라도 중국인의 생활에서 피할 수 없는 사실이다. 그때나 지금이나 이것들이 사회 구조를 만들어낸다. 사회적 연줄이 정당성을 얻고 차별을 받는 정도를 결정한다. 이런 관계들로부터 자유로운 중국인은 없기 때문에, 많은 농민은 체면이 별로 없고 따라서 정당성과 부와 자유를 얻기가 어려운 것이다. 사회적 책무를 다하면 그 사람은 체면을 얻고 지위가 올라간다. 어떤 사람이 사회적으로 연결돼 책무가 지워진 사람에게 그 책무를 다하지 못하면 그는 체면을 잃고(디우미앤즈丢面子) 사회적 지위가 떨어진다. 왕가가 지시대로 따르지 않았다고 포천으로부터 야단을 맞았을 때, 그것은 왕가에게 높은 사람에 대한 책무가 있음을 세상에 드러낸 것이었다. 왕가는 포천에게 체면을 잃었고, 동시에 항저우의 더 많은 이웃에게 체면을 얻은 것이다.

체면은 상당히 유교적인 개념이다. 위대한 철학자 공자의 사상은 한대漢代(서기전 202~서기 220)에 들어 영향력을 발휘했는데, 가족 간의 관계와 조상에 대한 책무가 최고선最高善이자 개인의 최대 목표인 세상을 그리고 있다. 개인은 그가 태어난 세계에 영광을 가져다주지 못하면 아무런 존재의 의미가 없었다.

중국에 있는 외국인들은 의무를 규정하는 관계 네트워크가 없고 사회적 자산이 없기 때문에 체면이라고 할 만한, 손에 잡히는 것이 없다.

많은 외국인은 자기네의 국외자 신분을 영리하게 이용했다. 그들은 곧바로 중국인들과의 관계 구축에 나서, 관원들과 높은 사람들에게 선물과 호의를 베풀었다. 그들은 하인이 단순히 일만 해주는 것이 아니라 명예와 존경 같은 금전적 보상 이외의 것들에 대한 의무도 있음을 알아차렸다.

그러나 포천은 중국의 사회적 상호 관계에서 좀 더 미세한 부분에 관심을 덜 기울였던 듯하다. 그는 중국인들을 통상적인 피고용인들처럼 대했다. 잘할 것을 요구하고, 변명 듣기를 거부하고, 실패를 책망했다. 왕가와 포천은 여러 해에 걸쳐 때때로 함께 여행을 해야 하고, 왕가는 주인을 대신해 관시 작업을 홍정해야 한다. 왕가는 그를 위해 명망가와 연줄이 있다는 허구적 네트워크를 만들어냄으로써 포천의 고관 신분을 사실상 창조해 냈고, 주인의 체면을 세워주었다(그리고 우연이 아니라 이와 연관돼서 자기 스스로의 지위도 올라갔다). 그는 또한 포천을 대신해서 돈을 먹이고 홍정을 했다. 호의를 얻기 위해서만이 아니라 체면을 위해서이기도 했다.

포천에게는 이러한 의무들이 왕가의 배만 불리고 탐사를 효율적으로 하는 데 지장을 초래한다고 생각했던 듯하다. 포천이 비록 전에 중국을 여행한 적이 있었다 하더라도, 그는 자신의 비밀을 지켜주어야 하는 사람들에게는 여전히 봉일 뿐이었다. 그는 필요가 있어서 하인들에게 의지하고 그들을 자신과 여행을 함께하는 일행으로 삼았다. 그것은 보살핌의 네트워크고, 더 나아가 배려의 네트워크였다. 그는 자신이 그렇게 크게 그들에게 의존함으로써 스스로 그들에게 부여한 체면이 높은 지위를 인정하지 않았다. 또한 이것이 그들에게 얼마나 반감을 사게 될 것인지도 내다보지 않았다.

항저우를 통과한 뒤에 왕가는 포천을 도시 바깥 안후이성의 차 산지인 풍요로운 장강 유역으로 데려갈 짐배를 흥정했다. 포천의 침석은 배 꼬리의 난쟁이 침석 옆에 있었다. 그는 돗자리 하나를 받아 거기서 자도록 돼 있었고(하인들은 갑판 위에서 잤다), 뜨거운 물 한 대야로 아침마다 세수를 했다(유럽인들과 달리 19세기 중국인들은 매일 목욕을 했다). 그의 운임에는 매일 두 끼의 흰죽과 한 끼의 밥이 제공되도록 돼 있었다.

포천의 잠자리 밑에는 관이 두 개 있었는데, 아마도 그 안은 비어 있지 않은 듯했다. 불행하게도 문중에서 멀리 떨어져 해안 도시에서 죽은 지방 출신 상인들은 항상 고향 마을로 송환됐는데, 이것은 중국에서 조상 및 조상들의 무덤에 대한 숭배의 일환이었다. 사람들은 그렇게 하지 않으면 귀신이 집안사람들에게 복을 내릴 시간을 알지 못하고, 또한 자기네가 고향에서 그렇게 멀리에 묻혀 있는 것을 알면 화가 나서 복수를 하게 된다고 생각했다. 포천은 이런 관습에는 관심이 없었기 때문에 그 관들을 그저 침대려니 생각하고 그 위에서 푹 잤다.

항저우 주변 강가 마을들은 으스스하고 황폐했으며, 무너져가는 벽들에는 잡초와 덤불이 무성했다. 이들 작은 마을들은 강도와 해적들의 소굴이었다. 그들은 재물을 싣고 바다로 가는 배를 새로 발견하면 약탈하려고 여기서 대기하고 있었다. 포천이 탄 배의 사공들은 그곳의 폭력배와 도적들 이야기를 잔뜩 들려주었는데, 그 이야기들은 "나 자신이 위험한 지경에 빠져 있다고 믿게 만들 정도였다"고 포천은 회상했다. 그는 밤마다 쿨리를 시켜 선실에서 망을 보게 해서 그의 일을 더 늘렸다.

이 망꾼들이 얼마나 오래 망을 보았는지는 알 수 없다. 그러나 내가 잠에서 깨어보니 동트기 전 어느 때였는데, 그곳에서는 위험이 완전히 잊힌 듯했다(아마도 꿈속에서는 그렇지 않았을 것이다). 나는 그들이 깊이 잠들어 있음을 발견했던 것이다. … 아무도 우리가 자는 동안에 우리를 해치지 않을 것 같았다.

뱃사공들이 재미 삼아 아무리 겁나는 허풍을 떨더라도, 이들과 좋은 관계를 유지하는 것은 세 여행객에게 필수적인 생명선이었다. 뱃사공들은 흥정할 때 수로를 자기네 재량에 따라 선택하겠다고 했고, 늘 그렇게 해왔던 듯하다. 중국의 수로에는 언제나 무서운 무리들이 돌아다니고 있었기 때문이다. 무기나 아편 밀매업자들도 있었고, 반란군이나 이단 종교 신봉자들도 있었다. 최우선적인 고려 사항은 뱃사공들을 계속 만족시켜 불법적인 인간 화물을 팔아먹지 않도록 해야 한다는 사실이었다. 포천이 가지고 있는 비밀의 정확한 내용을 뱃사공들이 모른다 하더라도, 그들은 중국을 여행하는 모든 사람이 비밀을 하나쯤 가지고 있음은 당연시하고 있었다.

강배가 출발하기 전 승객이 다 차기를 기다리는 동안에 왕가는 뭔가 분명치 않은 문제를 가지고 우두머리 사공과 흥정을 했다. 짐작컨대 그는 여행 경비에서 제 주머니로 더 많은 돈이 들어가도록 음모를 꾸미고 있었다. 당연히 사공들의 몫도 있었다. 그는 가짜 '관인(배표로 쓰이는 구매 영수증)'을 만들어 포천이 자신의 전체 여행 경비를 전혀 알 수 없도록 할 수도 있었다. 아니면 왕가는 상류에 가면 더 높은 가격을 받을 수 있는 물건을 찾아내 짐칸 한 구석에 싣고 그 운임을 포천의 청구서에 대신 추가할 수도 있었다. 왕가가 어떤 장난을 치든, 그는 우두머리 사공에게 상당한 돈을 주어야 했다.

그는 사공에게 줄 돈을 은화로 지불했다. 그러나 긴 여행을 다시 시작하기 전인 그날 밤 사공이 육지로 나가 술을 마시고 도박을 하고 그 밖에 다른 방식으로 즐기면서 그 밤 유흥의 대가로 왕가가 준 돈을 내놓았다. 주막집 주인은 은전을 살펴보더니 그것이 가짜여서 받을 수 없다고 말했다. 멕시코 은전은 내륙에서는 쉽게 볼 수 없지만 해안의 국제 거래에서는 받아들여지는 통화였다. 사실상 세계 최초의 국제통화인 셈이었다. (멕시코는 1821년 에스파냐로부터 독립했으나, 이 은전은 19세기 내내 중국 무역에서 여전히 '주요 통화'로 간주됐다.) 아편전쟁 이후 이 나라에 들어오는 외국 무역상들이 늘면서 중국에서 유통되는 은화의 수가 증가했고, 이에 따라 하찮은 뱃사공조차도 은화가 자기네 통화보다 가치가 높다는 것을 알 수 있었다. 특히 중국 동전의 가치가 급격하게 떨어지는 와중이라서 그러했다. 그러나 내륙에서는 상대적으로 은화가 적었기 때문에, 우두머리 사공이 진짜 멕시코 은화를 가려낼 줄 몰랐을 수 있다.

사공은 도박판에서 중국 동전으로 빚을 갚은 뒤 배로 돌아왔다. 그러나 왕가는 단호하게 은화 돌려받기를 거부했다. 은화는 은화라고 그는 고집을 부렸다. 사공도 마찬가지로 단호했다. 그는 돌려받을 것을 요구했다. 시간은 늦은 밤이었다. 왕가는 술에 취해 있었고, 두 사람은 계속 언쟁을 벌였다. 사공이 보상을 받으려면 어떻게 해야 하는가? 왕가는 이 은전이 그날 아침 자신이 주었던 바로 그 은전임을 어떻게 확신할 수 있을까? 언쟁이 점점 뜨거워지자 사공은 마침내 고관에게 그 하인이 가짜 은전을 준 사실을 알리겠다고 위협했다.

왕가는 결국 중국 돈으로 대신 지불하기로 동의하면서 불만스럽게 웅얼거렸다.

"그 은전은 아주 좋은 거야."

그러면서 그는 같은 값어치의 무거운 동전 꾸러미를 패대기쳤다. 동전은 지역의 거래에서 일반적인 통화였다.

사공은 처음에 그렇게 해결된 데 만족했으나, 자기가 받은 것을 세어보니 액수가 비는 게 드러났다. 왕가는 여전히 사공을 가지고 놀려고 했다.

왕가는 화를 냈다.

"내가 당신에게 은화를 주었더니 당신은 가짜라고 했소. 내가 그것을 바꿔서 동전으로 주었더니 당신은 그것마저 돌려줬소. 도대체 뭘 원하는 거요?"

이때쯤에는 이미 포천과 다른 승객들이 차가운 밤공기를 마시며 주변에 모여들었다. 말다툼 소리가 점점 커져 이끌려 나온 것이다. 사공은 마침내 화를 벌컥 내며 그 자리를 떠났다. 자신이 너무 적다고 주장했던 동전 꾸러미를 움켜쥔 채였다. 포천은 비록 두 사람의 성난 토론을 모두 알 수는 없었지만, 왕가 같은 사람과 함께 여행하는 데서 생기는 부담을 인식하기 시작했고 그의 의구심은 커져만 갔다.

포천은 내륙을 여행하면서 중국의 풍요로운 농촌 지역 풍광에 마음을 빼앗기게 됐다. 들은 계단식으로 이어졌고, 수확 철의 들판은 황갈색으로 물들었다. 과수원은 풍성했다. 복숭아와 자두는 수확됐으나, 사과는 아직 가지에 무겁게 매달려 있었다. 반면에 오렌지는 이제 막 익어가고 있었다. 포천은 매혹당했다. 농부의 아들이 스스로 기억하는 농촌 생활로 되돌아온 것이다. 그러나 동시에 그는 변경 개척민이 될 수 있다는 전망에 의욕을 느끼며 미개척지에 발을 들여놓았다. 멀리 안전한 배에 있을 때부터 그는 중국 농민들의 근면함에 감탄했다. 밀·쌀·옥수수 등 곡물 밭이 온통 펼쳐져 있는 가운데 푸릇푸릇한 차밭이 하나 있었다. 농장과 주거지마다 우표 크기의 자기네 차밭이 있었고, 그 하나하나는 포천에게 가려고 했던 목적지가 가까워지고 있다는 신호로 보였다.

왕가와 우두머리 사공 사이에 불편함이 남아 있는 것은 분명했지만, 포천에게는 강을 따라가는 여행이 즐거웠다. 그들이 내륙으로 더욱 깊숙이 들어가면서 포천은 아직껏 보지 못했던 가장 원초적인 땅들과 마주쳤다. 생물학자에게 배를 타고 구불구불한 강을 거슬러 오르면서 완벽한 풍경이 두루마리처럼 펼쳐지는 것을 보는 일만큼 만족스러운 것은 없다. 포천은 이따금씩 탑과 절이 언덕 위에 자리 잡고 있는 것을 보았다. 근처에 마을이 있음을 알리는 표지였다. 그러나 그가 주로 본 것은 험준한 산과 폭포, 그리고 무성한 대나무가 뒤덮인 동아시아의 풍경이었다.

여울이 빠르고 강바닥이 얕은 곳에서는 배가 강기슭과 나란히 나아갔다. 그런 곳에서는 맨발에다 거의 벌거벗다시피 한 열다섯 명의 허드레꾼 끌패가 어깨에 밧줄을 걸고 간신히 배를 끌었다. 강의 다른 지점에서는 사공들이 강 가운데의 위험스런 바위 주위에서 상앗대질을 해서 평저선을 나아가게 했다. 그런 경우 앞으로 나아가는 데 몇 시간씩 걸리기도 했다.

다른 여행자들이 한낮의 나른함을 식사 시간이 방해할 때까지 낮잠을 자거나 놀러 나가 저녁 도박을 시작하거나 할 때, 포천은 배가 천천히 나아가는 틈을 이용해 가까운 산비탈을 돌아다니며 초목 표본을 채집했다. 매일 아침 일찍 그와 두 하인은 인근 언덕을 기어올라 그날 지나갈 강의 굴곡을 살폈다. 그날 배가 그리 많이 나아가지 못할 것 같으면 포천은 뭍에 머물렀다가 오후에 배를 따라잡곤 했다. 왕가와 쿨리가 주인의 도구 세트에 무엇을 넣었는지 궁금할 것이다. 곡괭이와 삽, 압지押紙, 공책, 돋보기, 시료 단지, 워드 상자, 고리버들 바구니 등이었다. 그날 하인들은 포천이 병적으로 취재와 표본 채집을 하고, 정처 없이 방랑하는 것을 처음으로 보았다. 모두가 분명히 아찔할 정도로 다양한 나무들을 수집하려는 목적이었는데, 확실히 실제 가치에 비해 더 고생스러운 일임이 드러나곤 했다. 포천은 이런 일들이 재미있었다.

> 날씨는 상쾌했고, 현지인들은 조용하고 거슬리지 않았으며, 풍경은 고도가 높은 지역에서 그림같이 아름다웠다. … 내 중국인 하인들과 나는 종종 발이 아프고 피로해서 언덕 위에 앉아 조사를 하며 우리 주위의 아름다운 풍경을 감상했다. 깨끗하고 빛나는 웅장한 강은 산들 사이를 휘감고 있었다. 강은 어느 곳에서는 거울처럼 매끄럽고 깊고 고요했으며, 다른 곳에서는 매우 얕고 암반층을 빠르게 흘러갔다.

왕가는 돈을 다 써버리고 벌지도 못하는 이런 나날들이 매우 즐거웠을까? 아니면 어깨에 한 짐 장비와 무거운 유리 상자들을 짊어지고 뒤에서 고생하던 쿨리는 어땠을까? 산비탈을 돌아다니며 포천은 적잖은 영감을 얻었다. 자신의 출세에 필요한 수단을 제공해 줄 듯했던 것이다. 항저우를 벗어나서 처음 며칠 동안에 그는 왜성 종려(학명

Trachycarpus fortunei)를 발견했다. 그는 나중에 상하이로 돌아가 그것을 큐 왕립식물원으로 보냈고, 1850년 영국에서의 첫 겨울을 무사히 넘기게 된다. 그는 이 초기 여행의 어느 날에 외딴 개인 화원도 발견했는데, 거기서 우연히 애절한 모습 그 자체인 중국 수백垂柏(학명 *Cupressus funebris*)과 마주쳤다.

"당신이 기른 이 나무는 매우 훌륭하군요!" 그는 근처에 서 있던 원예사에게 말했다. "제가 있던 바닷가 지역에서는 이걸 본 적이 없습니다. 씨앗을 좀 얻을 수 있을까요?" (이 나무는 결국 영국에서 기르게 되지만, 약한 나무여서 큐 식물원으로 제대로 보내지지 못했고 따라서 경매에서 찾는 품목이 되지 못했다.)

영국의 식물원을 확충하는 데서 중국의 가치는 이미 입증됐다. 포천 자신도 그 가치를 인식시키는 데 적지 않은 역할을 했다. 중국은 세계에서 온대 식물군의 종수가 가장 많아, 지금 우리의 조경 현장에서 자주 볼 수 있는 여러 초목의 원산지다. 그 관상용 꽃의 후예들은 진노랑 개나리와 화려한 진달래, 철쭉, 동백나무 등으로 우리의 봄날을 장식한다. 여름에는 장미·모란·치자·으아리·살구·복숭아가 있고, 가을에는 국화가 있고, 겨울에는 감귤류인 오렌지·그레이프프루트·레몬이 있다.

포천은 식물 표본용으로 압착할 초목들도 여러 가지 수집해, 동료 식물학자들을 위해 말리고 보존했다. 그는 이 작업에서 하인들을 꼼꼼히 훈련시켰다. 계속 압지를 갈아주고, 수집품을 망칠 곰팡이와 곤충 등을 잘 살피도록 했다. 한 중국 식물 채집 전문가는 이렇게 썼다.

똑똑한 현지인은 몇 번이고 건조용 종이를 갈아주는 일을 할 수 있다.

그러나 처음에 압착할 때 초목을 어떻게 배열하는가에 따라 표본이 아름답게 될 것인지 그렇지 않은지가 결정될 것이다.

포천은 또 워드 상자에 넣을 표본들을 채집해 조심스럽게 뿌리에서 흙을 털어내고 이를 상자에 담긴 흙 속에 심은 뒤 물을 주고 유리를 밀봉했다. 뿌리째 뽑힌 연약한 초목이 새로운 환경에 적응하고 상하이와 그 이후 영국에 도착하기까지 오래도록 살아남게 하려는 희망에서였다.

캐내고 압착하고 옮겨 심고 배에 실어 보내는 적극적인 활동 이상으로 포천은 매우 꼼꼼한 기록을 작성함으로써 자신의 역사적 책무를 이행하는 데도 힘썼다. 방대한 노다지인 그의 중국 회상기는 상세한 식물학 정보를 많이 담고 있어, 그가 사업가로서뿐만이 아니라 수집자로서도 뛰어났음을 입증하고 있다. 중국에서 수집한 1만 5천 개의 초목 표본 가운데 절반 가까이가 특산종이었다. 포천이 너무도 많은 관상식물의 표본을 채집하고 목록을 만들었기 때문에 이후의 초목 채집자들은 개발할 것이 거의 남아 있지 않았다. 포천의 뒤를 이어 중국에 간 사람들은 미개척지를 찾으려면 서쪽으로 더 들어가 윈난雲南과 히말라야산맥까지 올라가야 했다.

배가 상류로 계속 나아가면서 포천에 대한 다른 승객들의 행동이 미묘하게 변하기 시작했다. 다른 승객들은 더 이상 그를 싱와라는 중국 이름으로 부르지 않았다. 실제로 포천은 그들이 자신에게 전혀 말을 하지 않는다는 사실을 깨달았다. 그 대신 승객들은 그를 슬쩍슬쩍 훔쳐보았고, 그가 들을 수 있는 범위 밖에서만 중얼거렸으며, 보통은 그를 피하려 했다. 그는 모든 사람에게 호기심의 대상이 돼버린 듯했다. 심지어 난쟁이보다도 더 그러했다.

승객들의 관심은 포천이 자신의 변장을 즐기기 시작한 순간에 그를 불편하게 만들었다. 포천은 자신이 이방인의 때를 벗었으며, 영국인의 모습은 옷을 갈아입는 것처럼 바꿀 수 있다고 믿게 됐다. 그는 자신의 국외자 신분이라는 것도 변할 수 없는 것은 아니라고 확신하게 됐다. 자신이 비록 중국인 여행자들의 날카로운 시선 아래서 젓가락을 사용하는 데 아직 완전히 편안한 것은 아니지만, 그는 점점 더 편안해져 왔다. 밥을 먹을 때 그는 다른 사람들과 눈에 띌 정도로 떨어져 앉았다. 그들은 장죽을 물고 앉아 고량주를 마셨는데, 건배를 할 때마다 목소리는 커지고 공격적으로 변해 갔다. 그는 다른 사람들이 술에 취해 자신들이 표현하고자 하는 외국어 음절을 단어로, 그리고 단어를 의미 있는 문장으로 중얼거릴 때 자신이 그 말들을 알아듣기 시작했음을 깨달았다. 그는 통상적인 대화에 끼어들지는 않았으나, 그의 귀는 현지 언어에 익숙해져 갔다. 그러나 이제 그는 갑자기 다른 승객들이 자신의 계략을 간파했다는 생각이 들었다.

당혹스러워진 그는 마침내 왕가를 불러내 무엇 때문에 승객들의 태도가 변했는지 물어보았다.

왕가는 쿨리가 다시 포천의 신분을 노출시켰으며, 쿨리는 분함을 참지 못하고 '체면'을 세우기 위해 주인의 본색을 드러냈다고 설명했다.

"저 쿨리, 너무 바보요. 재가 당신 이 나라 속하지 않는다 말했소. 당신 재 보내는 게 낫소. 당신 너무 잘못하지 않으려면 말이오."

쿨리가 문제를 일으켰다고 왕가는 혼성어로 주장했다. 그는 당신을 위험에 빠뜨렸다. 그를 쫓아버려라.

체면의 미세한 부분에 대해 아직 모르고 있던 포천은 이런 폭로가 배 안의 사회적 맥락에서 어떻게 쿨리에게 도움이 되는지 인식하지 못했다. 쿨리는 이 사회에서, 주인으로부터 얻을 수 없었던 지위를 갈망했던 것이다. 그러나 결국 포천의 비밀을 넘겨준 것이 쿨리에게는 별로 도움이 되지 않았다. 사공들은 이제 신뢰를 깬 것이 벌을 받아야 할 잘못이라고 생각해 그를 자신들 마음대로 대했기 때문이다. 포천은 쿨리에 대해 격노했고, 가련한 쿨리는 나날이 더욱 퉁명스럽고 비참해져 갔다.

밤에 배가 정박하면 나무로 된 선체는 물에서 천천히 움직이면서 삐걱거렸고, 보통 불침번이 배치돼 순찰을 돌았다. 포천은 이렇게 회상했다.

> 사공들은 내게, 이 지역에는 도둑과 강도가 많아서 밤에 모두가 잠을 자서는 안 되며, 그렇게 했다가는 밤중에 물건을 잃어버리는 경우가 많다고 말해 주었다.

그러나 왕가와 우두머리 사공이 언쟁을 벌인 뒤의 눅눅하고 달빛도 없던 밤에는 아무도 순찰을 돌지 않았다.

"치창起床(일어나요)!"

왕가가 속삭이며 포천을 흔들어 깨웠다. 사공들은 모두 마을로 갔고, 승객들은 배에서 자고 있었다. 왕가는 포천을 노린 음모가 진행되고 있다고 생각했다. 야경꾼은 사라졌고, 사공들은 그들 모두를 죽일 계획을 세우고 있었다. 그는 그런 음모에 관한 소문을 다른 승객들로부터, 또는 사공들끼리의 속삭임에서 들었다.

"저들은 지금 자기네를 도와줄 패거리를 데리러 마을에 갔어요." 왕가는 주장했다. "저들은 우리가 깊이 잠들었다고 생각하게 될 순간만을 기다리고 있어요."

포천은 돗자리에서 일어나 육지 쪽으로 난 선창을 살펴보았다. 멀리 등불 행렬이 보였고, 그들은 이쪽으로 오고 있는 듯했다. 만약 그가 난징조약의 제한을 어기고 허가된 조약항에서 수백 킬로미터를 벗어난 외국인임이 정말로 밝혀진다면 지역 당국에서 그를 위해 나서줄 리가 없었다.

"일어나요! 일어나요! 찹찹(빨리빨리)!" 왕가가 말했다.

포천은 '할 수 있는 한 최대의 평정심'을 유지하며 여전히 선실에 앉아 있었다. 등불은 더 가까이 다가오고 있었고, 이제 배로 돌아오고 있는 사공들임이 분명해졌다. 그는 선실 문께에 자리를 잡고 최악의 상황을 그려보았다. 그가 남긴 기록에는 자신이 총을 어디에 두었는지, 또는 그날 밤 자신이 무기를 가지고 있었는지조차 언급하지 않았다. 그는 이렇게 회상했다.

> 두 중국인 하인은 몹시 불안한 모습으로 나타나, 될 수 있는 한 내게 가까이 붙어 있었다.

무리 가운데 첫 번째로 도착한 사람이 선실로 들어와 포천과 그 하인들이 자신을 기다리고 있는 것을 보았다. 사공은 마치 공격 대상이 깨어 있는 것을 발견하리라고는 예상치 못했다는 듯이 멋쩍어하는 듯했다.

난입자는 알랑거리는 웃음을 띄운 뒤 어깨를 으쓱하고는 아무런 말이 없었다. 그는 포천에게 등을 돌리고 떠나갔다. 그가 요구한 것은 아무것도 없었다.

다른 승객들도 이때쯤은 깨어 있었다. 그러나 포천은 무슨 일이 일어난 것인지 이해할 수가 없었다.

"지금 저거 보셨어요?" 왕가가 말했다. "주인께서는 저들이 우리를 잡아 물에 처넣을 생각이라고 내가 말하자 믿지 않으려 하셨죠? 하지만 우리가 깨어서 만반의 준비를 갖추고 있지 않았다면 모든 게 끝났을 겁니다."

포천은 사실 그 위협이 얼마나 큰 것이었는지, 그리고 심지어 자신이 위험에 빠져 있는지 아닌지에 대해서조차 전혀 알 수가 없었다. 도대체 무슨 일이 일어난 걸까? 한 사람이 문을 열었고, 다시 가버렸다. 자신이 자고 있었다면 일이 다르게 전개됐을까?

우두머리 사공은 그날 밤늦게 배로 돌아왔다. 그의 행동은 마치 아무 일도 없었다는 듯했다.

아마도 아무 일도 없었을 것이다. 포천은 배 안이 전체적으로 어수선해지고 나서야 안심할 수 없다는 것을 알았다.

"춥고 졸려."

그는 가까이에서 강가 작은 방앗간에 동력을 공급하는 물레방아의 철컥거리고 끽끽대는 소리를 들었다. 관찰력에 자부심을 가지고 있는 사람에게 무슨 일이 일어나고 있는지 이해할 수 없다거나, 자신이 정말로 위협에 직면해 있는지 아닌지조차 모른다는 것은 불안한 일이었다. 포천은 자신이 얼마나 하인들에게 의존하고 있는지를 깨닫게 됐다. 그는 하인들을 믿을 수 없었지만, 그에게는 대안이 없었다.

장강 유역의 녹차 공장,

1848년 10월

포천은 자신의 도착을 알리기 위해 댓 걸음 앞서 걸어가는 왕가의 뒤를 따라 녹차 공장 문을 들어섰다. 고관 복장을 한 채였다.

왕가는 열심히 간청하기 시작했다. 공장 주인은 방문객의 시찰을 허락할까? 방문객은 그런 훌륭한 차가 어떻게 만들어지는지 보려고 먼 곳에서 온 명망이 높고 똑똑한 관원이었다.

관리자는 정중하게 고개를 끄덕이고는 군데군데 떨어져나간 부분이 있는 잿빛 벽토 담으로 둘러싸인 커다란 건물로 그들을 안내했다. 그 뒤에는 마당과 야외 작업장, 저장고가 있었다. 그곳은 덥고 건조했다. 일꾼들이 가득 들어차 끝물로 딴 차를 가공하고 있었는데, 나무 냄새가 나는 녹차가 공중에 걸려 있었다. 이 공장은 확립된 방식대로 차를 가공하는 곳이었다. 여기서 가공해서 광저우의 대형 차 유통업자들을 통해 수출하거나 급성장하고 있는 상하이의 차 교역 시장으로 보내는 것이다.

차의 개념은 단순하다. 마른 잎을 뜨거운 물에 우려내는 것이다. 그러나 그 제조 방법은 직관적으로 알 수 있는 것이 전혀 아니다. 차는 고도의 가공을 거쳐 만들어낸 것이다. 차의 가공법은 포천이 방문하던 당시로부터 2천 년 전에 확립돼 변화가 없었고, 유럽은 그 가운데 불과 200여 년 동안 차를 즐겼을 뿐이었다. 그러나 영국의 통치권이 미치는 지역에서는 차가 주전자에 들어가기 전에 어떻게 가공되는지에 대한 1차 정보 또는 심지어 2차 정보조차도 거의 없었다. 포천 당대 런던의 원예학자들과 동인도회사 이사진은 모두 차를 서양 과학으로 제대로 비춰보고 정밀하게 분석한다면 그 비밀이 밝혀질 것이라고 믿었다. 포천이 중국에 가서 해야 할 임무 가운데서도, 우수한 묘목을 인도의 차나무 농원에 보내는 것만큼이나 확실하게 중요했던 것이 차 제조 공정을 배우는 것이었다. 찻잎을 따는 데서부터 말린 찻잎을 끓이는 데에 이르기까지 수많은 작업 과정을 거친다. 말리고 덖고 주무르고, 홍차의 경우에는 발효도 시킨다. 포천은 동인도회사로부터, 찾아낼 수 있는 것은 모두 찾아내라는 명시적인 지시를 받았다.

> 최고급 차 산지에서 인도에 보낼 차나무와 씨앗을 채집하는 것 외에, 모든 기회를 이용해 중국인들이 실행하고 있는 차나무의 재배 및 차의 가공 과정, 그리고 인도의 차 재배 시설 감독을 맡고 있는 사람들이 알 필요가 있는 다른 모든 요소에 대한 정보를 얻어내는 것도 당신의 임무가 될 것입니다.

그러나 차의 제조 공정은 꼭꼭 숨기고 있는 국가 비밀이었다.

차 공장 안으로 들어가니 벽에 영감을 불러일으키는 예찬의 문구가 붓글씨로 적혀 있었다. 육우陸羽(733~804. 당나라의 문인, 다도茶道의 조상으로 일컫는다)의 차에 대한 위대한 저작 『다경茶經』에서 따온 것이었다.

> 가장 질 높은 차는
> 타타르 기병의 가죽장화처럼 쭈글쭈글하고
> 힘센 송아지 턱살처럼 꾸불꾸불하고
> 협곡에서 피어나는 안개처럼 퍼져 있고
> 산들바람이 지나가는 호수처럼 반짝이고
> 금세 내린 비에 젖은 대지처럼
> 촉촉하고 부드럽다.

포천은 그들이 들어가기 전에는 비어 있던 마당으로 들어가 등나무를 엮어 만든 커다란 멍석(하나의 크기가 식탁만 했다) 위에 신선한 찻잎을 말리고 있는 모습을 발견했다. 햇볕이 멍석에 내리쬐어 차를 '굽고' 있었다. 아무도 지나가지 않았다. 은은한 냄새를 풍기는 찻잎이 마르고 있는 동안 아무도 손대거나 옮겨놓지 않았다. 포천은 녹차를 만들기 위해 찻잎을 한두 시간 햇볕에 말려야 한다는 사실을 배웠다.

햇볕에 말린 찻잎은 다시 화덕이 있는 방으로 보내 커다란 솥에 집어넣는다. 아주 큰 냄비에 넣는 셈이다. 사람들이 늘어선 석탄 화덕 앞에 서서 일하고 있었다. 솥 안에 든 것을 열린 화덕 안에서 뒤집었다. 바삭바삭한 찻잎들이 마구 휘저어지며 계속 움직였으며, 높은 열이 수액을 표면으로 뽑아 올려 촉촉해졌다. 이런 식으로 찻잎을 흔들면서 볶으면 세포벽이 파괴된다. 야채가 높은 열을 받으면 물러지는 것과 마찬가지다.

구운 찻잎을 다시 탁자 위에 쏟아놓았다. 네댓 명의 일꾼이 그 무더기들을 대나무 롤러 위에서 앞뒤로 움직였다. 롤러가 계속 돌아가면서 기름을 표면으로 끌어내 짜냈고, 녹색의 즙이 탁자 위에 고였다. 포천은 이렇게 회상했다.

> 나는 이 작업이, 빵 만드는 사람이 반죽을 주무르고 굴리는 일과 가장 잘 비교될 수 있다고 생각한다.

찻잎은 이 단계에서 최대한 곱슬곱슬해져 채취했을 때 크기의 4분의 1도 되지 않았다. 찻잎 따는 일꾼들은 아마도 하루에 500그램을 따는 것으로 보이는데, 잎은 가공 과정에서 계속 줄어들어 찻잎 따는 사람들이 멘 바구니를 가득 채웠던 하루 노동의 결과물은 불과 몇 줌으로 변해 버린다. 원료로서 수십 그램이고, 우린 차로 몇 잔이 되는 정도다. 롤러에 돌린 뒤 차는 다시 건조 솥으로 보내 두 번째로 가열을 해서, 쇠솥의 뜨거운 부분에 닿을 때마다 부피가 더욱더 줄어든다.

찻잎을 따고 말리고 덖고 롤러에 넣고 다시 덖으면 남은 할 일은 가공된 차를 분류하는 것이다. 일꾼들이 긴 탁자 앞에 앉아 제일 좋은, 가장 잘 말려져 최고급의 화백호차花白毫茶(flowery pekoe)에 사용되는 찻잎과 조금 질이 떨어지는 공부차工夫茶용, 가장 질이 낮은 말차抹茶용의 다분茶粉을 가려낸다.

차의 품질은 혼합할 때 줄기와 거친 아래쪽 잎이 얼마나 포함되느냐에 따라 결정된다. 중국에서 용정차龍井茶 같은 이름을 가지고 인도에서 FTGFOP 1등급으로 분류되는 최고급 차는 차나무 각 가지의 순과 끝의 두 잎으로 만든다(FTGFOP는 'Finest Tippy Golden Flowery

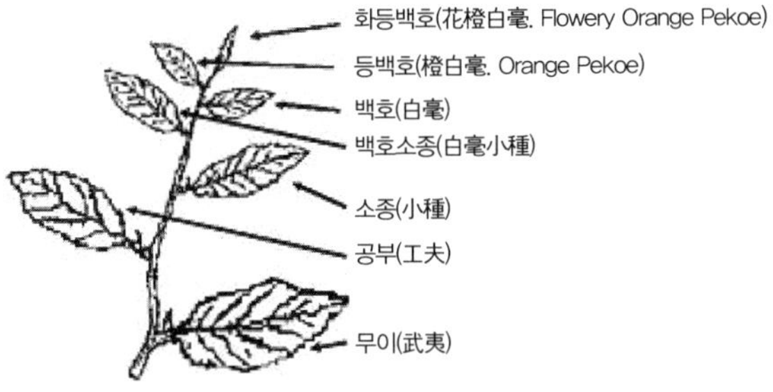

홍차의 등급

Orange Pekoe'의 약어로, OP는 등백호橙白毫라는 홍차의 종류고 앞의 FTGF는 금빛이 도는 어린 순이 많다는 의미의 수식 부분이다—옮긴이). 꼭대기의 순은 은은하고 부드러운 맛이 나고 떫은맛이 별로 없다. 따라서 가장 기분이 좋고 상쾌하다.

차의 품질을 결정하는 것은 기름인데, 그것이 뜨거운 물 한 잔에 풍미와 카페인을 자아낸다. 차나무 세포의 원초적인 생존에는 이들 화합물이 필요치 않다. 이들은 부차적인 화합물로 알려져 있는 것들이다. 부차적 화합물은 여러 가지 다른 측면에서 초목에 도움을 준다. 예컨대 해충·병균·곰팡이를 막아주고, 생존과 번식을 위한 경쟁에서 도움을 주는 것이다. 차나무는 다른 녹색식물들과 마찬가지로 포식자들에 대한 몇 가지 방어기제를 갖추고 있다. 예를 들어 카페인은 천연 살충제다. 꼭대기의 순을 제외한 두껍고 윤기 있는 차나무 잎은 거의 다 쓰고 질겨서 물어뜯기가 어렵다. 차나무는 또한 단단한 섬유질 줄기가 있어 동물들이 뜯지 못하도록 한다. 서투른 찻잎 따기 일꾼들은 줄기의 훨씬 아래쪽 잎과 심지어 줄기 자체까지도 함께 따서 차의 질을 떨어뜨린다. 이런 것을 우리면 보다 강하고 떫은맛을 내게 되며, 중국에서는 '다분'처럼 조악함을 나타내는 이름들로 분류된다.

일꾼들은 길고 낮은 탁자 앞에 앉아 찻잎을 고르고, 줄기가 하나라도 들어 있는지 살폈다. 그들은 또한 전체의 품질을 떨어뜨릴 벌레가 섞여 들어갔는지 봤고, 작은 돌이나 공장 마룻바닥에서 나온 티끌도 골라냈다. 상당한 품질 관리에도 불구하고 차는 결코 깨끗한 제품이 아니다. 그것이 중국에서 차를 마실 때 전통적으로 주전자의 첫 잔을 버리는 이유 가운데 하나다. "첫 잔은 적을 위한 것이다"라는 속담이 전문가들 사이에 전해지고 있다.

요리의 역사를 연구하는 사람들은 누가 처음 나뭇잎을 물에 담갔는지에 대해 전혀 아는 바가 없다. 그러나 인간의 지식이 도달하지 못한 곳에 인간의 상상력이 자리를 차지했다. 많은 중국인은 차를 발견한 것이 중국에서 약과 농업의 기원이 됐다는 신화 속의 황제 신농神農이라고 믿고 있다. 이야기는 이렇다.

하루는 신농이 동백나무 우거진 그늘에 기대 누워 있었는데, 끓인 물을 담은 잔 속으로 빛나는 나뭇잎 하나가 떨어졌다. 연한 녹색 물결이 곧 얇고 가벼운 잎으로부터 솟아나왔다. 신농은 약재 식물에 대해 잘 알고 있었으므로 하루만 돌아다녀도 일흔 가지의 독이 있는 식물을 가려낼 수 있었다. 동백 잎 우린 것이 위험하지 않음을 확신한 그는 그것을 한 모금 마셔보고는 상쾌해지는 것을 느꼈다. 향이 좋고 약간 쓰며, 생리를 활성화시키고 원기를 북돋우는 것이었다.

차의 발견을 존경받는 과거 지도자에게로 돌리는 것은 특질상 유교적인 태도다. 유교는 힘을 조상들의 손에 넘기고, 현재를 신화적인 과거에 연결시킨다. 그러나 중국의 불교도들에게는 차의 기원에 대한 독자적인 설명이 있다. 여기에는 석가모니가 나오는데, 그 전설은 이렇다.

떠돌이 고행자였던 젊은 승려 석가모니는 산을 돌아다니며 수련을 하고 끊임없이 기도를 했다. 기도에 지친 석가모니는 나무 옆에 앉아 명상을 하고 절대자와 구원의 여러 양상에 대해 곰곰이 생각하다가 곧 잠이 들었다. 잠에서 깬 그는 자신의 육신이 허약하다는 사실에 화가 났다. 자신의 몸은 스스로를 배반했고, 눈은 무거웠으며, 나른함이 열반에 대한 추구를 방해했다.

화가 치밀어 오른 데다가 아무것도 진실과 깨달음을 향한 자신의 발길을 방해할 수 없을 것이라고 판단한 그는 자신의 속눈썹을 뜯어내 허공에 던져버렸다. 그것이 떨어진 모든 곳에서는 향기로운 꽃이 피는 나무가 생겨났다. 최고급 찻잎의 밑면에 난 고운 은빛 솜털은 확실히 미세한 속눈썹을 닮았다. 너무도 위대하고 자비로운 부처는 추종자들에게 마실 것을 남겼다. 그들이 수행을 하는 과정에서 기운을 북돋우고 집중해 열반을 인식하고 자각할 수 있도록 하기 위한 것이었다.

포천 이전의 식물학자들은 차의 조제법을 알아내려 했지만 실패했다. 1843년 원예협회의 요청으로 갔던 첫 번째 중국 수집 여행에서 그는 일반적인 수집 임무의 일환으로 차 산지의 언저리까지 갔었다. 당시에 그는 중대한 발견을 했다. 녹차와 홍차가 같은 나무에서 나온다는 것이었다.

그때까지 린네학회는 녹차와 홍차가 형제 아니면 사촌이며, 밀접한 관계에 있지만 결코 쌍둥이는 아니라고 분명히 말하고 있었다. 한 세기 전에 석학 린네는 이전 탐험가들이 중국에서 가져온 마른 표본을 가지고 연구해 그 둘이 녹차종과 무이차종이라는 서로 다른 분류 단위에 속한다고 결론지었다. 녹차종(녹차)은 갈색 가지가 어긋나기(식물의 잎이나 가지가 좌·우 방향으로 교대로 나오는 것—옮긴이)로 나오고 잎도 어긋나기로 나온다는 설명이었다. 그 잎은 연녹색을 띠고 타원형인데, 줄기가 짧고 표면이 볼록하며 톱니 모양이고 양쪽 면이 모두 반짝거리고 아랫면에 솜털이 있다. 꽃부리는 크기가 다른 다섯 개에서 아홉 개의 흰색 꽃잎으로 돼 있다. 무이차종(홍차)은 외양이 거의 비슷하지만 크기가 작고 약간 진한 점만 다르다고 했다.

포천은 첫 번째 여행에서, 홍차가 난다고 알려진 차밭에서 홍차나무라고 알아볼 수 있는 것을 찾을 수 있을 것으로 기대했다. 그러나 그는 그곳의 차나무가 녹차 밭의 녹차나무와 똑같이 생겼음을 발견했다. 그는 3년의 방문 기간 동안 몇 가지 차나무 표본을 입수해 철저히 연구한 결과, 녹차와 홍차 사이의 차이점은 모두 순전히 가공 과정에서 생긴 결과라고 결론지었다. 식물학계 사람들은 선뜻 동의하려 하지 않고 증거를 더 요구했다.

홍차는 발효시킨 것이고, 녹차는 발효시키지 않은 것이다. 홍차를 만들려면 찻잎을 하루 온종일 햇볕 아래 두어 산화시키고 시들게 한다. 사실상 조금 썩히는 것이다. 처음 열두 시간 햇볕을 쪼인 뒤에 찻잎을 뒤집고 즙을 이리저리 뒤섞으며, 그 혼합물은 건조를 위해 열두 시간 더 그대로 둔다. 이렇게 더 길게 건조하는 과정에서 홍차의 타닌이 나오고, 그 진하며 쓴맛과 검은 색깔을 만들어낸다. 홍차를 만드는 과정은 발효라고 부르지만, 이는 엄밀히 말해서 이름을 잘못 붙인 것이다. 화학적 의미에서 발효되는 것은 아무것도 없다. 당분을 알코올과 기체로 분해하는 일은 없다. 홍차는 오히려 건조되거나 익는 것이다.

차나무(*Camellia sinensis*)

그러나 포도주 용어가 모든 음료 용어에 영향을 미침에 따라 '발효'라는 딱지가 홍차에도 붙게 된 것이다. (사실 차가 발효하고 곰팡이가 자란다면 발암물질이 생긴다.)

당시까지 유럽의 식물학자로서 차나무가 자라는 것을 보거나 살아 있는 상태에서 검토해 본 사람이 없었음을 감안하면 이 문제에 대한 린네학회의 혼동은 이해할 만하다. 포천의 입증 자료는 결국 차에 대한 린네의 분류를 바꾸게 했다. 이는 곧 분류상 중국차종*Thea sinensis*('중국산 차'라는 뜻)으로 알려지게 된다. (그 뒤에 이는 동백나무속에 속하는 *Camellia sinensis*로 다시 분류된다.)

19세기 초 중국의 차 농사를 그린 그림.

포천은 녹차 공장을 돌아보면서 차 제조업체 일꾼들에 관한 특이하면서도, 놀랍다는 말로는 부족한 어떤 측면에 대해 기록했다. 이것은 보고됐을 경우 활성화되고 있는 인도에서의 차에 관한 실험에 엄청난 도움이 되고 인도산 차의 판매가 중국을 넘어설 만큼 증가하게 만들 힘을 지닌 관찰이었다. 가공의 마지막 단계를 처리하느라 바쁜 일꾼들을 바라보면서 그는 일꾼들의 손가락이 "매우 파랗다"는 사실을 알아차렸다.

혼합차 제조업자들과 런던 경매소의 맛 감식가들 사이에서는 중국이 적은 찻잎의 부피를 늘리기 위해 잔가지나 톱밥을 넣는 등 모든 방법을 다 동원해 속임수를 쓴다는 것이 일반적인 인식이었다. 중국인들은 자기네가 마실 차를 우리고 물에 젖은 찻잎을 햇볕에 말린 뒤 이 재활용품을 어리숙한 '하얀 악마'들에게 신선한 차라고 되판다고 했다.

중국 제조업자들에게 거래상의 신용이라고는 없었고, 선의에 대한 믿음도 없었다.

그러나 중국 일꾼들의 손가락이 파란색으로 물들었다는 사실은 포천에게 마땅히 관심을 가져야 할 일로 생각됐다. 이런 현상이 왜 생겼을까? 그 자신을 포함해 사람들은 오랫동안 중국인들이 해외 시장에서 이득을 얻기 위해 차에 화학적으로 착색을 한다고 의심해 왔다. 그는 이제 이 문제를 입증하거나 반증할 위치에 있었다.

그는 가공의 각 단계를 조심스럽게 살폈다. 아무 말 없이 기록을 했으며, 때때로 왕가를 통해 관리자나 일꾼에게 질문을 하기도 했다. 공장 한쪽 끝에서 감독자는 하얀 도자기 사발을 지켜보고 있었다. 사발 안에는 짙은 청색 가루가 있었는데, 공이로 갈 때마다 점점 더 미세해져 갔다. 관리자는 사실 페인트에 쓰이는 색소인 페로시안화철(프러시안블루(감청)로도 알려진 물질이다)을 만들고 있었다. 시안화물(청산가리)이 흡수되면 그것은 철을 세포 안에 묶어두어 특정 효소의 섭취를 방해하고 에너지를 생산하는 세포의 능력을 손상시킨다. 시안화물은 유산소 호흡에 가장 필요한 조직들인 심장과 허파를 손상시킨다. 시안화물이 과다 섭취되면 졸도와 혼수상태에 이를 수 있고 심장마비를 일으켜 급사하게 한다. 적을 경우에도 무기력증과 현기증, 정신착란, 판단력 부족 등을 초래한다. 시안화물은 적은 양이라도 오랜 기간 노출되면 영구적인 마비 증상이 올 수도 있다. 영국의 차 애호가들에게는 다행스럽게도, 프러시안블루는 합성 분자여서 시안화이온을 방출하는 것이 거의 불가능하고 독소는 인체에 해를 끼치지 않은 채 지나간다.

그러나 공장의 다른 곳, 숯불로 차를 굽는 곳에서 포천은 어떤 사람이 연노랑색 가루로 풀을 고고 있는 것을 발견했다. 냄새가 지독해서

달걀이 썩는 것 같았다. 노란 물질은 회반죽의 일반적인 성분인 석고 즉 탈수 황산칼슘이었다. 석고는 파괴될 때 황화수소 가스를 배출한다. 이 가스는 몸에서 자연적으로 소량이 만들어지는데, 많을 경우 이것이 독소로 작용해 신체의 여러 기관에 동시에 영향을 미친다. 특히 주의할 곳은 신경계다. 농도가 낮으면 석고는 자극제 역할을 한다. 눈을 충혈시키고, 목에 염증을 일으키며, 구역질과 천식과 허파에 물이 차는 폐부종肺浮腫을 일으킨다. 장기간 섭취하면 피로·기억상실·두통·조급증·현기증 등을 일으킨다. 심지어 여성들의 유산을 유발할 수 있고, 영·유아의 성장장애를 초래할 수 있다.

포천은 만들어지고 있는 차 100킬로그램당 0.5킬로그램 이상의 반죽과 프러시안블루가 포함되는 것으로 추산했다. 런던 시민은 평균적으로 연간 500그램 정도의 차를 소비하는 것으로 알려졌는데, 이는 중국차가 사실상 영국 소비자들에게 독을 먹이고 있음을 의미했다. 그러나 첨가물은 악의적으로 집어넣는 것은 아니었다. 중국인들은 그저 외국인들이 녹차가 녹색으로 '보이기'를 원한다고 생각한 것이었다.

포천은 이렇게 적었다.

> 중국인들이 서양 원주민들을 야만족이라고 생각했던 것도 당연하다.

그러나 중국인들은 왜 녹차 색깔을 그렇게 극단적인 녹색으로 만드는지를 그는 물어보았다. 독을 첨가하지 않은 것이 더 나아 보이고, 중국인들 자신은 색깔을 넣어 마신다는 생각을 꿈에도 해보지 않았을 텐데 말이다. 대답은 이랬다.

"외국인들은 차에 프러시안블루와 석고를 섞는 것이 외견상 한결같

1851년 런던 만국박람회가 열린 수정궁.

아 보이고 예뻐 보여 좋아하는 것 같습니다. 이 원료들은 매우 싸고 그런 차는 항상 … 더 높은 가격에 팔리기 때문에 중국인들도 반대하지 않습니다."

포천은 공장에서 유독 염료 몇 가지를 몰래 수집해 밀랍 먹인 부대에 꾸린 뒤 넓은 관복 소매에 슬쩍 집어넣었다. 과학자로서 그는 분석할 표본을 원했고, 무엇보다도 또 하나의 표본을 영국으로도 보내고 싶었던 것이다.

이 물질들은 1851년 런던 만국박람회에서 주목을 받으며 전시된다. 화려한 수정궁水晶宮에서 영국은 세계를 향해 자기 나라의 공업과 과학과 경제 분야의 능력을 모두 보여주었다. 그 가운데 녹차 염료도 있었다. 이 공개 전시는 영국의 국민 음료인 차가 신화와 신비의 음지에서 벗어나 서양 과학과 지식의 양지로 들어가는 순간으로 기록됐다. 포천은 중국의 의식하지 않았던 범죄 행위를 폭로하고, 영국산 차가 좋다는 반박할 수 없는 근거를 제시했다.

안후이성 왕가의 집,

1848년 11월

석양이 저물어가고 있었지만 포천은 구부러진 소나무들이 구름바다를 뚫고 솟아 그 아래 산의 윤곽을 장식하고 있는 모습을 볼 수 있었다. 이 광경은 두루마리 화가의 멋들어진 붓놀림을 위해 만들어진 듯했다. 중국의 차에 대한 예찬이 상당 부분 그림과 도예와 시 등 예술 분야에서 되풀이되고 있는 것은 전혀 놀랄 일이 아니라고 포천은 생각했다. 그 누가 그런 강렬한 아름다움을 재현하고 맛보고 간직하고 싶지 않겠는가?

왕가의 집은 쑹뤄산의 가파른 언덕 발치에서 겨우 3킬로미터밖에 떨어지지 않은 곳에 있었다. 그런 유명한 차 산지에서 가깝다는 사실은 왕가가 탐욕스런 태도와 말썽쟁이 성향을 지녔음에도 불구하고 포천이 그를 계속 핵심 안내자로 삼았던 이유를 설명해 줄 수 있을 것이다. 그는 차 재배가 타고난 기술이었던 사람들 틈에서 자랐다. 해안에서 차밭이 있는 산으로 귀성하는 것은 왕가의 조상들이 수백 년 동안 치러왔던 의식이었다.

왕가는 포천보다 몇 발 앞장서서, 자신이 어린 시절 자랐던 집의 무거운 나무 대문으로 성큼성큼 걸어 들어갔다. 그는 아무런 짐도 들지 않고 들어갔다. 집에 돌아온 것이 기쁜 이 왕자님은 대단한 외국인 고관이 도착했으며 왕가 자신은 최근에 우연찮은 행운을 만났음을 몹시 알리고 싶어 하는 것 같았다. 이 지역이 궁벽하고 가난하며 이에 따라 대중 숙박 시설이 없기 때문에 포천은 왕가의 집에 주거를 정하기로 동의했었다.

왕가의 부모는 기쁨에 넘쳐 그를 껴안았다. 어머니는 기쁨에 넋을 잃고 밥은 먹었느냐고 물었고, 아버지는 자랑스러워 활짝 웃었다. 그들은 또한 자기네 아들이 모시는 고관의 처음 보는 모습과 고귀함에 당연히 놀라워하고 감명을 받았으며, 자기네 집이 그런 영광에 걸맞지 않다고 진심으로 손사래를 쳤다. 주위를 둘러보며 포천은 속으로일 뿐이지만 동의할 수밖에 없었다. 그가 방금 지나온 문은 매우 조잡하고 유치한 철물을 붙이고 있었는데, 영국에서라면 어떤 철공도 그것을 걸쇠나 돌쩌귀라고 부르기 부끄러워했을 것이다. 빛깔이 바랜 붉은 종잇조각이 상인방上引枋에 축 내려뜨려져, 가족에게 복을 내려주고 집안을 재앙으로부터 막아달라고 빌고 있었다.

척 보아도 포천이 왕가의 집에서 편안히 묵을 수 있을 가능성은 별로 없었다. 집 자체가 곧 무너질 듯해서 물리적으로 불가능했다. 집은 절벽 한쪽에 위태롭게 자리 잡아, 그 집을 거기에 지은 일꾼들의 끈기를 보여주는 기념물로서 서 있었다. 포천은 여행 도중 칙칙한 주택들을 여럿 보았지만, 아직 농민들의 집에 들어가 볼 엄두를 내지 못했었다. 이긴 흙으로 쌓은 담은 두껍고 흰색으로 칠해져 있어, 검게 그을린 지붕 들보와 뚜렷한 대조를 보였다. 지붕 윤곽은 사치스럽게 장식돼 있고 공들여 조각됐다. 뒤집힌 모서리 기와는 진흙에 찍힌 동물의 모습을 담고 있었다. 악귀들에게 겁을 주어 쫓아내려는 것이었는데, 그곳 사람들은 악귀가 어디에나 있는 것으로 믿고 있었다. 집에는 거친 나무로 격자 모양을 만든 작은 창문이 나 있는데, 새를 막자는 것이지 해충을 (그리고 가장 분명하게는 파리를) 막으려는 것은 아니었다.

왕가의 집은 남자와 여자가 기거할 공간을 따로 갖기에는 너무 작았다. 그렇게 넓은 공간은 포천이 이전 중국 여행 때 자신의 가장 훌륭한 표본 몇 가지를 수집했던, 지위가 높은 사람들의 정원을 찾아갔을 때에나 기대할 수 있는 것이었다. 하지만 100제곱미터 정도 되는 왕가의 집에서 남자와 여자 각자의 공간은 물리적으로 분리된 것처럼 분명하게 정해져 있었다. 남자는 공개적인 공간을 차지했는데, 커다란 방 한쪽에 쌀자루가 쌓여 있었다. 가끔 닭이 들어와 돌아다니고, 시집올 때 가져온 궤나 나무줄기로 만든 부엌 찬장, 나무를 휘어 만든 의자 같은 몇 가지 명품 가구들이 좋았던 시절의 증거로 보여주고 있었다. 그 안쪽에 다른 작은 방들이 있어서 여자들이 기거하고 아이들을 기르며 음식을 만들고 옷을 지었다.

하지만 포천은 일상적인 예의를 차리는 데서 너무 근엄해서는 안 되겠다고 생각했고, 아주 금세 가장 가까운 친지의 일원이 된 듯했다. 왕가의 아버지는 농부였고, 대부분의 중국인들과 마찬가지로 나라의 성장통에 이리저리 휘둘리고 있었다. 중국은 농업경제가 호황과 불황을 반복하는 동안 인구 폭발을 겪고 있었던 것이다. 그는 잘산 적도 있었지만, 기근과 불황으로 인해 결국 몰락하고 말았다. 왕가의 아버지는 가난했지만 외국인인 포천에게 관대했다. 곧 이 가족이 낼 수 있는 최고의 성의로 차린 푸짐한 저녁식사가 시작됐다. 귀빈은 가장 기름진 돼지고기를 썰고 맨 먼저 고깃국을 먹었다. 저녁식사 후 그들은 비좁은 방으로들 물러갔고, 포천은 씨앗 수집을 시작하기 위한 쑹뤄산 등산을 일찍 시작해야겠다고 마음먹었다.

그러나 아침이 되자 비가 억수같이 내렸고, 그들이 방 안에 처박혀 있어야 한다는 것이 분명해졌다. 그러면서 포천은 자신이 머물고 있는 집에 한 가구가 아니라 별개의 네 가구가 살고 있음을 확실히 알게 됐다. 윗대 조상에서 갈라진 여러 분파였는데, 각기 자기네 아이들과 부엌과 난로를 가지고 있었다. 포천은 식사 시간이 되기까지의 시간이 특히 괴로운 시간임을 알게 됐다. 네 개의 부엌에서 불을 때대지만 굴뚝이라고는 전혀 없었기 때문에, 돼지고기의 지방을 태우는 고약한 연기와 냄새가 집을 가득 채우고 구석구석에 퍼져 깨끗한 것은 무엇이든 더럽혔다. 포천의 눈은 몹시 따끔거리고 눈물이 났다. 그러나 왕가의 집에 사는 다른 사람들은 공동생활과 집단거주에서 생기는 이런 불편과 다른 무수한 불편들을 쉽게 넘어서는 것으로 보여 포천은 매우 놀랐다. 그는 그들이 그저 다른 생활 방식을 알지 못하기 때문이라고 생각했다.

왕가의 아버지는 농부이고 게다가 가난한 사람이지만, 교육을 받은 사람이었다. 중국은 언제나 농민의 문자 해득률이 높았다. 중국에서는 구텐베르크(1398~1468)가 자기 손으로 기독교 성서를 처음 인쇄하기 거의 4천 년 전에 활판 인쇄를 했었다. 왕가의 아버지는 학자 겸 시인이 되기 위한 교육을 받았다. 그 지역의 다른 여러 젊은이도 열악한 환경이었지만 모두 마찬가지였다. 이웃에 있는 가족들이 장사를 해서 성공하면 그들은 돈을 내놓아 자기네 마을에 지역 학교나 유학을 가르치는 서당을 세웠다. 그 자제들은 교육을 받고 과거科擧 시험에서 우열을 다투었다. 정부의 고위직에 오르고 진사進士가 되기 위해서다. 쑹뤄는 많은 진사를 배출해 유명해진 곳이다. 16세기에 이 지역 상인 세 사람당 한 명꼴로 시인을 배출했다는 기록이 있다.

밤에 저녁을 먹은 뒤에도 어둡고 계속 폭우가 내려 식구들이 모두 집 안에 틀어박혀 있을 수밖에 없었는데, 왕가의 아버지는 이전 어른들이 하던 대로 잠을 자지 않은 채, 체온을 유지하기 위해 옹기종기 모여 앉은 대가족 사람들에게 중국의 옛날이야기를 읽어주었다. 그 하나의 행동이 그 자체로 포천에게 행복한 광경이었다. 그는 그때까지 왕가의 농가에서 즐겁게 느껴지는 일을 별로 보지 못했다.

왕가의 집은 학문적 분위기를 입증하는 징표들을 많이 지니고 있었다. 종잇조각에 붓글씨로 시를 써서 벽에 붙여놓은 것이 그 하나다. 서예는 중국에서 하나의 예술로 인식되고 있었고, 지위가 높고 교육받은 사람들이 숭앙하는 것이었다. 중국의 한자는 상형문자이기 때문에 아름다운 시각적 전달에 적합하다. '문방사보文房四寶'로 알려진 붓·먹·종이·벼루는 모두 동네 산에서 얻을 수 있었다. 내리긋는 필획들은 작가의 성격과 정서, 그리고 그가 써내려가는 시를 구상하고 있던 당시의 심리 상태를 나타내는 것으로 생각됐다. 훌륭한 서예가가 되려면 훈련과 전통에 대한 존경이 필요했고, 따라서 그것은 왕가의 집에 학문과 존경의 가치를 보완해 주었다.

포천은 또한 그 가족의 존재를 자신의 평범한 집안과 비교해 보면서 어떤 친밀감을 느낄 수 있었다. 그는 이렇게 썼다.

> 차밭 구릉지에 있는 중국의 시골집들은 단순하고 조잡하게 지어져, 과거 스코틀랜드에서 늘 보았던 집들을 연상케 했다. 소와 돼지가 농부들과 같은 집에서 살고 사육되던 그런 집이었다. 그러나 스코틀랜드의 시골집

은 그 시절에도 모두 현재 중국의 집들보다 가구가 더 잘 갖추어져 있고 더 안락한 곳이었다.

스코틀랜드에 위스키가 있다면, 왕가의 고향인 슈닝현休寧縣에는 차가 있었다. 스카치위스키와 마찬가지로 차 역시 다른 농작물이 잘 자라지 않는 곳에서 생산된다. 그리고 스코틀랜드의 최고급 엿기름과 마찬가지로 가장 진기한 이름을 가진 차를 찾을 수 있는 곳도 이런 가난한 시골집이었다.

중국인의 생활 체계에서 차는 장작·쌀·기름·소금·간장·식초 등과 함께 일곱 가지 필수품의 하나로 올라 있었다. 왕가네 식구들에게 생활에 기본적으로 필요한 것을 생산하는 일에 참여하는 것은 영예로운 일이었다. 그들은 자기네가 더 넓은 세계 질서의 필요한 부분을 채우고 있다고 생각했다. 차는 필수품이기도 했지만, 또한 사치품으로도 인식됐다. 차를 즐기기 위해서는 시간이 필요했고, 그것을 사는 데는 돈이 필요했다. 자신이 직접 재배하지 않는 한 말이다. 관원층에게는 차를 마시며 앉아 시를 쓰는 것이 가장 큰 즐거움이었다. 왕가네 식구들이나 그들과 같은 다른 수많은 가족은 그런 고상한 즐거움을 가능케 해주는 사람들이었다.

쑹뤄산의 가파른 산비탈은 안개가 자욱하고 땅에 배수가 잘되며 햇볕이 직접 쪼이지 않아 이상적인 차 재배지였지만, 그런 조건하에서 다른 농작물을 기르려면 사람의 손이 많이 갔다. 한 지역 관원은 1815년 현지縣志에 이렇게 썼다.

이 지역은 3천 미터 이상의 산들로 둘러싸여 있다. 그 땅은 험하고 평탄

하지 않다. 토질은 찰기가 있고 쉽게 부서지지 않는다. … 주민들은 근면하고 온 힘을 다해 일하지만 수확량은 인구의 절반을 먹여 살릴 정도다. 농토가 부족하기 때문에 차를 재배해 수입을 보충하는 사람들이 열에 일여덟이다. 이를 통해 그들은 먹고 입으며 소작료와 세금을 낸다.

왕가네 가족은 개별적 또는 집단적으로 땅을 경작했다. 공전公田을 경작해 세금과 공물을 내고, 사전私田으로는 자식들을 먹여 살렸다. 이런 책임 구분은 전적으로 유교적인 것이었다. 가족이라는 기본 단위는 더 넓은 사회라는 세계와 마찬가지였다. 남자는 공부를 하고 여자는 일을 했으며, 고관들(중국의 정치가 겸 학자)은 황제의 이름으로 세금을 거두었다.

쑹뤄산의 비탈은 개간을 해서 연속되는 계단식 경작지를 만들어 쌀과 보리 같은 곡물, 콩·참깨·호박·가지·순무·양파·죽순·생강·마늘 같은 채소, 그리고 복숭아·수박·파파야·호두·땅콩 같은 과일과 견과류를 심었다. 계단식 비탈은 인간의 힘으로 이루어낸 놀라운 업적이며, 중국의 거대한 노동력이 여러 세대를 거쳐 이룩한 것을 단적으로 실증하는 것이었다. 그렇기는 해도 그 지역의 많은 사람은 농사를 버리고 장사를 했다. 300년 전의 현지에는 이렇게 쓰여 있다.

농사를 짓는 것만으로 현의 사람들이 먹고살기에 충분치 않았기 때문에 대부분의 사람들은 항구적인 일거리로 장사에 종사했다. … 그들은 남쪽과 북쪽으로 여행했다. 어떤 사람들은 도붓장수가 됐고, 어떤 사람들은 점포를 냈다. 그들은 어떤 물건이 많고 어떤 물건이 모자라는지 헤아려, 수요와 공급의 추세에 따라 사거나 팔았다.

젊은 왕가는 그 지역의 다른 많은 젊은이와 마찬가지로 경제적 현실 때문에 차 산지를 떠나 해안의 도시들로 나가 재산을 일구는 노력을 하지 않을 수 없었다. "고생이라는 것은 사람을 제대로 된 사람으로 만드는 것이다"라는 구절이 현지 민요로 전해진다.

왕가의 이야기는 19세기 중국에 흔한 것이었다. 1850년 무렵에 중국의 인구는 4억 명이었다. 1650년과 비교하면 200년 사이에 세 배가 된 것이다. 인구 폭발의 결과로 마을과 소도시들은 점점 가까이 붙게 되고, 농지는 더 작아졌으며, 숲은 개간돼 농지로 전환됐다. 토지자원에 대한 압력 증대와 관개 및 비료, 그리고 옥수수 같은 아메리카 작물의 도입으로 인해 이전에는 농지가 되기 어려웠던 곳을 개발할 수 있게 됐다. 지역 환경이 몸살을 앓았다. 기근과 산사태와 홍수가 더 빈번해졌다. 기본적인 인적자원에 대한 경쟁이 있었으나, 인력이 넘쳐났기 때문에 임금은 낮은 수준에 머물렀다.

여자아이 살해가 만연한 중국에서 인구 폭발이 일어나자 신붓감이 귀해졌다. 처녀들은 결혼하면 자기 집을 떠나고 혼수도 필요했기 때문에 빚의 원인으로 생각됐다. 남자아이들은 가족에게 영예를 가져다줄 뿐 아니라 집안을 건사할 아내를 얻고 성씨를 이어갈 아들을 낳았다. 그러나 지역 내에 신붓감이 부족하고 노동력은 넘쳐나니 남자들은 고향 마을에 남아 있을 까닭이 별로 없었다. 따라서 그들은 도시로 나갔고, 거기서 폭력단에 들어가거나 뱃사공·가마꾼이 됐다. 왕가의 출신 지역은 특히 전당포 업자를 많이 배출하기로 유명한 곳이었다. 새로운 인구 폭발로 기성 사회 질서는 변화를 겪었다. 남자들은 타지로 떠나고, 그 대신 여자들이 할 수 있는 것이면 무엇이든지 해서 가정경제를 살리려 애썼다. 예컨대 실을 자아 천을 짜는 것 같은 일이었고, 쑹뤄 지방에서는 독자적인 차를 만들어 파는 것이었다.

왕가네 가족들은 유교 전통을 신봉했는데, 유교 전통에서는 직업에 서열이 있었다. 가장 높은 자리는 학자 겸 시인들 차지였는데, 좋은 것을 누리는 고귀한 신분이었다. 농민은 두 번째였는데, 국가라는 기계의 톱니에 해당하며 먹고 입을 것을 길러내 중국처럼 복잡한 나라를 굴러가게 했다. 상인은 직업군의 맨 바닥에 위치해, 남들의 힘든 노동에 기대 생계를 삼고 스스로 이렇다 할 생산은 하지 않는 사람들이었다. 농부가 되는 것은 매우 명예로운 일이었고, 특히 교육을 받은 경우는 더욱 그러했다. 하지만 자식을 제대로 뒷바라지하지 못하는 것은 매우 체면이 깎이는 일이었다. 그리고 자식들을 멀리 도시에 나가 일하게 하는 것은 쑹뤄 주민들에게 좋지 않게 비쳐졌다.

처음 비가 오던 그날 저녁에 이상한 조합인 두 사람이 짐을 진 채 도착했다. 배에서 내려 포천을 따라온 떡대 쿨리와 싹싹한 난쟁이였다. 그들이 무거운 궤짝과 바구니를 현관 돌바닥에 내려놓자 먼지구름이 살짝 피어올랐다. 쿨리는 왕가가 마구 대했던 사공의 손아귀에서 자신이 어떻게 죽을 뻔했는지를 열심히 설명했다. 그는 자신이 찾을 수 있는 유일한 피난처인 한 절에서 하룻밤을 묵어야 했다. 그는 자신이 따라온 과정을 이상한 몸짓으로 재연했지만, 왕가는 그것을 설명해 줄 생각도 하지 않고 있었다. 포천은 재미있게 이를 지켜보면서, 쿨리가 짐을 모두 안전하게 가지고 도망칠 수 있었다면 틀림없이 사태가 그들이 얘기한 것만큼 험악하지는 않았을 것이라고 생각했다.

수행원들이 전원 돌아왔지만, 포천은 날씨가 개기를 기다리는 수밖에 다른 도리가 없었다. 산의 날씨는 나흘 동안 여전히 좋지 않았고, 이 때문에 왕가네 가족은 늦잠을 자고 일찍 잠자리에 들었다. 침대의 따스함이 눅눅하고 쌀쌀한 아침 공기보다 좋았던 것이다. 비는 부지런히 일하는 농부들에게 쉴 시간을 주었고, 이는 긴 여름과 바쁜 차 수확을 마친 터에 불감청이언정 고소원이었다. 왕가네의 여러 아이는 갇혀 지내기에 답답한 나머지, 둥근 눈과 긴 코, 큰 몸집과 이국적인 물건을 가지고 있는 낯선 사람에 대해 호기심을 키워갔다. 포천은 자기 아이들과도, 이 왕가네 아이들과 함께 있었던 것만큼 오랫동안 방 안에 처박혀 있었던 적이 없었다.

마침내 비가 그치고 날이 맑게 개었다. 포천은 왕가의 집에서 바라보이는 광경이 너무 아름다워 폭 빠졌다. 중국의 풍수 사상에 따르면 가장 좋은 집의 위치는 산을 등지고 앞은 탁 트인 곳이었다. 쑹뤄 같은 구릉지대에서는 쉽게 찾을 수 있는 곳이었다. 왕가의 집과 마찬가지로 대부분의 중국 집들은 풍수(문자 그대로는 '바람과 물'을 의미한다)의 건축 원리를 따른다. 풍수에서는 기氣 즉 에너지의 흐름을 원활하게 하는 근본 원리에 근거한 물리법칙이 있다고 본다. 집과 방은 남쪽을 향해야 한다. 서기전 12세기로 거슬러 올라간 시기의 중국 주거지는 남북 축을 따라 정렬돼 있고, 주 출입문은 남쪽에 나 있었다. 건물은 대칭을 이루어야 하지만, 칸수는 홀수여야 한다. 대칭을 중시한 것은 중앙에 뜰을 만들 수 있기 때문이며, 이는 집 안의 중심이라는 상징성을 지니는 한편으로 조상의 사당을 설치할 수 있는 곳이기도 했다. 남향南向은 양陽 즉 남성 에너지를 풍부하게 해주는 것으로 생각됐다. 따라서 왕가의 집은 햇빛이 잘 들고 따뜻하다는 이점이 있을 뿐 아니라 식구들에게 상서롭고 생명지향적인 에너지를 풍부하게 제공해 주기도 하는 것이다. 홀수 역시 양을 상징하는 것으로 인식됐다. 반면에 방이 짝수이면 집에 음陰 즉 여성 에너지가 너무 많아지게 된다고 했다.

쑹뤄산은 불모지에 가까웠지만 꼭대기에는 차나무가 자랐다. 그곳은 녹차의 탄생지이자 최고급 찻잎이 나는 곳으로 유명했으나, 광범위하게 개발되지는 않았다. 포천이 찾아갔을 당시에는 생산된 차를 주로 재배자 자신들이나 험한 산비탈 곳곳에 산재한 절의 승려들이 소비했다.

포천은 재빨리 쑹뤄산으로 떠날 채비를 했다. 본격적으로 차 씨앗을 수집하기 위해서였다. 산은 저 멀리 있었지만 그의 코와 그의 눈이 잘 인도할 터였다. 이 지역에서는 "산은 보이지 않더라도 차 향기는 오 리 밖에서도 맡을 수 있다"는 말이 있었다. 차는 매우 향기로운 초목이다. 그 미네랄 허브의 향이 공기 중에 속속들이 퍼진다. 사람들이 그 향기를 취하고 그 강한 활력과 정기를 발산케 하려고 생각하는 것도 놀라운 일은 아니다. 차는 중국 시詩에서 '산의 진수'로 일컬어졌었다. 옥토에서 석회암까지에 이르는 쑹뤄산의 모든 부분에 대해 특히 적절하게 표현하는 것으로 차나무만 한 것이 없었다.

언제나 그렇듯이, 포천은 산비탈이 반겨주는 것을 느꼈다. 그의 가슴은 11월의 상쾌한 공기 속에서 활짝 펴졌다. 그는 씨앗이 꽉 들어찬 녹색 열매 꼬투리를 따기 위해 몸을 아래로 숙였다. 꼬투리는 질긴 껍질로 싸인 작은 바늘집처럼 보였다. 수풀은 잠자고 있었다. 여름에 싹둑 잘린 곳은 더 이상 자라지 않고 새순도 내밀지 않았다. 그러나 씨앗을 채취하기에는 지금이 적기였다.

왕가의 아버지는 매일 아침 포천을 따라와 그가 생각하며 걷는 것을 방해했다. 포천은 씨앗을 채취하고 묘목을 캐는 데 될 수 있으면 간섭을 덜 받고자 간절히 원했지만, 노인을 피할 수는 없었다. 포천은 그런 사귐을 바라지 않았지만, 왕가의 아버지는 자청해 나선 그의 그림자였다.

한 주일 동안 포천의 나날들은 매일 고된 노동이 반복되는 것으로 자리가 잡혔다. 중간 중간 아름다운 경치도 즐기고, 새로운 것을 발견하기도 하고, 왕가네 가족의 가외 소득에 필요한, 끝이 없어 보이는 협상을 하기도 했다. 포천은 일찍 일어나 왕가 및 쿨리와 함께 쑹뤄산 등성이에 올라, 보이는 차 씨앗은 모두 수집했다. 이런 멋진 환경 속에서 일한다는 것은 고단하다기보다는 차라리 즐거운 일이었다. 적어도 포천에게는 그랬다. 저녁에는 왕가의 집으로 돌아와, 쑹뤄 주민들의 마음을 사로잡고 아마도 즐겁게 할 것으로 보이는 빡빡한 흥정을 다시 시작했다.

쿨리는 이제 왕가가 사공과 다투는 과정에서 자신을 욕보였다고 확신하고 그를 겁쟁이로 치부했다. 포천은 충분히 타당한 이야기라고 생각했다. 그래서 쿨리는 자신이 고생한 데 대한 보상으로 왕가가 4달러를 내야 한다고 주장했다. 왕가는 자기 본거지에 있느니만치 그 요구를 무시해도 괜찮을 것이라고 생각했다. 그러자 쿨리는 자기 고향 사람 몇을 불러다 억지로라도 왕가에게서 그 돈을 받아낼 듯이 말했고, 왕가는 그 위협을 무시해 버렸다. 나중에 쿨리가 사람들을 데리러 갔다가 혼자 돌아왔을 때 포천은 그를 데리고 한편으로 가서, 그 문제는 이미 끝난 것이고 쿨리가 그 주장을 계속하면 자신은 그의 급료를 주지 않겠다고 단호하게 말했다. 이런 말과 쿨리에게 꿔준 약간의 돈(포천은 쿨리가 그 돈을 갚으리라고는 전혀 생각지 않았다) 때문에 이 문제는 가라앉은 듯했다.

매자나무 열매.

포천 자신은 역시 몇 가지 거래를 하는 것이 유용하리라는 사실을 깨달았다. 그는 쑹뤄에 도착하기 한 주일쯤 전에 매자나무(학명 *Berberis*)를 보았다. 크고 윤이 나며 가시가 있는 잎이 달린 떨기나무인데, 그런 것은 그도 처음 보았지만 밝은 단풍 색깔 때문에 특히 멋있어 보였다. 그것은 식물원 가장자리에 심으면 좋을 듯했고, 일반적으로 유럽 식물원에 잘 맞을 것으로 보였다. 그러나 불행하게도 포천이 보았던 표본은 옮겨 심기에는 너무 컸고, 주변에 새끼 친 것도 분명히 없었다. 그래서 포천은 그 잎 하나를 떼고 그 위치를 표시한 뒤, 우선 왕가에게 그의 고향 지역에서 비슷한 떨기나무가 있는 곳을 찾아보도록 했다. 왕가는 이 일에 관심이 없어 했지만, 그때 왕가의 친척 몇이 대신 그 일을 맡겠다고 나섰다. 그는 왕가의 친척들을 모아놓고 표본 잎을 보여주며 누구든지 옮길 수 있는 크기의 비슷한 초목을 가져오면 사례하겠다고 약속했다. 정말 기쁘게도 불과 몇 분 뒤에 그 가운데 한 사람이 가지 하나를 통째로 들고 왔다. 포천은 그것을 표본 잎과 비교해 보고 매자나무임을 확인했으며, 나무 전체를 자신에게 가져오라고 일렀다. 이 일은 식구들 사이에 열띤 토론을 불러일으켰다. 그들의 설명에 따르면 이 나무는 약용이어서 아무리 돈을 많이 주더라도 주인이 내주지 않으리라는 것이었다.

"이걸 제게 팔라고 하세요. 제가 드리는 돈을 가지면 다른 것 수십 그루를 살 수 있을 겁니다." 포천은 간청했다.

그러나 나무를 발견한 사람은 단호했다.

"이 나무는 우리 아저씨 집 정원에서 자라고 있는 건데, 아저씨는 돈을 원치 않으십니다. 그분은 돈은 넉넉하고, 이따금 몸이 편찮으실 때를 위해 나무 몇 그루가 필요할 뿐입니다. 그러니 아저씨는 그 나무를 내주시지 않을 겁니다."

포천은 더 비싼 값을 받아내려고 버티는 것임을 직감하고 작전을 바꿨다. 그는 자신에게 그 나무를 보여만 달라고 청했다. 그리고 나무를 건드리지도 않겠다고 약속했다. 그러면 주인과 직접 흥정을 하겠다는 심산이었다. 그러나 그것 역시 지나친 기대인 듯했다. 주먹이 날아다니고 항의하는 목소리가 높아져 결국 왕가가 개입해 모인 친척들에게 포천의 보증인이 돼야만 했다.

이들은 결국 포천을 매자나무 있는 곳으로 데리고 가서 그에게 주인과 일대일 흥정을 할 수 있는 기회를 주었다. 그러나 소용없었다. 주인은 그 나무가 희귀한 것이고 그 열매는 병을 치료하는 데 엄청난 가치가 있다고 주장했다. 설사·발열·식욕부진·배탈·발작·요로감염증尿路感染症 등 내과계의 만병통치약이라는 것이었다. 그는 나무를 넘겨주는 일도 딱 잘라 거절했을 뿐 아니라, 포천에게 복제를 위해 생생한 가지 하나조차 주지 않으려 했다. 포천은 이것이 그 아저씨 쪽의 전략인지 노인이 정말로 자신이 주장한 대로 매자나무의 가치를 생각하고 있는지 알 수 없었다. 그 아저씨가 말한 치유 능력이 모두 사실이라면 초목 채집자로서 더욱더 표본을 구해야 했다. 이것이 단지 정교한 책략이었을까?

이 문제는 이튿날 왕가의 또 다른 친척이 몰래 포천을 찾아와서 또 하나의 같은 종류 나무를 같은 가격에 찾아줄 수 있다고 함으로써 무의미해져 버렸다. 포천은 그 제안을 받아들였고, 그 젊은이는 곧바로 보기 좋고 건강한 표본 세 그루를 가지고 돌아왔다. 매자나무는 쑹뤄 지역에 흔한 것 같았다. 포천은 이 초목들을 영국으로 실어 보냈고, 울타리와 경치를 즐기는 식물원용으로 크게 인기를 끌게 됐다.

왕가의 집이라는 친밀한 공간에서 돈은 계속 주인이 바뀌었다(그 돈은 본래 포천의 돈이었다). 그는 그런 거래에 동의하지도 않았고 내용도 듣지 못했으며, 무슨 일이 일어났는지 잘 모르는 경우가 허다했다. 여전히 왕가가 사공을 잘못 대한 데 화가 나 있던 쿨리는 왕가로부터 돈을 받아내려 애쓰고 있었다. 왕가의 아버지는 대접하는 일에 공짜는 없다며 포천의 돈주머니에서 방값과 식대 명목으로 현찰을 요구했다.

그때 포천이 해안으로 돌아갈 여정을 준비하느라 분주했던 아들 왕가는 그에게 스무 배의 바가지를 씌우는 계획을 마무리했다. 쥐어짜기는 이어지고 이어지고 또 이어졌다. "그것이 중국인의 특질이다"라고 포천은 담담하게 말했다.

그럼에도 불구하고 포천은 거래에서 최고의 것을 얻고자 애썼다. 쑹뤄에서 가장 귀중한 것 말이다. 그의 하인들과 왕가네 식구들은 수고의 대가로 약간의 소득을 얻겠지만, 포천은 중국을 떠나기만 하면 세계에서 가장 훌륭한 녹차 묘목을 가지고 바다를 건너 세계 유일 초강대국의 소중한 재산으로 삼을 수 있는 것이다.

포천이 그곳에 간 것은 이 유명한 녹차 산지와 서방세계 사이의 직접적인 접촉으로는 가장 이른 시점이었다. 불과 몇 해 지나지 않아서 쑹뤄 차의 뛰어난 품질에 관한 그의 전문가적 보고에 따라 유럽과 아메리카의 수출 시장으로 길이 열릴 터였다. 거기에는 '그린턴Green Tun'

이라는 상표가 붙여졌고, 상류사회에서 매우 좋아하는 기호품이 됐다. 비록 쑹뤄가 경제적 곤란과 기근과 가난에 신음하고 있었고 종교의 광신도들이 곧 반란(1851~1864년의 태평천국운동을 가리킨다 — 옮긴이)을 일으킬 상황이었지만, 포천의 방문은 그 지역 사람들에게 하나의 전환점이었다. 포천을 쑹뤄산으로 데려온 젊은 통역은 그 지역을 미래로 인도한 것이었다.

음력 설날의 상하이,

1849년 1월

포천은 씨앗 채취를 위해 다른 세 곳의 유명한 녹차 산지를 찾아가고 한 군데로 비교적 평범한 여행을 한 뒤에 1849년 중국 설날(음력으로 정해진다) 직전에 상하이에 도착했다. 이해는 중국의 간지干支로는 닭의 해로 활활 타오르는 해였다. 설날은 중국에서 연중 가장 큰 명절로서, 덕담을 나누고 불꽃놀이를 하며 용돈을 주고 조상을 섬기는 날이다. 외국인들도 이날을 고대한다. 불꽃놀이와 축제 때문이기도 하지만, 현지인들이 역시 새해맞이 전통인 묵은 빚을 갚기 위해 돈을 모으느라 정신이 없기 때문에 모종의 거래를 할 기회가 생기는 것이다.

상하이의 활기 넘치는 새해맞이 축제는 이 오래된 도시의 두꺼운 성벽을 뚫고 고동쳐 외국 조계로 소용돌이를 몰고 왔다. 이 지역의 얼마 되지 않는 영국인들(차·비단 상인들과 외무부 직원들이다)은 쉽사리 이끌려 나와 용춤舞龍과 마을 묘지의 성묘掃墳를 어리둥절하면서도 관심을 갖고 지켜보았다. 유서 깊은 거리는 행상인과 마술사와 곡예단원들로 붐볐다. 상처투성이의 작은 거지아이들이 손목과 발목을 끌어당기며

덴트빌사의 사옥

거리에 나온 모든 사람에게 새해 인사를 보냈다. 새해에 적선하는 것은 복을 받는 일이었다.

포천이 먼저 해야 할 일은 회사와 인도에서 기다리고 있는 식물원 관계자들에게 자신이 일을 해냈다는 편지를 보내는 것이었다.

> 저는 씨앗과 어린 묘목을 많이 입수했다는 소식을 전해 드리게 돼서 매우 기쁩니다. 무사히 인도에 도착할 것으로 믿습니다. 이것들은 중국의 여러 지방에서 입수했고, 일부는 유명한 차밭에서 구한 것입니다. …

그는 재빨리 자신의 전리품을 인도로 실어 보낼 준비 작업에 착수했다.

포천은 외국인 구역에 거처를 잡았다. 이번에도 동아시아 3대 기업 중 하나인 무역 회사 덴트빌사의 사옥이었다. 이 회사의 유명한 사장 토머스 빌은 "상업계의 왕자이자 아편 거물"이었는데, 50년 동안 영국으로 돌아가지 않은 채 중국 무역에 종사하고 있었다. 그는 이미 중국에서 여러 차례 흥망을 거듭했다. 당시 어떤 사람은 이렇게 썼다.

그 자신은 가장 완전한 의미에서 구식이었다. 인격적으로 위엄이 있었고, 어느 정도 격식을 차렸으며, 품위 있는 태도를 지녔다.

토머스 빌 및 그 회사와의 친분은 포천이 중국 내에서 가지고 있던 가장 중요한 연줄 가운데 하나였다. 덴트빌사는 영국 조계 내, 시끄러운 구舊상하이 북쪽이자 황푸강에서 배를 움직이는 끌배들의 뱃길이었던 냄새 진동하는 쑤저우강蘇州河(황푸강의 지류로 우쑹강吳淞江이라고도 한다—옮긴이) 남쪽에 상관商館 하나를 가지고 있었다. 이 상관에는 거의 빈 새 공장과 정원을 만들 넉넉한 땅이 있었다. 포천이 애지중지하는 나무들도 심을 수 있고, 이역에 와 있는 덴트빌사 주변의 영국 출신 원예사들의 아마추어 기획도 펼 수 있을 만큼 충분히 넓었다.

덴트빌사는 중국의 원예에 지속적인 관심을 가짐으로써 국제사회에 공헌했다. 빌은 자신의 취미 생활로 아오먼澳門(마카오)에 정원을 만들고 '가장 훌륭하고 가장 희귀한' 카네이션과 국화와 양귀비 등 온갖 종류의 중국 관상식물들을 가꾸었다. 덧붙여 공작과 원숭이도 약간 길렀다. 덴트빌사의 상하이 현지인 원예사들은 백인이 전혀 가보지 않았던 곳에서 묘목을 채집해 왔고, 회사는 동양에 거주하는 다른 유럽인 초목 애호가들과 이 희귀한 나무들을 함께 즐겼다.

홍콩과 상하이 영사관 이외에 누가 정말로 포천의 임무 내용을 알고 있었는지는 분명치 않다. 그러나 덴트빌사가 만약 포천의 차 수집에 대해 조금이라도 눈치를 챘다 하더라도, 그가 동인도회사와 민싱레인(런던의 작은 골목 이름으로, 차와 향신료 등의 거래 중심지였다—옮긴이)의 차 거래상들을 위해 차를 식물학적으로 연구한다는 것 이상의 어떤 형태로 개입됐으리라고 생각할 이유가 없었다. 덴트빌사의 주된 관심사는 자연히 동아시아에서의 자신의 상업적 성공을 유지하는 것이었다. 그러나 차 제조가 인도로 옮겨간다면 중국 상인들은 자신들에게 가장 많은 이문을 남겨주는 상품을 잃게 된다. 덴트빌사는 포천을 도와줌으로써 본의 아니게 중국 무역을 붕괴시킬 씨앗을 뿌리고 있었던 것이다.

포천은 차 씨앗을 뿌리고 묘목을 옮겨 심는 데 상하이에 있는 덴트빌사의 공장 땅을 충분히 이용했다. 이 구상은 창고 주변의 일부 땅을 이용해 실행됐는데, 그곳은 장강 하구에 있는 그 지류 황푸강 둑의 비옥한 침적토 지대를 개발한 것이었다. 이 식물원 자체는 여유로운 산책과 사색을 염두에 둔 중국식 풍광은 아니었고, 기능적인 유럽풍의 것이었다. 가지런히 늘어선 묘목과 이식한 나무들은 약초를 확보해 놓은 셈이었고, 영국 상인들에게는 낯익은 먹을거리를 제공했다.

포천은 또 덴트빌사의 중국인 원예사도 찾아갔다. 그는 박식한 사람으로, 자신이 정원을 꾸미는 모든 방식에 대해 해답과 이유를 잘 알고 있었다. 한번은 빌이 한 방문객에게 "중국인 원예사를 기쁘게 하는 유일한 방법은 자기 마음대로 하도록 내버려 두는 것"이라고 말한 적이 있었다. 특히 방법론에 관해서는 "그들의 자부심이 대단하다"고 했다. 중국인 원예사의 일에 간섭하는 것은 그의 체면을 깎는 것임을 빌은 깨달았다. 그럼에도 불구하고 포천은 정원에서 자신이 꾸민 부분, 즉 저 멀리까지 뻗쳐 있는 드넓은 차 묘목 지대를 영국의 방식대로 만들었다.

덴트빌사의 관대한 지원 덕분에 포천이 수집한 나무들은 야생으로부터 이식한 뒤에도 살아남았다. 그러나 다음 번 옮겨심기는 가장 위험한 것이었다. 사실 그가 계획하고 있는 여행에서 살아남은 초목은 아직 없었다. 포천이 수집한 표본은 상하이에서 홍콩으로, 그리고 거기서 캘커타와 히말라야의 차나무 재배 농장으로 운반돼야 했던 것이다. 나무들은 열기와 바다와 소금기와 씨름해야 했고, 뿐만 아니라 강 여행과 산 여행도 하고 장맛비도 헤쳐 나가야 했다.

포천의 총체적인 불안은 중국 겨울의 살을 에는 듯한 추위로 인해 더욱 증폭됐다. 덴트빌사의 정원은 보통 활기가 없는 곳이어서 일꾼들이 아주 열심히 일하지는 않았다. 특히 설 명절을 앞둔 며칠은 더욱 그러했다. 그러나 포천은 원예사들이 차나무 묘목 수송을 준비하는 중요한 작업을 진행해야 한다고 고집을 부렸다. 그는 스스로 장갑을 끼고 모자를 쓴 채 매일 아침 일찍 정원에 나와 부지런히 자른 가지와 복제한 것을 옮겨 심었으며, 씨앗과 묘목을 포장하고 딱지를 붙였다. 그는 1만 3천 그루의 어린 묘목을 히말라야로 실어 보냈고, 1만 톨의 차 씨앗도 보냈다. 보낸 씨앗은 열 되(20리터) 정도였다. 양이나 심지어 무게로도 많은 것은 아니었지만, 왕가네 동네의 습한 차밭에서 몇 주일 동안 고된 현장 작업을 한 결과물이었다. 예방을 위해 그는 짐을 나누었다. 별도의 짐을 네 개의 서로 다른 배에 분산시켜, 하나가 사고를 당하더라도 다른 셋은 무사할 수 있도록 한 것이다.

포천은 현 단계에서 자신의 녹차 프로젝트가 성공했다고 확신하기에는 아직 훨씬 못 미친다는 것을 알고 있었다. 묘목들이 상하이에서는 아무리 근사해 보일지라도, 겨울과 원양항해라는 이중고를 견뎌낼 수 있을 것 같지 않았다. 워드 상자로 보호된다고 해도 마찬가지다. 게다가 겨울은 씨앗과 떨기나무에게는 위험한 시기였다. 휴면 상태에 들어가 특별한 배려가 필요한 것이다. 추위에 대한 감각이 있는 좋은 원예사는 밤공기를 조금만 쐬어보고도 초목이 어떤 위험에 처할 것인지 아닌지, 쌀가마니로 단단히 싸서 햇볕에 서리가 녹을 때까지 둘 필요가 있는지의 여부를 알 수 있다.

포천은 유리와 철물을 함께 다루는 현지인 기술자에게 유리 상자 열한 개를 만들도록 주문하고 거기에 수천 그루의 묘목을 실었다. 묘목은 아마도 1년 정도 자란 것이었으며, 상당수는 그보다도 어린 것이어서 약하고 덜 발달된 뿌리를 가진 연약한 나무였다. 그러나 적어도 포천은 이 방법으로 나무를 선적했던 자신의 과거 경험에 기댈 만하다고 생각했다. 그는 지난번의 중국 여행에서 이 상자들에 거의 의존했고, 결과도 상자의 유용성에 대해 자신의 마음속에서 아무런 의문도 남기지 않았다.

그런데 차 씨앗은 다른 문제를 제기했다. 동인도회사는 잘 알려진 대로 지난 10년 동안 차 씨앗을 중국에서 인도로 운송하는 데 실패했다. 이전에 한 번은 워드 상자가 널리 사용되기 전이었는데, 광저우에서 수집한 씨앗이 모두 죽어서 히말라야에 도착했다. 이에 따라 그해 차나무 재배 일정이 연기되고 커다란 손실을 입었다. 히말라야의 차밭은 이윤을 내기에는 여전히 너무 작았다. 그 이유는 주로 얻을 수 있는 우수한 씨앗이 부족했기 때문이며, 이런 상황은 표본 묘목만으로는 개선하기가 어려웠다. 씨앗에서 묘목으로 자라는 데는 6년이 걸린다. 1849년에 포천의 노력이 실패했다면 전체 계획은 다시 한 해 연기됐을 것이다.

그러나 그가 채취한 시점은 좋지 않았다. 보통 중국인들은 가을에 차 씨앗을 채취해 겨울 동안 모래 바구니에 보관한 뒤 봄에 씨앗을 뿌린다. 이런 시간표에 따르면 포천은 씨앗을 채취하는 데 한두 달 늦었다. 물론 포천이 채취한 씨앗들이 여전히 살 수 있다고 추정하는 것이 합리적이기는 한 듯했다. 그러나 씨앗이 인도에 도착할 즈음에는 봄의 씨 뿌릴 철이 지났을 것이다. 씨앗이 히말라야에 도착하는 것은 장마철이어서, 억수같이 쏟아지는 비로 원예사가 애써 뿌려놓은 것이 쓸려 내려갈 것이다. 이 씨앗들은 가을이 돼서야 뿌릴 수 있을 것이다. 씨앗은 1년 이상 살아 있어야 하고, 차 씨앗은 잘 버티지 못한다.

포천에게는 또한 씨앗을 어떻게 운송하는 것이 최선의 방법인지도 분명치 않았다. 선적의 표준 절차에 따르면 씨앗은 종이나 천으로 된 봉지에 싸야 했다. 그는 전에 히말라야 실험 농장의 젊은 관리인 윌리엄 제임슨(1796~1873) 박사의 조언을 들은 적이 있었다. 그는 포천에게 두 가지 방법을 모두 써보라고 권했다. 포천은 특히 이 조언을 철저히 따랐다. 그는 서로 다른 네 지역에서 채취한 씨앗을 두 가지 다른 방법으로 선적했다. 하나는 네 개의 종이 포장을 담은 성글게 짠 가방이고, 다른 하나는 각 지역의 흙과 씨앗을 섞은 상자였다.

각각의 씨앗에서 세 번째 부분은 상하이에 남겨두어 씨를 뿌리고 기른 뒤 더욱 강인한 묘목으로 자라면 인도로 보내도록 했다. 포천은 차 씨앗이 매우 약하다는 것을 알고 있었다. 쉽게 죽고, 날씨가 약간만 변해도 그 영향으로 물이 배거나 말라버린다. 그는 자신이 전에 수집한 씨앗의 상당수가 덴트빌사의 정원에 있는 가설 온실에 이식했을 때 싹이 나지 않았음을 알아챘을 수도 있다. 가장 좋은 전략은 막대한 양의 씨앗을 보내 상당수가 실패하더라도 인도의 새 차밭을 채우기 충분하도록 하는 것이다.

포천은 중국 원예사들에게 차 씨앗을 가장 잘 저장하고 수송할 수 있는 방법에 관해 그들이 알고 있는 내용을 물어보았다. 현지인에게 조언을 구하는 것은 중국에 온 유럽인으로서는 용감한 행동이었다. 특히 중국인들은 차 씨앗을 끓이거나 독을 넣어 "중국의 아름다운 꽃이 다른 나라로 유출되지 않도록" 하는 것으로 알려져 있었기 때문이다. 하지만 천생 과학자였던 포천은 대담하게 한 늙은 씨앗 판매업자에게 접근했다. 아칭이라는 이름을 가진 유명한 상인이었다.

"씨앗과 함께 넣는 것이 무엇인가요?" 포천은 씨앗을 둘러싸고 있는 회백색의 물질에 대해 물었다. 많은 유럽인은 불타고 남은 재라고 생각하기 십상인 혼합물이었다.

"이蝨를 태운 거요." 늙은 원예사는 대답했다.

"뭐를 태운 거라고요?" 포천은 말하고 나서 웃음을 터뜨렸다(중국인이 '쌀rice'이라고 할 것을 잘못 발음해 '이lice'가 됐기 때문에 웃은 것이다—옮긴이).

아칭은 어설픈 혼성어로 "이를 태운 거라고요" 하고 되풀이했다. 이번에는 "재판관처럼 더욱 근엄하게" 말했다.

"내 이거 씨앗에 안 섞음 벌레가 그거 먹지."

재는 구더기를 막기 위한 것이었다. 중국은 날씨가 눅눅하기 때문에 씨앗을 싸놓으면 특히 벌레가 들끓거나 썩기 쉽다. 포천은 늙은 원예사가 진실을 말하고 있다고 판단했다. 포천이 녹차 씨앗을, 쌀 태운 재와 함께 싸는 실험을 했을 것임에는 추호라도 의문이 있을 수 없다.

날이면 날마다, 그리고 밤이 돼 땅거미가 져서 괭이질이 매우 곤란해지고 기온이 떨어져 손가락이 곱을 때까지 포천은 녹차 밭일에 매달렸다. 그는 진흙과 씨름하면서도 실패하지나 않을까 하는 생각에 시달렸다. 그러나 그는 완벽주의자였고, 반복적인 생활을 하면서 안정을 찾았다. 그는 각 묘목과 씨앗의 목록을 만들었다. 어디서 채집했고 어떤 상자에 넣어 보냈는지 하는 내용이다. 그는 다른 사람들에게도 마찬가지로 성실할 것을 요구했다. 포천은 인도의 원예사들에게 이렇게 썼다.

(씨앗과 묘목들이) 조심스럽게 접수되고 목적지로 전달되는지의 여부가 매우 중요할 것입니다.

나무와 씨앗들이 인도에 도착했을 때 그 상태에 관한 보고서를 만드는 것 역시 매우 바람직할 것입니다. 그 보고서를 제게 보내주시면 제가 그 숫자를 알 수 있고, 그러면 얼마나 채집해야 하는지 알게 될 것입니다.

포천은 차를 홍콩까지 직접 호송하기로 했다. 중국에 있는 동안 확실히 관리하기 위해서였다.

이곳(상하이)에서 캘커타로 가는 직행편이 없습니다. 홍콩에서 출발이 지연되거나 주의를 제대로 기울이지 않으면 초목에 치명적인 것으로 드러날 것입니다. 저는 그런 일에 대해 제대로 알지 못하는 사람에게 관리를 맡기는 모험을 하지 않는 것이 좋겠다고 생각합니다.

날씨나 옮겨심기 과정의 문제에 못지않게, 무지한 부두 일꾼들도 포천이 보내는 화물을 망가뜨리기 쉬웠다.

배편으로 부친 차가 인도에 도착하려면 한 철이 꼬박 걸릴 터였다. 그리고 그곳 식물학자들이 포천에게 화물이 잘 도착했는지의 여부를 알려주는 편지가 도착하려면 또 몇 달이 지나야 했다. 그는 그 중요한 편지가 도착할 때 자신이 어디에 있게 될지 알 수 없었다. 아마도 홍차 산지로 가는 다음 여행을 하고 있는 도중일지도 몰랐다. 녹차 수송이 완전히 실패한다면 어떻게 될까? 처음 보낸 것이 죽거나 무슨 변동이 있다 해도 자신이 상하이로 돌아오기 전까지는 그 내용을 알 수조차 없을 것이다. 그는 녹차 채집 여행 전 과정을 다시 시작해야 할 것이다.

첫 번째 선적 때 함께 보낸 편지에서 포천은 겸손하게 말했다.

> 당신이 제게 전할 필요가 있다고 생각하시는 어떤 말씀이라도 해주시면 감사하겠습니다. … 덴트빌사 주소로 보내주시면 제게 전달될 것입니다.

그가 인도의 식물원 관리자로부터 무슨 씨앗을 채취할 것인지에 대한 지시를 받은 지 아홉 달이 지났다. 포천은 상하이와 홍콩의 대영제국 영사관과 자주 연락을 취했고, 그들이 그에게 도움이 되는 지시를 내렸다. 그러나 런던의 동인도회사에서는 아무런 소식이 없었고, 인도로부터도 더 이상 연락이 없었다. 그의 임무에 관한 아무런 지시도, 아무런 제안도, 아무런 통보도 전혀 없었다.

캘커타 식물원,

1849년 3월

영국에서는 3월이 되면 원예사들이 구근과 다년생 식물이 싹트는 것을 도와주기 위해 죽은 겨울 덤불들을 걷어내는 모습을 볼 수 있었는데, 인도에서는 3월이 되면 무성한 열대식물들이 위용을 뽐냈다. 무성한 캘커타 식물원은 활기 없는 영국의 봄과는 전혀 달랐다. 이곳의 계절은 뜨거운 계절이 지나면 비가 많이 오는 계절이 되고, 그 뒤에는 다시 뜨거운 계절로 돌아갔다. 3월은 여전히 '추운 날씨'로 간주됐지만, 한 여행자는 이렇게 썼다.

> 인도에서 '추운 날씨'는 그저 상투적인 표현이며, 놋쇠로 된 문손잡이를 녹일 정도의 날씨나 곤죽을 만드는 날씨와 구분하려고 쓰이게 된 것이다.

인도에서는 홀리 축제가 다가오고 있었다. 젊은이들이 패거리를 지어 약탈하며 즐기는데, 이들은 낯선 사람들에게 찬물을 뿌린다. 한 해가 혹독한 여름으로 접어드는 시점인 것이다.

휴 폴커너(1808~1865. 스코틀랜드의 식물학자, 지질학자, 고생물학자)는 1849년 3월 캘커타 식물원을 걸어가면서 얼굴이 빨갛게 익었다. 그는 부하 말리*mali*(정원사)들이 바삐 옮겨 심고 다듬은 차나무 묘목의 줄을 점검하고 있었다. 폴커너는 건장하고 가슴이 딱 벌어진 스코틀랜드인으로, 식물원 원장이었다. 그 자리는 사실상 인도의 농업부 장관인 셈이었다. 폴커너는 원예 네트워크 형성과 정책 수립에 집중했다. 인도의 농업을 '개선'하고, 나라의 땅은 비옥한데 그 농산물의 질은 빈약한 '까닭 모를 불일치'를 해결하는 것이었다. 티크·담배·커피·인디고 같은 경제적으로 가치 있는 초목들이 제국 전체에서 배에 실려 식민지 인도의 수도 캘커타로 들어와 인도의 각 지역으로 배분됐다.

폴커너는 동인도회사 직원으로 인생 중반에 접어들었는데, 캘커타의 혹독한 기후 때문에 겉늙어 버렸다. 그는 겨우 마흔한 살밖에 되지 않았는데도 벌써 한 차례 병가를 내고 영국으로 귀국했던 적이 있었다. 계절은 앞으로 다가올 몇 달에 비하면 아직 덥지 않았다. 우기가 되면 폭염이 약간 완화되기는 하지만, 그 대신 폭우가 계속돼 도시의 거리를 채우고 수채통이 강으로 변해 바다에 이른다. 이런 날씨 때문에 폴커너 같은 사람이라면 자신이 직업을 잘 선택한 것인지 충분히 의문을 가질 만했다.

그러나 캘커타에는 그가 필요했다. 그는 중국에서 선적돼 오는 초목과 씨앗을 기다리고 있었다. 회사가 필사적으로 매달리고 있는 물건이었다. 지금 캘커타 식물원에서 말리들이 가꾸고 있는 차나무는 곧 도착하게 돼 있는 것과 비교하면 아무것도 아니었다. 캘커타의 차는 심는 깊이나 가루받이를 실험하는 용도로는 훌륭했지만, 음료로 만들기에는 적당치 않았다. 그것은 아삼 원산 묘목이어서 맛이 없고, 고도가

캘커타 식물원 ⓒ GNU

높은 히말라야의 회사 식물원에는 전혀 맞지 않았다.

포천이 보낸 씨앗은 폴커너가 보살피게 될 것이다. 폴커너는 대부분의 영국 생물학자들처럼 자주적이고 체계적이며 혼자 연구해 확인하는 데 익숙한 사람이었다. 포천과 상당히 비슷했다. 그는 외과 의사로, 동인도회사의 헌신적인 사원이었다. 그리고 포천이 보낸 차 씨앗을 잘 관리해 줄 사람이었다. 폴커너는 차가 회사의 미래에 결정적인 중요성을 지니고 있다고 생각했다. 캘커타 식물원은 인도 차 프로젝트의 핵심이었고, 관리자로서 그의 성적표는 이 계획의 성공에 달려 있었다. 포천과 폴커너 두 원예사는 중국에서 차를 훔쳐올 필요가 있다는 데서 생각이 일치했다.

캘커타 식물원 자체는 참으로 장관이었다. 한 방문객은 이렇게 말했다.

> 네팔과 희망봉, 브라질과 페낭, 자바와 수마트라에서 온 희귀한 나무들이 그곳에 한데 모여 있다. 마호가니 탑과 쿠바 야자나무가 우뚝 솟은 대성당 복도처럼 거리를 이루고 있다. 고결한 망고나무와 타마린드가 풀 덮

인 잔디밭 곳곳에 서 있고, 위풍당당한 목마황木麻黃이 줄기에 덩굴식물들을 휘감고 서 있다. 커다랗고 아름다운 말레이제도산 플랜테인(채소처럼 요리해서 먹는, 바나나 비슷한 열매—옮긴이)도 있고, 거대한 남아메리카산 덩굴식물들도 있다. 진홍색 히비스커스와 새빨간 시계꽃이 눈을 부시게 하고, 금향목金香木과 무수한 재스민의 냄새가 산들바람에 떠다닌다.

이 식물원은 후글리강(갠지스강 하구 삼각지의 서쪽을 흐르는 분류分流—옮긴이) 서쪽 강둑에 위치하고 있는데, 강을 한 굽이 돌아 맞은편에는 높은 담에 둘러싸인 포트윌리엄이 있고 그곳에 동인도회사 인도 본부가 자리 잡고 있다. 식물원은 실험실이기도 했지만, 그에 못지않게 공원이기도 했다. 소풍 도시락을 먹으며 캘커타의 혼잡과 소란으로부터 품위 있게 거리를 유지할 수 있는 장소였다. "걸음을 뗄 때마다 놀라움이 이어졌다"고 한 방문객은 말했다. 또 다른 방문객은 이렇게 말했다.

> 이 식물원은 밀턴(1608~1674. 영국의 시인, 서사시 『실낙원失樂園』의 저자)의 낙원 관념에 완전히 부합하는 곳이다. 메마른 평지가 아니라 언덕에 있었다면 말이다.

도시 바로 아래 100헥타르가 넘는 부지를 차지하고 있는 이 동인도회사 식물원은 인도에 들여온 다른 식민지 유물들처럼 "모든 부분에서 질서가 잡히고 깔끔할 뿐만 아니라, 지구 구석구석에서 들여온 방대한 초목의 숲을 갖춘" 것으로 유명했다. 이곳은 러디어드 키플링(1865~1936. 영국의 소설가, 시인)이 "이 하느님이 잊은 도시"라고 매도했던 캘커타에서 유일하게 예외적인 부분으로 보이는 곳이었다.

이 식물원은 식물학의 영토 확장기인 1786년 무렵에 만들어졌다. 당시 원예에 푹 빠져 있던 한 보병 장교가 인도 정부 격인 동인도회사에 한 가지 제안을 했다. 인도의 식물들을 연구하는 시설을 만들면 회사 주주들에게 유용할 (그리고 이득이 될) 것이라는 얘기였다. 인도의 원예사들은 처음에 귀띔해 준 대로 육두구·계피·정향·후추와 빵나무 열매 등을 인도아대륙에 들여왔는데, 캘커타는 열대식물들이 자라기에 적합지 않은 곳이었고, 여러 가지 무역상 가치 있는 것들을 기르는 데는 더욱 맞지 않는다는 것을 깨달았다.

그곳에서 비록 열대식물을 키우는 데는 실패했지만, 그것이 실험실로서 완전히 손해만 본 것은 아니었다. 실제로 이 식물원은 동인도회사가 전 세계 규모로 식물을 교환하고 상거래를 하는 데 중심적인 역할을 하게 됐다. 동인도회사의 선임 식물학자이자 당초에 포천을 고용해 중국차 입수 건을 맡겼던 로일 박사는 이렇게 썼다.

> (이 식물원은) 다행히 역대 인도 정부로부터 늘 사랑을 받고 있었다. 그리고 그 결과 수시로 상당한 지출이 이루어져 식물원은 가장 완벽한 질서와 효율성을 유지할 수 있었다. 여행자나 다른 사람들이 최대한 이 시설의 편의를 누릴 수 있도록 하기 위해 관리자는 사람들이 신청하기만 하면 언제나 씨앗과 뿌리들을 공급할 준비가 돼 있었다.

후글리강 둑의 이 식물원에서는 이국의 표본들이 재배되고 목록에 오르고 분배됐으며, 역사에 기록되고 무역을 하기 위해 깊이 연구됐다. 폴커너가 이끌던 캘커타 식물원은 인도 여러 주의 소규모 회사 식물원들 사이의 정보 및 초목 교환의 핵심적인 연결 고리였다. 씨앗과 묘목이 공유되고, 인도 토산 식물들이 전 세계의 원예사들에게 보내졌으며, 새로운 아이디어들이 보고되고 논의됐다. 인도는 학문을 하는 데 있어 매우 활발한 의견 교환이 이루어진 곳이었다.

캘커타 식물원의 더 큰 목표는 대영제국 각 식민지의 영광스러운 자연을 영국의 큐 식물원과 연결시키는 것이었다. 큐 식물원은 전 세계 식물학 연구의 중심지였다. 모든 씨앗과 나무와 표본과 식물 표본첩이 제국의 변경에서 원예학의 최종 결정권자인 큐 식물원으로 보내졌다. 그러나 사실대로 말하자면 큐 식물원의 중심적 위치는 현장 식물학자들에 비해 부차적인 것이었다. 그들은 그때그때 바삐 세계 곳곳을 돌아다니고, 모든 생물의 목록을 만들고 설명을 붙였으며, 새로운 식물이 자라도록 하기 위해 노력했다. 외국 땅에서 식물 관련 산업을 개발하는 것은 기업 소속 식물학자들의 공식적인 목표였다. 이 임무를 수행하자면 일찍이 없었던 기술이 필요했다. 캘커타 식물원은 티크와 마호가니를 목재 무역 품목으로 추가했으며, 인도의 굶주린 농민들을 먹일 강인한 곡식을 배급했다. 또한 남아메리카산 금계랍나무 껍질에서 만들어진 키니네로 말라리아를 퇴치했다.

폴커너는 회사 선임 식물학자인 존 포브스 로일 박사 후임으로 식물원 원장 자리에 올랐다. 로일은 처음에 햇병아리 폴커너를 자신의 히말라야 탐사의 부책임자로 임명했고, 두 해가 지나지 않아 그를 동부 히말라야 사하란푸르 식물원의 원장 자리에 임명했다.

폴커너는 재주가 있고 박식했으며, 식물학자이면서 아마추어였지만 고생물학에도 열심이었다. 그는 진화 이론인 '단속평형론斷續平衡論(punctuated equilibrium)'을 가장 먼저 주장한 사람이었다. 이 이론은 유성생식을 하는 종들은 그 진화 사실을 보여주는 화석 기록의 대부분을 차지하는 오랜 기간 동안 진화 사실이 보이지 않다가 어느 순간 빠르게, 그리고 한꺼번에 진화가 일어난다는 주장이다. 폴커너는 히말라야에서 일하는 동안 초기에 화석화된 원숭이 두개골 하나를 발견했다. 이 사실은 찰스 다윈의 『종種의 기원』에 실려 있다. 폴커너는 그의 인도 생활 중반에 영국으로 귀국 길에 오르면서 암반에 박혀 있던 화석 뼈를 무려 5톤이나 대영박물관으로 실어 보냈다.

폴커너와 로일은 모두 인도의 위대한 생물학자 너새니얼 월리치(1786~1854)의 발자국을 따라갔는데, 그는 인도 차의 아버지라고 불러야 마땅할 것이다.

덴마크인인 월리치는 30년 이상이나 인도아대륙 식물학의 최고 권위자였으며, 캘커타 식물원을 감독했다. 한 지인은 이렇게 썼다.

> (월리치는) 젊어서 고국을 떠나 동양의 자연사와 식물학에 자신의 생애를 바쳤다. 그의 인격과 화법은 매우 흥미롭다. 그 인격은 오로지 솔직하고 호의적이며 열성적으로 과학에 기여했고, 화법은 진기한 정보를 많이 축적해 풍성해졌다.

월리치는 아마도 인도에서 재배한 차를 처음 맛본 유럽인들 가운데 하나였을 텐데, 당시 그는 그런 사실을 알지 못했었다.

19세기 전반기에 식물학자들 사이에서는 인도에 자생하는 차나무가 존재하는지, 그리고 존재한다면 어떻게 생겼는지에 관해 논쟁이 진행되고 있었다. 1817년(그가 캘커타 식물원 관리자가 된 해다—옮긴이) 동인도회사에 들어온 월리치는 당초 회의적인 쪽이어서 존재 가능성을 부정했었다. 그는 인도 식물학계를 이끄는 위치에 있었기 때문에 그의 견해는 결론이나 마찬가지였으며, 이렇게 그는 인도 차의 성공을 처음부터 거의 막아버린 셈이 됐다.

1824년 동인도회사가 버마 옆에 있는 아삼주를 병합해 영국 영토에 추가하자, 군인 출신 사업가 로버트 브루스와 차 상인 C. A. 브루스 형제가 각기 사업 거리를 찾으려고 새 영토로 들어갔다. 거기서 그들은 차나무라고 생각되는 것이 산비탈에서 야생으로 자라고 있는 것을 발견했다. 그들은 그곳 주민들과 이야기를 해보았는데, 주민들은 피로를 풀기 위해 찻잎을 우려 마시거나 씹는다고 했다. 브루스 형제는 묘목 몇 개를 개인 농원에 옮겨 심고 표본을 월리치에게 보냈다.

월리치는 마른 찻잎 몇 조각을 우려 황금빛 차의 맛을 보았고, 함께 가져온 차나무 잎 표본 전체를 다시 살펴보았다. 그러고는 그것이 또 하나의 평범한 상록수일 뿐이라고 일축했다. 이걸 어떻게 차라고 할 수 있나? 월리치는 그렇게 생각했다. 이 찻잎이 나는 곳은 해수면 높이인데, 중국차는 고도가 높은 산악 지대에서만 자란다는 것을 모두가 알고 있었다. 7년 뒤 한 인도 육군 중위가 또 다른 아삼 차 표본을 월리치에게 보냈으나, 그는 다시 한 번 인도 토산 차나무가 존재한다는 사실을 확인해 주지 않았다.

그러나 동양에서 동인도회사의 입지가 점점 더 불안정해져 감에 따라 어느 곳에서든지 차를 재배하는 방법을 찾아야 한다는 압박이 커져 갔다. 동인도회사는 1834년 중국 무역 독점권 만료를 앞두고 있었는데, 인도 총독은 영국 영토 각지에서 나는 차를 인도에서 재배할 수 있는 가능성을 더욱더 조사하기 위해 캘커타에 기구를 하나 만들었다. 보수적인 사람이었던 월리치는 아이디어도 많았지만 추종적 성향이 있어 대중의 정서에 쉽게 영향을 받았다. 인도에서 차를 생산하는 실행 가능한 방법을 찾으라고 회사에서 정치적 압력을 가하자 그는 마침내 용기를 내어 자신이 받은 잎이 사실은 찻잎이었다고 인정했다. 사실상 인도 토산 차가 '있었다'는 말이었다. 회사의 대대적인 유도가 있고 추종자인 폴커너가 있었으므로 월리치는 마침내 과학적 발견을 지지하는 위험을 떠안았다.

인도산 차에 대해 가장 회의적이었던 월리치는 이제 가장 열렬한 옹호자가 됐다. 그는 폴커너와 함께 다르질링을 탐사하고 지도를 만들기 위한 긴 여행을 떠났다. 회사가 시킴의 라자(왕)로부터 그곳을 '선물'로 받고 인도에 병합한 뒤였다. 월리치는 캘커타 식물원의 부족한 땅을 차 묘목을 위해 배정했다. 인도 구석구석에서 근무하고 있는 외과 의사들의 방대한 네트워크를 통해 토지 정보를 수집한 뒤 그는 인도아대륙에서 장래에 차 산업을 일으킬 수 있고 유지해 나갈 수 있다고 진심으로 믿게 됐다. 그는 회사의 외과 의사들을 대상으로 차나무 농장을 세울 가장 적합한 장소를 물색하는 조사를 진행했고, 결국 자신의 제자였던 폴커너가 관리하고 있는 사하란푸르 식물원을 선택했다. 고도가 높은 히말라야산맥에 위치한 이곳이 차 재배 실험장이 될 터였다.

당시 젊었던 폴커너는 차 프로젝트의 열렬한 지지자였고, 히말라야산맥에 차 씨앗을 처음 뿌린 사람이었을 것이다. 그 시험 재배에 쓰인 씨앗은 매우 품질이 낮은 것이었다. 그것은 광저우에서 밀반출해 온 것이었는데, 그곳에서는 가난한 중국 농부라도 그런 형편없는 음료를 마시라면 화를 낼 법한 수준이었다. 폴커너는 이 일에 고집스럽게 매달렸고, 결국 자신이 보기에는 겉모습이나 맛에서 중국 원산의 꽤 그럴듯한 복제물이라고 생각되는 차를 만들어냈다. 그러나 문제는 남아 있었다. 인도산 차가 영국에서 호응을 얻을 수 있을지의 여부였다.

1839년 1월, 아삼산 인도 차가 런던에 도착했다는 소식이 영국인들의 상상력에 불을 질렀다. 감식가들은 적어도 신기한 것 이상으로는 생각했고, 대단한 물건이 될 가능성도 있었다. 영국 차 거래의 큰손들과 언론 매체들은 모두 이 차가 출품되는 민싱레인 경매장에 촉각을 곤두세우고 있었다. 이 행사는 동양에서 일이 잘 풀리지 않고 있는 데 대한 여론의 불안(낮은 수준의 공황이라고까지 말할 수도 있는)을 반영한 것이었다. 영국과 중국 사이에 제1차 아편전쟁이 터지기 직전이었던 것이다.

경매 전날 밤, 인도산 차가 차 감정가들에게 전달됐다. 그들의 코와 혀가 영국 차 소비자들의 혼합 비율과 취향을 좌지우지했다. 그들의 평가는 인도산 찻잎이 짙고 질기며, 우려내면 더 쓰고, 향이 진하다는 것이었다. 그러나 그런 부정적 표현이 있었음에도 불구하고, 인도산 차는 "적정한 품질을 지닌 것"으로 선포됐다.

경매에서 처음 매대에 오른 것은 최고급 차를 담은 '찹chop(상자)'들이었다. 치열한 호가 경쟁 끝에 첫 번째 경매분 차는 기록적인 가격에 낙찰됐다. 분위기는 흥분의 도가 높아졌고, 참여자들이 흥분해서 미친 듯이 호가를 불러대면서 이어지는 품목들마다 가격은 더욱더 올라갔다.

마침내 마지막 품목인 인도 차를 경매할 차례가 됐다. 품질이 아주 떨어지고, 찢기고 손상된 찻잎에 잔가지들까지 넣어 부풀린 것이었다.

이 낮은 품질의 마지막 품목은 이전의 더 좋은 차보다도 높은 가격에 낙찰됐다. 놀랍게도 파운드(약 454그램)당 34실링(대략 168달러)이었다.

경매장에 있던 사람들은 그 낙찰로 인해 무슨 일이 일어난 것인지 깨달았다. 차에 대한 광풍이 몰아친 것이었다. 인도 차에 대한 열망은 그 신선함과 함께 제1차 아편전쟁에서 공개적인 적대 행위의 위협이 어렴풋이 나타남에 따라 촉발된 것이었다. 비록 그것을 들여오자면 앞으로 20년은 더 걸려야 하지만, 그 열망이 소멸되지는 않을 터였다.

너새니얼 월리치는 예순한 살이던 1847년에 은퇴하기로 결정했다. 이에 따라 캘커타 식물원장 자리가 비어 후계자가 필요해졌고, 폴커너를 능가할 적임자는 없었다. 그는 1845년에 왕립학회(영국 학술원) 회원이 됐고, 런던지질학회 메달도 받았다. 폴커너의 명예를 더해 준 것은 회사가 그를 캘커타의과대학 식물학 교수로 임명한 것이었다. 동인도회사 이사진은 월리치(그는 거의 30년을 회사에 봉직했다)가 너무 많은 봉급을 받았다고 생각하면서도 그가 받았던 부풀려진 임금을 폴커너에게도 계속 지급하기로 결정했다. 인도의 원예 총수 자리가 그만큼 중요했던 것이다.

폴커너는 1849년 3월에 히말라야산맥의 차 실험에 대해 생각했던 듯하다. 그는 그때 캘커타의 실험 농장을 떠나 식물원에 있는 관리자 숙소로 돌아가고 있었다. 활짝 핀 토산 난초를 지나고, 그의 멘토가 스스로 히말라야산맥에서 채집한 나무들을 자랑하기 위해 서둘러 축조한 인공 언덕을 지나고, 200개 가까운 받침뿌리가 40아르에 뻗쳐 있는 거대하고 오래된 벵골보리수를 지나서였다. 폴커너는 평화로운 관상용 호수를 지나 후글리강 너머 시체가 널린 강둑을 향했다. 언제나 마찬가지지만 산들바람에 시궁창의 악취가 실려 왔다.

그는 올해의 차나무 재배도 다시 실망스러우리라는 것을 알고 있었다. 정말로 수익이 나기에는 입수할 수 있는 씨앗이 여전히 충분치 않았기 때문이다. 폴커너는 개인적으로 포천이 헛수고를 하고 있는 것은 아닌지 의문이 들 수밖에 없었다. 중국에서도 가장 외진 지역에서 씨앗을 운송하는 것은 가장 숙련된 식물학자라도 능력 범위를 벗어난 일일 것이다.

그러나 폴커너를 골치 아프게 하는 것은 포천이 임무를 완수해 낼 것인지의 여부만이 아니었다. 그것은 히말라야에 있는 사람 문제이기도 했다. 그는 사하란푸르에서 자신의 일을 물려받은 사람에 대해 이미 의문을 품고 있었다. 윌리엄 제임슨이라는 이름의 젊은 식물학자. 히말라야에 충분한 씨앗과 묘목이 공급되고 중국인 생산 인력이 차를 만들고 포장하는 기술을 가르쳐 준다고 해도, 폴커너가 보기에 제임슨은 이 프로젝트를 적절히 관리할 준비가 돼 있지 않다는 생각이 점점 커져갔다.

인도 서북변경주 사하란푸르,

1849년 6월

영국의 인도 지배 중심지인 캘커타는 인도 변경 지역과 비교하면 질서가 잡히고 순화된 곳이었다. 캘커타의 식물원이 잘 재배되고 다듬어져 전체적으로 세련된 데 비해, 히말라야 사하란푸르의 식물원은 무성하고 자생적이었으며, 전에 옛 로힐라족의 정원이 있던 자리에 세워진 것이었다. (로힐라족은 아프가니스탄에서 온 파슈툰족 계통의 침략자로, 북부 인도를 통치하게 되자 구릉지대에 호화로운 위락용 궁전들을 지었다.)

이 지역은 날씨가 온화하고 구릉지대가 많으며 비가 많이 내렸다. 그리고 비옥한 히말라야 토양에서 모든 생명체가 잘 자라는 듯했다. 범과 표범과 살쾡이가 동화 속에 나오는 생물들처럼 진달래 핀 숲속을 어슬렁거렸다. 유명한 라지푸트 전사들이 붉은 비단옷을 입고 팔자수염을 한 채 사하란푸르 인근 산에서 근사한 말을 길렀다. 사하란푸르는 원예학적으로 페르시아와 아시아 지구 경계에 위치하고 있기 때문에 양쪽 지역에서 온 식물들이 모두 그곳에서 자랐다. 비록 원예학적으로는 천국이었지만, 백인이 그곳에서 식물을 관리하는 것은 늘 그렇듯

쉬운 일이 아니었다. 어느 차 재배자는 이렇게 썼다.

> '건강한 신체에 건전한 정신이 깃든다'는 생각은 이 끔찍한 기후에 맞서기 위해 반드시 필요하다. 일은 매우 고되고, 햇볕은 무서운 적이다. 편의시설이 매우 부족하고, 모임도 거의 없다. 그리고 건강을 잘 유지하려면 매일 습관적으로 많은 일을 자제해야 하고 신중해야 한다.

사하란푸르에서 차 산업을 일으키기 위해 헌신하고 있던 영국인들에게 그곳은 오지였고, 그 더위는 숨이 막힐 듯했으며, 생활 조건은 원시적이었다.

> 이런 불편함에 더해 하나가 또 있다. 바로 풀 수 없는 갈증이다. 갈증은 언제나 있지만 특히 심한 노동을 한 뒤에 더욱 심하다. 이때는 물을 마시고자 하는 욕망으로… 매우 고통스럽다. 이 풀 수 없는 갈증이 그곳 기후의 가장 큰 저주이며, 이는 많은 선량한 사람들이 '마티*matti*(인도의 드라비다어 계통인 텔루구어로 '땅'이라는 뜻이다—옮긴이)' 아래로 간 이유를 설명해 준다.

이런 어려움이 있음에도 불구하고 사하란푸르는 땅이 넓고 비가 많이 오는 기후여서 중국차를 처음 옮겨 심을 적지로 꼽히게 됐다.

그러나 우선은 초목이 애초에 포천이 선적했던 것과 같은 상태로 그곳에 도착해야 했다. 나중에 드러나게 되지만, 초목이나 씨앗도 모두 이동하면서 우여곡절을 겪었다.

홍콩까지 직접 묘목을 가지고 간 포천은 그것을 배편으로 부쳤다.

그러나 행운은 그의 편이 아니었다. 선적할 때 목적지는 캘커타였지만, 어떤 이유에선지 실론으로 가게 됐다. 포천이 부친 것이 중요 화물이 아니었을 수 있다. 1만 톨의 차 씨앗은 겨우 한 말(20리터)밖에 되지 않았고, 모래 담긴 자루에 따로 포장해도 기껏해야 다섯 상자에 불과했다. 포천이 보낸 1만 3천 그루의 묘목은 유리 상자에 담겨 있었는데, 식물학 표본 몇 개의 운명 따위는 보다 더 절박한 우선 과제가 있는 선장에게는 거의 관심의 대상이 되지 못했을 것이다. 날씨가 나빠 배가 연착했거나, 운임이 비싼 화물을 내리기 위해 기착지가 아닌 곳에 기착을 했을 가능성도 충분하다. 당시는 범선의 전성기였고, 상선들은 걸핏하면 온갖 이유를 대며 예정에 없던 곳에 기항을 하곤 했다. 배를 고쳐야 한다느니, 운임 흥정을 다시 해야 한다느니, 물건을 교환해야 한다느니, 심지어 계획을 잘못 세웠다는 이유까지 동원됐다.

배는 실론으로 가게 한 뭔지 모를 일을 마친 뒤 다시 항로를 되돌려 동북쪽으로 캘커타 항을 향했다. 포천의 화물이 도착하자 휴 폴커너가 책임을 대신 맡아 히말라야의 최종 목적지로 보내게 됐다. 그가 화물을 받고 확인 서명을 한 것은 봄철 홀리 축제 직후인 3월 23일이었다. 초목을 싣고 중국을 떠난 지 만 두 달이 지난 때였다. (두 달이면 준비를 마친 쾌속 범선이 홍콩에서 런던까지 가는 항로의 절반 정도인 '아프리카의 뿔(아프리카 대륙 동부의 소말리아 지역이 뿔처럼 툭 튀어나와 붙은 이름이다—옮긴이)' 부근까지 갈 수 있었다.) 비록 예기치 않게 연착은 했지만, 워드 상자가 햇빛을 쐬고 밀봉돼 소금물이 들어가지 않았다면 초목들은 틀림없이 아직 생생하고 건강할 터였다.

화물이 도착한 뒤 폴커너는 상자에 문제를 일으킬 일은 하지 않도록 조심했다. 하나를 열어서 그 안에 든 것을 살펴보고 싶었지만 참았

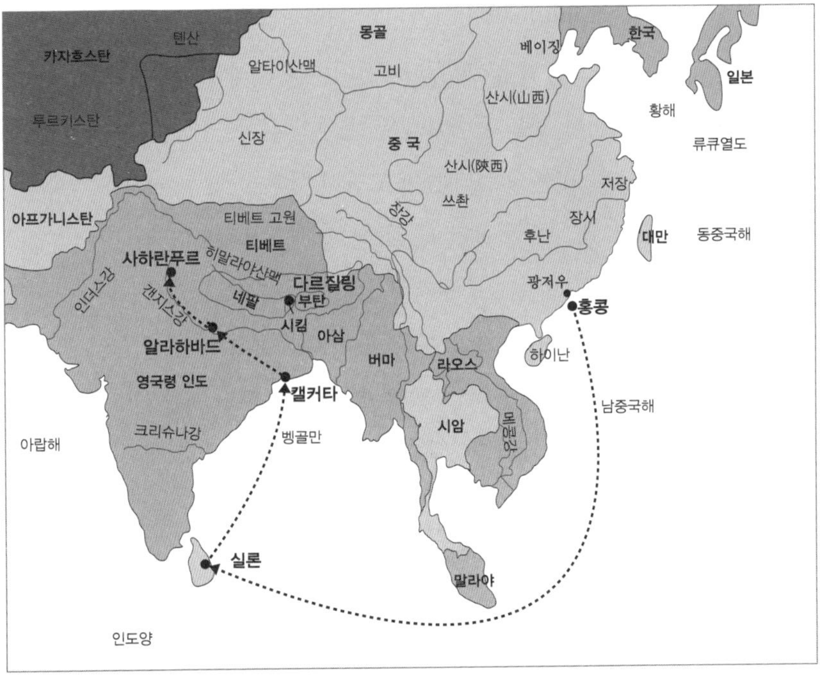

차나무 묘목과 씨앗의 운송 경로

다. 그는 유리 용기 안을 자세히 들여다보는 것으로 만족했다. 폴커너가 보기에 모든 것은 정상인 듯했다. 초목들은 스스로 잘 보전하고 있었다. 그는 상자들을 야외에 두었는데, 아주 뜨거운 햇볕으로부터도 차단했다.

상자들이 캘커타에 도착한 지 며칠 지나지 않아서 폴커너는 갠지스강을 거슬러 올라가는 알라하바드행 증기선에 이를 싣도록 했다. 캘커타에서 서북변경주로 가는 길 중간쯤에 있는 곳이었다. 문제가 생긴 것은 분명 4월 12일 그곳에서였다. 지방 정부의 고위직에 있는 한 관리(그 이름은 이후 전해지지 않았다)가 자신이 할 수 있는 최악의 사고를 쳐다. 상자를 열어버린 것이다. 그것은 정말로 이해할 수 없는 충동이었다. 그 귀중한 화물의 상태를 확인하려는 욕구에 끌려 그 관리(또는 그의 부하)는 밀봉한 것을 뜯어버리고 말았다. 심지어 그는 자기 상관에게 안의 초목이 잘 보존돼 있다는 보고까지 했다.

알라하바드에서 다른 배로 옮겨 싣는 데는 생각보다 시간이 더 걸렸다. 그해는 가뭄이 들어서 갠지스강의 수심이 얕았는데, 이는 여름 첫 장마로 비가 내릴 때까지 묘목을 증기선에 싣고 강을 거슬러 올라가 히말라야의 회사 식물원으로 보낼 수 없다는 의미였다. 우기가 시작되려면 아직도 6주를 기다려야 했다. 그렇지만 한 보고서에 따르면 차나무는 원예사들이 보살펴서 상태가 좋았다고 한다.

사하란푸르 산악의 차 실험 농장으로 가는 긴 여정의 마지막 구간은 처음에는 증기선으로, 그리고 다음은 소달구지로 가는 것이었다. 히말라야에서는 회사의 그곳 식물학 전초기지를 맡고 있는 윌리엄 제임슨이 포천이 보낸 차를 인수하게 될 터였다.

높은 산에 새로 도착한 포천의 차가 접수돼 점검을 마쳤다. 결과는 처참했다. 1만 3천 그루의 묘목 가운데 겨우 1천 그루만이 살아남았고, 살아남은 것들도 곰팡이를 뒤집어쓰고 있었다. 유리 상자에서는 퀴퀴한 썩은 내가 났다. 포천이 첫 번째로 실어 보낸 차의 성공률은 처량하게도 7퍼센트에 불과했다. 제임슨은 낙망하지 않고 초목을 구하기 위해 자신이 할 수 있는 일을 다했다. 죽은 것을 골라내 버리고, 겨우 살아 있는 것을 보살폈으며, 사하란푸르의 말리들을 시켜 얼마 안 되는 튼튼한 표본을 비옥한 산악 지대에 이식하도록 했다. 그러나 그런 단계적인 조치를 취하고 난 뒤에 포천의 첫 번째 선적분의 생존율은 단 3퍼센트로 떨어졌다.

씨앗의 운명은 더욱더 절망스러웠다. 제임슨은 이렇게 썼다.

결과는 완전한 실패였습니다. 씨앗은 한 톨도 싹을 틔우지 못했습니다. 제가 얼마 전에 씨앗의 상태를 확인하기 위해 모판에서 일부를 파내 보았더니 모두 썩어 있었습니다.

포천은 꼬박 1년을 보내며 계획을 세우고 채집하고 포장하고 희망을 품었지만, 인도에서의 차 프로젝트를 진전시키기 위해서 한 일이 아무것도 없었다. 그는 히말라야 차 실험에 쓰일 묘목에 공헌한 것이 아무것도 없었다. 대성공으로 끝났어야 할 그의 차 채집 첫해의 결말은 에너지만 낭비하고 쓸데없는 차나무만 남긴 참사였다.

동인도회사의 신사적인 외관 뒤에는 숨겨진 경쟁의식이 있고, 폭발할 듯한 긴장 관계가 있었다. 인도의 회사 식물원 네트워크 안에서는 이런 마찰이 종종 차 재배 문제에 집중됐다. 인도아대륙의 '군소' 식물원들은 상대적인 의미에서 그렇게 표현하는 것일 뿐이다. 면적 기준으로 히말라야의 차 실험 농장은 캘커타 식물원보다 더 넓은 땅을 보유하고 있었다. 그러나 캘커타 식물원은 식민 당국의 인증을 가지고 있었고, 회사의 위계상 당국은 언제나 존중돼야 했다. 캘커타 식물원의 관리자인 폴커너는 명령을 내릴 수 있고, 지방 식물원들은 이를 따라야 했다. 사하란푸르 식물원의 관리자인 제임슨은 그렇게 명령을 따라야 하는 원예사 가운데 하나였다.

폴커너와 제임슨은 모두 스코틀랜드인이었다. 둘 다 외과 의사이자 생물학자였다. 둘 다 스코틀랜드 최고의 과학자들에게서 배웠다. 둘 다 동인도회사에 고용돼 인도아대륙에서 일하고 있었다. 둘 다 차 실험의 운명에 대해 열정적이었고, 거의 자신의 일이라고 생각하는 듯한 관심을 가지고 있었다. 그러나 공통점은 그것으로 끝이었다.

젊은 제임슨은 폴커너에 비해 전문가적인 세련미가 상당히 부족하고 좌충우돌하는 유형이었다. 의무대의 다른 생물학자들이 아무도 가지 않았던 땅의 지도를 만들고 자연사의 수수께끼를 푸는 동안 제임슨은 자신도 모르는 사이에 범법자로 페샤와르에서 감옥에 갇혀 있었다.

그는 널리 학문을 익혔다거나 상상력이 풍부해서 높은 자리에 오른 것이 아니었다. 식민지 고위층을 끈질기게 따라다녔기 때문이고, 더욱 가능성이 높은 것은 집안이 괜찮았던 덕분이었다. 제임슨의 삼촌인 로버트 제임슨(1774~1854)은 유명한 지질학 교수이자 인도 전문가로, 월리치와 폴커너의 동료이고 찰스 다윈의 스승이었다. 윌리엄 제임슨은 정치적으로 충분히 영리해 삼촌의 지위에 편승할 수 있었다.

제임슨은 모든 공식적인 편지에 끝도 없이 긴 답장을 하곤 했다. 그는 여러 사안에 대해 복잡한 절차를 정하고 상세한 지시를 내렸는데, 전에는 그렇게 고생스럽게 관심을 기울일 필요가 없던 일들이었다. 그러나 요식 체계에서 그를 출세할 수 있게 만들었을 이런 기술들은 식물학에서는 거의 써먹을 수 없는 것들이었다. 제임슨은 소책자들도 썼다. 이런 책들에서 그는 식물원 설계에 관한 이론, 날씨의 상태, 중국(그는 거기에 가본 적도 없었다)의 정치 상황, 재배 중인 모든 품종을 가꾸는 최선의 방법 등을 장황하게 늘어놓았다. 빠짐없이 늘어놓았지만 그의 제안은 상사들이 채택하는 경우가 별로 없었고, 때로는 완전히 무시됐다.

제임슨은 히말라야 차밭을 공장이라 생각하고 운영했으며, 사람과 자원 관리에 주로 관심을 기울였다. 그가 정부에 보낸 편지들은 현대의 여느 사업 계획처럼 철저하게 계산됐다. 상세한 크기와 규모 이야기가 빽빽하고, 인력과 자산을 늘려주면 단위면적당 수익을 얼마나 올릴 수 있는지를 서술했다.

정부는 결국 제임슨을 책망하지 않을 수 없어서, 그의 열정을 좀 자제하라고 요구했다.

> 실험이 최대한의 규모로 이루어져야 한다는 것이 동인도회사 이사회의 분명한 바람이기 때문에 부총독께서는 궁극적으로 도달해야 할 사업 확대에 관한 당신의 제안을 기꺼이 승인하셨습니다. 그러나 당신이 제안한 대로 그렇게 많은 인원을 도움이 되도록 고용하려면 어느 정도의 시간이 지나야 합니다. 당신이 완전하고도 이익을 남길 수 있게 채용할 수단을 갖추기 전에는 인력을 확대하지 말아야 함을 유념하시기 바랍니다.

경영과 사업 계획이 가치 있는 기능이긴 하지만, 이로 말미암아 제임슨은 식물학 연구에서 멀어졌다. 그가 관리를 맡으면서 나무들은 잘 자라지 않았다. 그가 이 문제에 대해 열성을 보이기는 했지만, 그에게는 식물학 지식이 부족했고 어떤 현안 문제를 철저히 파고들지 못했기 때문에 번번이 실패하고 말았다. 제임슨은 모든 것을 기록하는 데 열심히 달려들고 상사의 승인을 얻어냈음에도 불구하고 과학 때문에 실패한 것이다. 그는 원예사들을 지휘하는 자리에 고용됐지만, 그가 줄곧 공부해 온 것은 동물학과 지질학이었다. 차에 대해서 쓴 제임슨의 지루한 글을 읽다 보면 성당 오르간 연주자의 베토벤 연주회를 듣는 것 같은 생각이 든다. 악보대로 음은 냈지만 음악은 틀린 것처럼 들리는, 작품의 자연스러움이 사라진 연주.

제임슨의 과학적 오류는 수가 많았고, 비싼 대가를 지불했으며, 쉽게 피할 수 있었다. 예를 들어 그는 차나무에는 두 가지 다른 품종이 있다는 것을 금과옥조로 받아들였지만, 런던에서는 현장에서 차나무를 연구해 본 적 없는 사람들이 실험실이라는 제한된 곳에서 관련 연구를 했고 반면에 포천은 이와 상충되는 자신의 발견을 발표했다. 제임슨 자신이 맡고 있던 히말라야 식물원에 실험해 볼 수 있는 차나무가 있었지만 그는 전해 들은 과거의 지식을 받아들였고, 스스로 추가적인 연구는 전혀 하지 않은 채 기존 지식을 인정했다. 따라서 그는 한 가지 쉽게 고칠 수 있는 착각을 안은 채 방대한 회사 식물원을 설계했다.

이는 그저 제임슨이 종종 틀렸다는 말이 아니다. 뻔한 사실을 보고도 반대 입장을 계속 견지했다는 것이다. 식물원의 중국인 일꾼들이 녹차와 홍차는 같은 나무에서 만들어지는 것이라고 말했지만, 그는 이들의 한 단계 높은 지식을 무시해 버렸다.

더욱 한심한 일은 그가 사실상 차나무를 죽이고 있었다는 것이다. 히말라야 식물원에서는 차나무를 재배하기 위해 평지를 골라 물을 흘러넘치게 하는 물대기 방법을 썼다. 질퍽거리는 땅에서 물을 많이 공급받은 나무들이 만성적으로 병색을 보이는데도 그는 여러 해 동안 이 방법을 사용했다. 제임슨이 관찰력을 발휘했다면 차나무가 사실은 험하고 경사진 지형에서 잘 자란다는 결론을 내렸을 것이다. 차나무(학명 *Camellia sinensis*)의 뿌리는 배수가 잘되는 곳을 필요로 한다. 그렇지 않으면 나무는 침수되고 곰팡이가 피어 건강한 어린 싹을 틔우지 못한다. 포천은 첫 번째 중국 여행 뒤에 이미 중국의 차 재배에 관한 저술을 발표한 바 있지만, 제임슨은 당시의 과학에 대해 전혀 관심을 기울이지 않은 듯하다.

가장 치명적이었던 것은 제임슨이 워드 상자의 바탕이 됐던 이론에 대해 알지 못했던 일이다. 제임슨은 상사에게 이렇게 썼다.

> 알라하바드에서 오는 동안 줄곧 물을 주었습니다. 그렇게 하지 않았더라면 나무가 그렇게 많이 살 수 없었을 것입니다.

그는 이런 자신의 생각이 폴커너에게 전해질 것을 알고 있었을 텐데도(다른 모든 회사 사람들도 마찬가지다) 이렇게 썼다. 폴커너는 당연히 격노했다. (모든 연락 사항은 비공개라고 명시되지 않는 한 공개됐다. 비공개라고 한 경우에도 식민 정부 세입부稅入部는 이를 무시하기로 악명이 높았다.)

보내온 것을 떼죽음에 이르게 한 것은 전적으로 제임슨의 (또는 그의 지시를 따른 사람들의) 무능력만은 아니었다. "상자의 유리 또한 여러 개가 깨져 있었다"고 그는 썼다. 그리고 언제나 회사의 충성스러운 사원으로서 당연히 이 문제에 대해 다음과 같은 급전을 보냈다.

> 앞으로 중국에서 상자를 보낼 때는 아래 사항들을 유념해야 합니다.
>
> 신중한 말리 하나가 (캘커타에서) 상자를 따라가도록 해야 하며, 식물원을 떠나기 전에 드라이버를 하나 주고 상자 틀을 분해하는 방법을 가르쳐주어 초목에 때때로 물을 주고 이튿날 틀을 다시 조립하도록 해야 합니다. …
>
> 상자가 알라하바드에 도착하면 정부 마차에 실어 사하란푸르로 보내

야 하는데, 이 목적에 적합하게 햇볕을 차단할 덮개로 잘 덮고 신중한 사람이 관리하도록 해야 합니다.

만약 누구든 상자와 관련한 제임슨의 지침을 지키려고 노력했다면, 그 때문에 모든 초목은 확실히 죽어 도착했을 것이다.

그는 마찬가지로 앞으로 씨앗 선적을 살피는 문제에 관해 새롭고도 별난 지침을 제안했다.

씨앗에 관해서.

캘커타에서 씨앗을 받으면 꾸러미와 상자는 곧 식물원의 관리자에게 보내야 하며, 관리자는 지침을 받아 그것을 열고 검사한 다음 절반은 편지를 넣어 꾸러미로 사하란푸르로 보내고 나머지 절반은 화분이나 상자에 심어 싹이 틀 때까지 식물원에 두고 그때 자라는 나무를 신중한 사람의 책임하에 증기선 편으로 알라하바드에 보내야 합니다.

제임슨은 여기에는 역사 속에 선례가 있다고 단언했다. 인도에 딱 하나 더 있는 중국 차밭은 전에 광저우에서 씨앗을 수송해 키운 것인데, 같은 방식으로 인도아대륙에 왔다는 것이다.

월리치 박사는 중국에서 고든 박사로부터 씨앗을 받아 싹 틔워 (히말라야) 농장에 첫 번째 차나무를 공급하게 됐고, 이로부터 지금 크게 성장한 농장이 자리를 잡았습니다. 이런 방식을 채택하면 성공의 기회가 두 번으로 늘어나며, 씨앗이 너무 오랫동안 흙과 떨어져 있으면 농장에서 싹을 틔우지 못하니 캘커타에서 그렇게 해야 합니다.

포천이 보낸 씨앗은 아마도 인도에 도착했을 즈음에는 죽었던 듯하며, 제임슨의 제안은 어느 쪽이든 아무런 의미가 없었다. 캘커타에서 씨앗을 받는 즉시 심는 것은 그것을 어떻게 하면 살릴 수 있느냐에 관해 과거의 증거에 기초해 만든 합리적인 이론이었지만, 아마도 틀린 얘기였을 것이다. 고든이 전에 선적한 씨앗은 광저우에서 채집한 것이어서 수확과 선적 사이의 시간은 무시해도 될 정도였다. 몇 주나 길어야 몇 달이었을 것이다. 그러나 포천이 보낸 씨앗은 왕가의 고향인 슈닝현에서 채취한 것이었다. 몇 달 동안 배로 강과 운하를 여행해 상하이에 닿았고, 거기서 몇 주일 동안에 걸쳐 다시 짐을 꾸렸으며, 배편으로 홍콩으로 보내 다시 하역했고, 다시 인도 가는 배에 실었고, 실론으로 우회했다가 거기서 캘커타로 왔다. 모두 해서 적어도 여섯 달이라는 기간이었다. 인도에서 씨앗을 싹 틔우고자 한다면 포천은 그저 씨앗을 모래 주머니 속에 넣고 최선의 결과를 기대하는 것 이상의 선적 방법을 찾을 필요가 있을 것이다. 이후로는 좀 더 과학적으로 씨앗을 다룰 필요가 있었다.

제임슨은 무엇이 잘못됐는지에 대한 자신의 이해를 확신한 나머지 시스템을 만지작거리고, 실패에 대한 비난의 화살을 다른 누군가에게 돌렸다. 분명히 폴커너는 상자들이 캘커타에 도착했을 때 그것을 검사하지도 못했고, 그것을 안전하게 알라하바드로 보낼 수 있도록 적절하게 제공하지도 않았다. 비난받아야 할 것은 폴커너의 형편없는 원예 기술이었다. 제임슨은 그 이유를 이렇게 설명했다.

> 내가 여기서 말하고자 하는 것은 알라하바드의 관계자들이 상자를 받고 취한 조치들이, 초목이 그곳에 좋은 상태로 도착했을 경우 취했다면

대성공이었을 그런 방법이라는 것입니다.

폴커너의 대응은 간단했다. 제임슨에게 워드 상자와 그 원리에 관한 과학 기사를 보내준 것이다. 그는 복사본을 서북변경주에 있는 제임슨의 상사와 캘커타에 있는 인도 세입부, 그리고 런던 동인도회사의 로일에게도 보냈다. 포천까지도 제임슨과 폴커너 사이의 통신 내용을 전달받았다. 사실상 지휘 계통에 있는 모든 사람이 인도에 있던 두 라이벌 원예사 사이의 갈등을 본 셈이었다.

닝보-우이 간 차의 대로,
1849년 5~6월

5월 중국의 강둑은 새로 핀 꽃들로 붉게 물들어 있었다. 싹은 가지 위에 활짝 피어났다. 사과·버찌·산사나무 꽃이 태양을 향해 자연 세계가 깨어났음을 알렸다. 포천은 봄이 되면서 새로운 큰일을 진행하고 있었다. 그는 또 다른 작은 배 하나를 얻어서 작은 조약항인 해안 도시 닝보를 출발해 푸젠의 홍차 산지로 떠났다. 이제 그는 최고의 노획물을 눈앞에 두고 있었다.

그는 뱃머리에 서서 따스한 소금 바람 속에 부둣가에서 일하고 있는 일꾼들을 바라보았다. 그는 다시 중국 내륙 깊숙한 곳으로 가고 있었다. 장강 하구에서 출발한 그는 남서쪽으로 여행해 유명한 우이산맥으로 갈 예정이었다. 최고급 홍차가 나는 곳이었다. 자신이 밝혀냈듯이 홍차와 녹차는 같은 나무에서 따서 만들어지는 것이지만, 두 품종은 결코 같은 곳에서 자라지 않는다. 포천은 가장 유명한 산지에서 홍차 나무를 구하고자 했다.

그는 어떤 노정을 거쳐야 두 번째 찻잎 채취에 맞춰 그곳에 도착할 수 있을지에 대한 믿을 만한 정보가 없음을 우려했다. 그는 이렇게 적었다.

> 나는 약간 울적한 기분이었다. 나는 내가 가고 있는 이 길이 매우 긴 여정이고 아마도 위험이 가득할 것이라는 사실을 내 마음에서 숨길 수 없었다. 내 앞길에는 거의 알려지지 않은 땅이 놓여 있었다. … 그러나 주사위는 던져졌고, 나 자신을 '그분'의 보호하에 맡겼다. 어느 곳에서나 우리를 한결같이 지켜주실 수 있는 분이다. 나는 여정에서 부딪칠 어려움과 위험을 즐거운 마음으로 맞자고 결심했다.

그가 부친 녹차가 잘 도착할 수 있을까 조바심하며 생각하던 겨울은 이제 지나갔다. 그는 아직 워드 상자에 담아 보낸 차의 운명에 대해 아무런 소식을 듣지 못했고, 앞으로 적어도 몇 달 동안은 소식을 듣지 못할 것이다. 그가 알기로 자신이 보낸 녹차 묘목은 히말라야에 안전하게 도착했고, 모든 일은 잘돼 가고 있었다.

홍차 산지인 우이산맥으로 가는 여행은 이제까지 포천이 했던 여행 가운데 가장 대담한 것이었다. 그는 자신이 알기에 어느 서양인이 갔던 것보다도 더 깊숙이 중국 내륙으로 들어가 위험한 지역을 여행하려 하고 있었다. 그는 배와 가마와 도보로 석 달에 걸쳐 여행할 계획을 세웠다. 300킬로미터가 넘는 여행이었는데, 대부분 육로였고 모두 지도에 없는 곳이었으며 거의 모두가 산을 오르는 것이었다. 그는 서양에 보히(영어의 'Bohea'는 '武夷'의 변형 발음인데, 현대의 공식 표기인 'Wuyi'를 대신해서 아직도 산의 이름과 홍차 이름으로 널리 쓰이고 있다 — 옮긴이) 산지로도 알려진 우이산맥에서 영국인의 입맛에 가장 적합한 차를 찾으려 하고 있었다. 가장 색깔이 진하고 가장 부드러운 오룽차였다. (영국에서 홍차 수요가 늘어난 것은 상당 부분 서인도제도와 카리브해 지역에서 설탕이 과잉 공급됐기 때문이다. 홍차는 설탕이 필요하지만 녹차는 그렇지 않다. 녹차에 염료를 탄다는 사실을 포천이 발견한 이후 영국인들의 취향은 더욱더 홍차로 바뀌었다.)

그때까지 인도에는 홍차 밭이 없었고, 녹차 밭뿐이었다. 거기서는 아무도 정말 어떻게 홍차를 만드는지 알지 못했고, 중국에서 데려온 원예사들도 어쨌든 홍차 묘목을 입수하지 않았다. 포천이 최고의 홍차 산지에서 홍차 묘목을 입수하지 못하고 유럽에 돌아온다면 그는 동인도회사의 가장 큰 지시를 소홀히 한 셈이 될 것이다.

왕가와 쿨리는 이 여행에 포천을 따라가지 않게 됐다. 처음에 그는 자기 대신 그들을 우이산에 보내려고 생각했다. 반란군이 시골 지역을 휩쓸고 있는데 지도에도 없는 중국의 농촌을 여행해야 한다고 생각하니 겁이 났던 것이다. 포천은 그들이 자신을 대신할 수 있다고 확신했다. 왕가와 쿨리는 식물 채집자로서 꽤 잘 훈련을 받았고, 포천이 탐사를 가면 무엇을 찾는지 알고 있었다. 그러나 그는 이전 여행에서 인내의 한계에 다다랐다. 그들의 끊임없는 음모와 책동에 모두 닳아 없어진 것이다. 그는 채집을 포기할 수도 없었고, 그들을 전적으로 믿을 수 있다고 생각지도 않았다. 그는 하인들이 정말로 우이산맥까지 전 노정을 다 가서 묘목을 채집한 것인지 중간의 질이 낮은 홍차 밭에서 가져온 것인지 알아낼 방법이 없을 터였다. 그는 또한 왕가와 쿨리가 초목 채집을 하지 않을 때는 내륙 지방에서 긴 휴가라도 얻은 듯이 시간을 (그리고 회사의 돈도) 허비할 것이라고 추측했다. 언제나 진취적인 여행자였던 포천은 자신이 직접 가고 있었다. 그는 이렇게 썼다.

높은 산들을 지나 널리 알려진 우이산을 찾고자 하는 오랜 욕구 또한 있었을 것이다.

그러나 왕가는 그가 쓰지 않을 수 없었다. 포천은 여전히 쑹뤄산과 왕가의 고향으로 갔던 일이 매우 성공적이었다고 생각했다. 하지만 만일의 사태에 대비하고 확신을 더 갖기 위해 그는 2차로 녹차 씨앗을 수집해 이듬해에 심을 수 있도록 하면 그의 마지막 불안이 누그러질 것이라고 생각했다. 그렇게 하는 데 드는 비용은 어쨌든 무시해도 좋을 정도였다. 그저 왕가가 시간을 들여 여행하는 비용만 지불하면 되는 것이었다. 그래서 그는 통역이었던 왕가에게 고향으로 돌아가 다시 녹차 씨앗을 수집하도록 지시했다.

포천은 이제 긴 여행에 자신과 함께 갈 새 하인이 필요했다. 그래서 그는 덴트빌사 매판들에게 두루 수소문한 끝에 글을 아는 하인 하나를 고용했다. 싱후라는 이름의 뚱뚱한 사람이었다. 자부심이 있고 위엄 있는 태도를 지닌 싱후는 "힘이 있고 기백이 넘쳤"으며, 베이징의 황실 인척인 고위 관원을 모신 적이 있었다. 그가 좋은 자리에 있었던 것은 어깨를 쫙 펴고 목을 자랑스럽게 늘인 모습에서 분명하게 볼 수 있었다.

싱후는 이전 사무실에서 쓰던 휘장을 가지고 왔다. 황실의 상징 그림이 들어 있는 작은 삼각형 깃발이었는데, 그는 그것이 이전 주인이 선물해 준 것이고 전국 어디서나 일종의 만능열쇠처럼 쓰일 수 있다고 말했다. 황제에게 충성해야 하는 모든 사람에게 이 깃발은 그 소지자가 황실의 보호를 받는 사람임을 표시하는 것이었다. 포천은 이렇게 회상했다.

솔직히 말하자면 나는 그 깃발의 힘에 대해 다소 회의적이었지만, 그가 마음대로 하도록 내버려두었다.

하인은 그 깃발을 늘 가지고 다녔고, 돌돌 말아서 언제라도 펼칠 수 있도록 했다.

싱후는 우이산맥이 있는 푸젠성 출신이었다. 그 지역 방언인 푸젠말을 한다는 의미다. 중국에는 공식적으로 쓰이는 표준말이 있지만 각 지방에서는 독자적인 방언을 쓴다. 외지 사람들은 거의 알아들을 수 없을 정도다. 포천의 더듬거리는 중국어는 상하이 말(상하이 지역의 공식 언어)의 혼성어에 가장 가까웠을 것이다. 그가 상하이에서 고용한 사람들로부터 배운 것이기 때문이다. 그는 또한 중국에 파견된 대부분의 상인이나 공무원들처럼 광둥 말 비슷한 것도 썼겠지만, 대체로는 혼성어로 대화했다. 그는 오지인 푸젠 산골에서는 거의 말이 통하지 않을 터였다. 싱후는 그의 새 대변인이었다.

포천은 지난 여행에서 외국인으로 눈에 띄는 일에 대해 두려움을 느꼈었는데, 그것이 이번 여행에서는 좀 누그러졌다. 이전 녹차 채집 여행에서 있었던 걱정스러운 충돌은 대부분 하인들 때문에 일어난 것이었다. 그의 중국어는 어색했지만, 이제는 그럭저럭 통할 만큼은 됐다. 그는 젓가락질을 잘했고, 그의 옷은 그를 중국 사람처럼 보이게 했다. 이제는 보다 확신이 생겨서, 포천은 아무도 자신을 전혀 알아볼 수 없을 것이라고 생각했다. 그는 해안에서 상당히 멀리 가고 있었고, 그 지역 사람들은 아무도 서양인의 모습을 보지 못했을 것 같았다.

이 여행에 위험이 없었다는 것은 아니다. 농민반란이 일어났다는 소문과 더불어, 포천은 아직 싱후에 대해 확신을 하지 못하고 있었다.

내가 데리고 간 하인은 전적으로 의존할 만한 인물은 아니었다.

그러나 그는 적어도 왕가와 쿨리의 노골적인 깡패 기질과는 달라서 환영할 만했다. 만약 관원들이 학살되고 가난한 사람들이 자기네가 고통받은 것에 대한 보복을 하려 한다면(푸젠 산악 지대에서 실제로 그런 일이 일어나고 있다고 했다) 지위 높은 고관임을 보여주는 포천의 비단옷은 큰 보호막이 되기는 어려울 터였다. 그 지역 방언을 구사하고 황실의 삼각형 깃발을 지닌다면 그가 얻을 수 있는 모든 도움을 받을지도 몰랐다.

싱후는 자기 주인의 짐을 똑바로 실으라고 뱃사람들에게 고압적으로 명령한 뒤, 포천에게 이제 여행을 시작할 시간이라고 알렸다. 포천은 다른 '풍채'를 지녀야 했고, 완전히 중국옷을 입었다. 포천의 땋은 머리는 여전히 그의 등에 내려뜨려져 있었다. 그는 서양식 복장(딱딱한 창을 한 구두와 단추 달린 재킷)을 버리고 폭이 넓고 미끈하게 늘어진 중국 관원의 옷을 입었다.

그는 이렇게 썼다.

나는 내 가장 가까운 친구라도 나를 알아볼까 싶었다. 나 스스로도 자신을 알아보기 힘들었다.

"잘하실 겁니다." 싱후가 그에게 말했다.

포천과 싱후, 그리고 그들의 짐을 실은 배는 천천히 상류로 거슬러 올라갔다. 사공들은 굽이에서 상앗대질을 하면서 서로를 불러댔다. 그들은 배를 타고 성벽에 둘러싸인 도시들을 지났다. 그 성들은 중부 유럽이 야만 상태로 군거하던 수천 년 전에 지어진 것이었다. (중국에서는 그 시기에 고도로 발달된 문명과 사회 조직을 갖추었고 뛰어난 업적을 이루었다.) 그들은 고대에 만들어진 운하망을 통해 여행했는데, 운하는 중국에 거미줄처럼 뻗어 있어 방대한 중원 지역을 다른 모든 중요 지역과 연결해 주었다.

며칠 지나지 않아서 배는 운하의 교차 지점인 병목에서 교통체증을 겪었다. 50척의 배가 속수무책으로 어깨를 부딪치며 떠다니고 있었다. 포천의 배는 권양기捲揚機 순번을 기다리느라 줄을 서 있었다. 그 기계가 배를 들어 수위가 높은 운하 진입로로 옮겨주는 것이다. 기슭에 있는 일꾼들이 권양기의 밧줄을 각 배의 뱃머리에 매어 조금씩 조금씩 들어올리고 있었다. 지체된 시간은 한 시간 정도에 불과했다. 중국에서의 평균 대기시간을 생각하면 아주 긴 시간은 아니었다. 애초부터 전혀 서두르는 법이 없는 강의 사공들은 모두 이 시간에 일광욕을 하거나, 침이나 퉤퉤 뱉고 있거나, 마작을 하거나 해서 여유 시간과 봄날의 햇볕을 즐겼다.

그런데 줄의 끄트머리에 배를 댄 한 사내만은 달랐다. 씩씩거리며 침을 뱉고 욕을 하며 점점 더 참을성이 떨어져 나간 듯했다. 이 화난 사공은 자기 배를 저어 포천의 배 쪽으로 다가오면서 다른 배들을 쳐서 비키게 하고 고함을 지르며 비키지 않으려는 배가 있으면 위협을 했다.

사공들은 모두 모른 체하고 그 말썽꾼에게 길을 내주었으나, 그가 포천의 배에 이르자 선장이 소리쳤다.

"이 배는 지나갈 수 없다!"

아마도 싸움을 일으키려 했다기보다는, 포천을 흡족하게 하려는 노력이었을 가능성이 높았다. 그는 뱃머리를 운하 벽에 쑤셔 넣고 틈을 막아 화난 사공이 지나가지 못하게 했다.

이제는 싱후도 소동에 뛰어들어 아무도 자기 주인에게 도전하지 못하게 해야겠다고 작정했다.

"그래? 하지만 난 지나갈 거야!" 난폭한 사공은 거칠게 내뱉었다. 싱후가 되받아 소리 질렀다.

"이 배에는 고관께서 타고 계시단 말이다! 네가 무슨 짓을 하고 있는지 알아?"

"고관이 뭐 말라비틀어진 거야?" 화난 사공이 소리쳤다. 여러 사람이 다 가지고 있지만 말하는 사람은 거의 없는 감정을 표출한 것이었다. "나는 가야 해!"

"그래? 좋아." 싱후가 조용히 대답했다. "어디 한번 보지." 그는 선실로 내려가 호신부인 노란색의 삼각 깃발을 짐보따리에서 꺼내 펼쳤다. 그는 다시 햇볕 아래로 나와 혼자서 미소 지으면서 깃발을 돛대에 높이 매달았다.

"자!" 싱후가 비아냥댔다. "이제 지나가 보시지?"

포천은 소란을 피우던 선장이 물러나 주절주절 변명을 하며 "한순간에 양처럼 온순"해지자 할 말을 잃었다. 그 이후로 그는 아무 짓도 하지 않고 배꼬리에 앉아 눈을 내리깔고 운하의 다른 모든 사람처럼 차례가 오기를 기다렸다.

포천은 미소를 지었다. 아마도 그는 결국 이 시골을 안전하게 여행하게 될 것이다. 그리고 다가올 여정에는 그가 생각했던 것보다 더 행운이 흩뿌려져 있을 것이다. 싱후의 깃발은 그가 중요한 관원 즉 라오예老爺임을 표시해 주고 있었다.

포천은 중국 내륙으로 더 깊숙이 들어갔다. 배를 타고 저장성의 작은 도시들을 지나고 나서는 가마를 타고 오솔길을 여행해 장시성을 지나갔다. 그가 황폐한 마을들을 지날 때면 거지들이 그에게 달려와 앙상한 손을 내밀며 몇 푼의 동전이나 뭐든지 바꿀 만한 것을 구걸했다. 포천은 애원하는 사람들의 가난에 마음이 움직였으나, 그들의 거칠거칠한 얼굴과 없어진 팔다리를 보고는 몸서리를 쳤다. 그는 중국 농민들이 복수심에 불타고 무관심한 자기네의 신들로부터 가면 갈수록 더 큰 고통을 당하는 것을 깨닫지 않을 수 없었다.

홍차 산지로 가는 여행은 천천히 올라가는 길이어서 목적지에 도착하려면 거의 석 달이 걸릴 듯했다. 때는 1년 가운데 가장 아름다운 계절이었다.

낮은 지대는 이제 더욱 넓어졌다. 산들이 물러나는 것처럼 보이고, 아름답고 풍요로운 강변이 눈앞에 나타났다. 소나무 숲이 시골 곳곳에 보였다. 소나무 숲은 죽은 사람들의 마지막 안식처가 있다는 표시였는데, 안락하고 아름다워 보였다.

중국인들은 조상에 대한 존경의 표시로 무덤이 있는 곳에 종종 나무를 심었다. 풍요로운 장강 유역의 완만한 구릉지대에서 중국 해안 산맥으로 접어들면서 포천은 임무를 수행하기 위해 놀라우면서도 불안이 도사리고 있는 지역으로 들어갔다.

얼핏 보면 제비가 점점이 날고 있는 아름다운 경치였다. 그러나 자세히 살펴보면 중국의 풍경은 견딜 수 없는 것이었다. 무성한 초목이 오래된 건물을 기어올라 쓰러져가는 오두막집까지 뻗치고 있었다. 장미꽃을 활짝 피게 한 초여름의 날씨는 사람이 만든 건물에는 무정한 것이었다. 이 지역에 있는 농가들은 모두 단순하고 약해 보였다. 마치 어느 순간에라도 다시 땅속으로 꺼져버릴 것 같았다. 이 지역에는 강풍이 휘몰아쳤고, 그해에 큰 홍수 피해를 당했다. 한때 중국에서 가장 풍요로운 지역 가운데 하나였던 곳이 연이은 자연재해로 황폐해졌고, 기근으로 사람들이 모두 마을을 떠나지 않을 수 없었다. 혹독한 기후 때문에 성장하는 나라 중국이 얻을 수 있는 경작지의 양은 언제나 부족했다. 여기에 청나라 시기는 비교적 평화로웠기 때문에 18세기에 인구가 두 배로 불어났다. 1849년을 기준으로 하자면 그 어느 때보다도 많은 농민이 더 작은 경작지에 매달려 있었고, 홍수와 가뭄이 번갈아 닥쳐 애써 농사지은 것마저 허사로 돌아가고 말았다.

포천은 가마를 타고 가면서 일꾼들이 차 상자를 장대에 묶어 어깨에 메고 옮기는 것을 보았다. 그들은 이동 중인 개미 떼처럼 줄을 지어 걷고 있었다. 차를 나르는 대열과 이 지역에 거지가 그렇게 많다는 사실은 서로 아무런 연관이 없는 것처럼 보였다. 그러나 거지들이 그곳으로 모여든 이유가 있었다. 바로 유명한 비단길과 마찬가지로 이 '차의 길'이 청 제국의 무역에서 가장 중요한 길 가운데 하나였기 때문이다.

당시 차 판매 수익은 연간 거의 2600만 달러(현재 가치로는 약 6억 5000만 달러에 해당)에 달했다.

당시는 사람들이 많이 다니는 길에서 그렇게 멀리 벗어나기에는 불안한 시기였다. 제1차 아편전쟁이 중국 사람들에게 가한 일격은 이제 내륙에서도 느낄 수 있었다. 중국이 서양에 굴욕을 당함으로써 인플레이션이 초래됐다. 곤경에 처한 농민들이 전쟁 부채 때문에 급격하게 평가절하된 화폐로 세금을 냈다. 외국 열강은 유리한 교역 조건을 집요하게 요구했다. 이에 따라 중국의 경작 농민들이 자기네의 상품 및 노동과 관련해 가지고 있던 경쟁 우위는 모두 조금씩 빼앗기고 있었다. 특히 차의 경우가 그랬다. 고통받고 있는 농촌 지역에 기껏 형식적인 지원이나 하고 있는 부패한 관원들과 이민족인 만주족의 베이징 정부에 대한 분노가 분명하게 표출되고 있었다. 포천이 탔던 배의 사공 하나는 빚을 갚지 못해 배를 압류당했다. 그것은 그의 배가 상류로 가지 못하고 그의 모든 승객과 화물을 돌려보내 손해를 봐야 한다는 의미였다. 절망한 사공은 물에 빠져 죽겠다고 악을 썼다.

중국은 외세가 침탈하기 좋은 상태여서 식물을 빼내가려는 사람들에게 좋은 사냥터이기도 했지만, 또한 내부의 위협에도 노출된 나라였다. 포천은 알지 못했지만, 그가 가는 길목에서 반란이 일어나고 있었다. 사람들을 휘어잡는 능력이 있는 남부 지방의 반란군 지도자 훙슈촨洪秀全(1814~1864)이 가난하고 꾀죄죄한 중국 농민들의 상상력을 사로잡았다. 훙슈촨은 광둥의 시골 젊은이로, 과거 시험을 준비해 지식이 풍부하고 지위가 높은 고위 관원이 되고자 했다. 그러나 중국의 시골 사람들이 대개 그랬듯이 그도 시험에서 낙방하고 말았다. 가난했던 그의 가족은 그의 교육비를 대기 위해 모든 것을 희생했고, 그는 학자의

홍슈촨(洪秀全)

예복을 입고 평생 나라에서 봉급을 받는 사회적 지위에 오를 수 있는 자격시험에 세 번이나 도전했다. 홍슈촨은 객지에서 온 민족인 하카客家 출신이었다. 하카는 중국의 수많은 소수민족 가운데 하나로, 한족으로서의 완전한 사회적 지위를 누리지 못하고 있었다. 하카는 시골 농민들이었고, 하카 여자들은 전족纏足이라는 공인된 관행을 따르지 않았다. 그들은 남부 지방에 정착한 지 수백 년이 지났지만 현지 사람들로부터 여전히 뜨내기 취급을 받았다. 사람을 끄는 힘이 있었던 홍슈촨은 자신의 실패와 평범한 출발에 따른 모든 실망과 분노를 기독교 성서의 창세 신화로 바꾸어버렸다.

홍슈촨은 세 번째로 시험에서 낙방한 뒤 병이 나서 쇠약해지고 고열에 시달리면서 신비롭고 놀라운 환상으로 가득 찬 환각 상태에 빠졌다. 그는 환각 상태에서 용과 수탉과 범을 보았다. 중국에서 힘과 적극성과 행운의 상징인 것들이었다. 그는 악귀들과 염라대왕도 보았다.

저승에서 한 여자가 그를 반기며 '아들'이라고 불렀다. 여자는 그를 목욕시키고 달래주었으며, 그의 이마를 어루만지고 가슴에 안아주었다. 금발에 수염이 나고 검은 용포龍袍를 입은 노인이 홍슈촨의 아버지라고 하면서 그에게 세상을 바꾸라는 명령을 내렸다. 노인은 홍슈촨에게 칼과 금으로 만든 도장을 주면서 모든 악귀를 몰아내고 죽이라고 지시했다.

홍슈촨은 환상에서 또 한 사람을 보았다. 좀 더 젊고 열정적이었는

태평천국운동. 청나라 부대가 태평군 본거지를 포위하고 있는 그림.

데, 그는 자신의 형이라고 했다. 홍슈촨은 기꺼이 가족들과 머물려고 했지만, 형은 그가 세상으로 돌아가야 한다고 재촉했다. 그의 도움이 없으면 세상 사람들이 어떻게 변화할 수 있겠느냐는 것이었다.

"두려워하지 말고 용감하게 행동해라." 꿈속의 아버지가 말했다. "문제가 있으면 내가 너를 보호하겠다. 저들이 오른쪽에서 공격하든 왼쪽에서 공격하든 말이다. 어찌 두려워할 필요가 있겠느냐?"

홍슈촨은 깨어나 딴 사람이 됐다. 그는 선교사들이 보급한 기독교 성서의 중국어 번역본을 가져다 읽고 나서야 자신의 꿈을 이해할 수 있었다. 그가 이해한 바로는 자신에게 말한 사람은 기독교의 하느님이었다. 꿈속의 '형'은 바로 예수 그리스도였고, 따라서 가난한 중국 농민인 홍슈촨 자신은 예수의 동생이었고 예수와 마찬가지로 유일한 참 하느님의 아들이었다.

홍슈촨은 이 계시를 이웃 사람들에게 말해 주었고, 기독교 구약에 나오는 불과 유황의 지옥에 대해 설교하기 시작했다. 그는 자신을 믿게 된 사람들에게 세례를 해주고, 아버지 하느님에 대한 믿음을 기반으로 하는 기독교 공동체를 만들도록 했다. 그러고는 유교 국가를 파괴하고 조상의 사당을 부숴버리라고 했다. 그는 신주를 모시지 말고, 조상 숭배를 폐지하라라고 명령했다. 그는 신도들에게 아편·술·전족·성매매를 피하도록 요구했다.

홍슈촨은 자신을 태평천국의 천왕天王이라고 선언했다. 그는 대규모의 태평천국 군대를 만들고 군사들에게 청나라 관원들을 응징하는 하느님의 싸움을 돕는 데 나서도록 했다. 신도들은 자기네 재산과 현세의 재물들을 팔아 그 재원을 공동 금고에 모으고 유일 최고신의 아들을 중국의 지배자로 올리는 데 쓰도록 했다. 태평천국의 배상제교拜上帝教는 중국인에게 완전히 새로운 종교였다. 소극적인 도교와 보수적인 유교와 비현실적인 불교로부터 상전벽해가 일어난 것이다.

태평천국은 철저하게 군대에 호소했다. 남부 지방에서는 비밀결사들이 만주족 지배를 철폐한다는 희망을 품고 태평천국에 힘을 보탰다. 태평천국은 만주족의 변발에 저항한다는 의미에서 머리칼을 길게 길렀다. 그 군대는 점점 불어나 1만 명을 넘어서고, 결국 3만 명쯤까지 불어나 중국 동부 지방 대부분을 점령하게 된다. 태평천국운동은 3년이 지나지 않아 16개 성省을 휩쓸고 600여 개의 도시를 파괴했으며, 2000만 명의 중국인을 희생시켰다. 포천은 자신이 위험 지역으로 향하고 있다는 사실을 모른 채 산으로 더 높이 오르고 있었고, 태평천국 군대가 다가오는 길목을 가로질러 가고 있었다.

정치적으로는 불안했지만 작은 마을들은 그에게 매우 아름답게 느껴졌다. "내가 본 중국 마을들 가운데 가장 예뻤"고, "중국 마을이라기보다는 영국 마을"인 듯했다. 그의 풍광 묘사는 분명하고도 이례적으로 화려해졌다.

> (골짜기는) 더욱 아름다웠다. … 산에 둘러싸여 군데군데 소나무·편백나무·녹나무의 숲이 있고, 갈라지고 구불구불한 강이 가로지르고 있었으며, 매우 비옥했다. … 전체 골짜기는 말하자면 완전히 산들에 둘러싸인 하나의 거대하고 아름다운 정원인 듯했다.

포천은 가마에 앉아 몸을 지탱하며 좁은 자갈투성이 산길을 나아갔다. 길이 급히 꺾어질 때마다 드러난 바위와 하늘 사이에서 위아래로 크게 흔들렸다. 길은 사람이 만들었다고 보기 힘들 정도였는데, 산 표면을 깎아 계단을 만든 것이었다. 가마꾼들은 그를 똑바로 들어 카르스트 지형의 높은 바위에 올려놓았다. 그 길에는 내리막길이 전혀 없고, 완만한 곳도 없고, 숨 돌릴 만한 곳도 없는 듯했다. 포천은 그런 곳을 처음 보았다.

> 어떤 곳에서는 높이가 엄청나서 내려다보면 아찔할 정도였다.

아래 골짜기는 잿빛의 안개 웅덩이였다. 일행은 사오백 미터쯤마다 찻집을 만날 수 있었다. 포천은 가마꾼들을 쉬게 하기 위해 자주 찻집에 들러 차를 시음했다. "깨끗한 무이차를 그 산지에서" 마시니 더욱더 중국인처럼 느껴졌다.

우리는 차가 단어 그대로의 의미에서 생활필수품 가운데 하나임을 깨달았다. 중국인들은 절대로 찬물을 마시지 않는다. 찬물을 혐오하고, 건강에 나쁘다고 생각한다. 차는 그들이 아침부터 밤까지 마시는 기호음료다. 우유와 설탕을 탄, 우리가 말하는 차가 아니라 깨끗한 물에 우려낸 약초의 진액 그 자체다. 중국 사람들의 습관을 잘 알고 있는 사람이라면 차나무 없이 중국이 존재할 수 있다는 생각을 거의 떠올리기 힘들 것이다. 나는 차가 널리 애용됨으로써 대부분의 사람들이 더 건강하고 편안해졌다고 확신한다.

포천은 중국인들이 차를 마시는 방식에 대해 열변을 토했지만, 자신이 밤을 보낼 숙소로 잡은 중국의 길가 여관들에는 좀처럼 익숙해지고 싶지 않았다. 그 시설들은 결코 안락하다고 할 수 없었다. 숙소들은 어둡고 작아서, 딱 인간용 마구간이었다. 그 벽은 부엌에서 불을 때면서 그을음과 기름이 달라붙어 시커메졌다. 그러나 그는 여행이 즐거웠다. 이제 그는 중국에 너무나도 매료돼 형편없는 숙소조차도 기분 좋게 받아들였다. "나는 내 여정의 곳곳에서 사치를 부릴 수 있으리라고는 전혀 기대하지 않았다"고 그는 담담하게 말했다.

그러나 지난번 여행에서도 그랬지만, 포천의 거창한 계획은 고용한 하인의 개인적인 목표와 음모로 인해 복잡해졌다. 싱후는 상대적으로 출신이 좀 나았지만, 그 역시 뭔가 기회를 노리고 있다는 것이 드러났다. 포천은 의도적으로 자신의 짐을 최소한도로 줄이려 애썼다. 필요한 옷 몇 가지와 잠자리 깔개 정도였다. 이는 차나무와 씨앗을 더 많이 가져오기 위한 것이었다. 반면에 싱후는 불필요한 물건을 "모으는 이상한 성벽"이 있었다.

"좋은 물건은 다 남방에서 나죠." 그는 돗자리를 잔뜩 사면서 말했다. 농촌 가정에서 더러운 마룻바닥을 덮는 데 쓰는 이 가정용품은 내륙에서 해안보다 몇 푼 싸기 때문에 싱후는 기대하지 않았던 거래 차익을 얻을 수 있었다. 그것이 포천을 화나게 했다. 운임은 자신이 내는 것이기 때문이다.

"근데 말예요." 싱후는 짐을 운반하기 위해 일꾼을 하나 고용할 필요가 있다며 설명하기 시작했다. "우리가 짐을 많이 줄여서 일꾼한테는 반 짐밖에 안 될 거예요. 이 돗자리를 같이 나른다고 해서 비용이 더 들지는 않을 것이고, 일꾼의 짐도 균형이 맞게 되죠."

포천은 가만히 있었다.

"우리나라에서는 여행자들이 짐을 잔뜩 가지고 가면 적게 가지고 가는 사람보다 존경을 받습니다." 싱후는 위압적으로 이어갔다.

그가 제 잇속을 챙기려고 계속 거짓말을 하자 포천은 불편해졌다. 그는 중국인들의 개인적인 이득을 추구하는 경향에 편안한 적이 없었다. 이는 금전적으로 떳떳하자는 자신의 생각과 정반대였다.

가마꾼들에게는 반가운 일이었지만 포천은 가끔 산길을 앞서 뛰어가 생생한 묘목을 캐고, 표토의 표본을 채취하고, 신비로운 산의 협곡을 탐사했다.

우이산맥은 떡갈나무와 대나무, 엉겅퀴와 소나무로 뒤덮여 실로 식물학자들이 꿈에 그리던 곳이었다. 포천이 여기저기 돌아다니고 있는 사이에 싱후는 상자와 모종삽을 들고 따라다니며 발견되지 않았던 모든 식물과 이미 알고 있던 식물들의 새 품종 표본을 캤다. 포천의 빈 가마는 곧 산비탈에서 잘라내고 꺾어온 것들로 가득 찼다. 그러나 이것들이 돗자리보다 훨씬 무거웠기 때문에 가마꾼들이 항의하기 시작했다. 그들은 "자기네가 잡초라고 생각하는 것"으로 짐이 늘어나는 일을 이해할 수 없었다. 한 일꾼은 때때로 반발하며 짐을 내려놓고, 자신이 나르고 있는 것이 얼마나 무겁고 또 그것이 왜 불필요한지에 대해 화난 목소리로 소리를 질러댔다.

포천은 그 불평하는 사람들에게 동정은 했을지라도 그것 때문에 채집에 대한 열성을 누그러뜨리지는 않았다. 그는 일꾼들을 협박도 하고 그들에게 약속도 했다. 달래고 으르고, 돈을 주고 겁을 주었으며, 워드 상자로 인해 무게가 늘어난 것에 대해 웃돈을 주었다. 그는 확고했다. 표본들은 그와 함께 우이산맥 끝까지 올라가야 했고, 다시 내려와 상하이로, 그리고 큐 식물원으로 가야 했다. "과단성과 인내의 힘"에 의해서만이 이 채집한 초목들은 차 산지로 들어갔다가 다시 나오는 수백 킬로미터의 여정을 아주 안전하게 마칠 수 있었다. 이것이 중국의 우이산맥에서 유럽으로 전해지는 최초의 초목이 될 터였다.

몇 주일을 올라간 끝에 그들은 우이산맥 꼭대기에 다다랐다. 내륙의 장시성과 해안의 푸젠성을 갈라놓은 높은 산 고개였다.

> 내 일생을 통해 이처럼 웅장하고 빼어난 광경을 본 적이 없었다. 이어지는 높은 산들이 내 오른쪽에도 솟아 있고 내 왼쪽에도 솟아 있었다.

포천은 더욱 높이 올라가 구름 속으로 들어가고 고개의 대나무 숲으로 들어가자 완전히 압도당했다. 개울이 산비탈에서 졸졸 흘러나오고 폭포가 물을 튀기며 떨어져내려 아래에서 합류한 뒤 민강閩江이 되며, 이 강은 해적들이 입항해 있는 푸저우에서 바다로 들어간다.

일행은 우이산의 '문'에 다다랐다. 산 고개 양쪽에 있는 석회암 기둥들이다. 이 카르스트 지형은 자연이 만들었고, 그 뒤 수천 년 동안에 걸쳐 물이 다듬었다. 포천은 천상의 차 산지 입구에 서서 자신이 본 것 가운데 "가장 웅장한 축에 속하는 광경"을 보고 잠시 동안 그 아름다움에 대해 깊은 생각에 잠기지 않을 수 없었다.

> 얼마 전부터 나는 말하자면 산들의 바닷속에 있었다. 그러나 이제 저 유명한 우이산맥이 한껏 장엄함을 뽐내며 내 앞에 놓여 있다. 산꼭대기들은 낮게 깔린 구름 위로 솟아올라, 그보다 훨씬 높은 곳에서 자신을 드러내고 있다. 산들은 수천 조각으로 부서진 듯하며, 그 가운데 일부는 가장 두드러지고 인상적인 윤곽을 지니고 있었다.

포천은 우이산맥의 장엄함을 묘사하고자 했던 초기 외국인들 가운데 하나였다. 수백 년 동안 학식 있는 유학자들이 산 아래에 차에 대한 예찬과 영원한 존재의 힘, 자연의 힘에 대한 시들을 새겼다. 우이산은 풍수지리상 좋은 곳이었다. 바람이 좋고 물이 좋았다.

> 멀리서 보면 이 산들은 어떤 거대한 존재의 흔적처럼 보였다.

포천은 산들이 처음 구멍 많은 바위에서 "흘러나온" 물에 의해 만들어져 자연적인 조각물이 됐고, 그 뒤 "황제들과 기타 위대한 사람들"에 의해 늘어났다고 믿었다.

그들은 이제 홍차 산지 한가운데 있었고, 차밭은 모든 산비탈에 줄무늬를 이루고 있었다. 날씨는 좀 쌀쌀했지만 화창했다. 햇빛이 카르스트 지형의 동쪽 사면을 희미하게 비추어 금빛이 감돌게 했고, 그림자가 진 쪽은 "음산하고 위압적"이었다. 포천의 생각은 산만해지기 시작했다.

> 이상한 바위들이 인간과 여러 동물을 형상화한 거대한 조각상들처럼 정상을 장식한 듯했다.

"보세요! 저게 우이산이에요!" 싱후가 외쳤다.
포천은 경외하는 마음으로 그 산들의 풍경을 회상했다.

> 나는 밤이 그 장면을 내 시야에서 거둬갈 때까지 기꺼이 여기 서 있고 싶었다.

우이산,
1849년 7월

날이 점점 더 밝아지고 더워지면서, 지친 포천의 가마꾼들은 나선형을 그리며 산속으로 들어가 좁은 오솔길을 따라 가파르고 곧은 하늘의 목적지로 향했다.

"더 이상 갈 수 없어요!" 그들이 고집을 부리자 포천은 가마에서 내려 혼자서 앞으로 걸어갔다. 자기 발로 몇 시간을 올라갔다.

"보세요!" 그들이 소리쳤다. 그들은 무거운 짐과 험한 여행도 잊은 채 잠시 동안 산의 아름다움에 열광했다. "어르신 나라에 이 산과 비교될 만한 것이 있나요?"

정말로, 포천은 있다고 말할 수 없었다. 아무리 덥고 불편하며 고국에서 멀리 나와 있을지라도, 또는 아무리 오르막길이 끝이 없어 보일지라도, 영국제도에는 우이산맥의 힘과 장엄함에 필적할 만한 산이나 계곡이 없었다. 우이산의 차나무 잎은 처음에 자주색 기가 있는 듯이 보이다가 나중에 쇠면 붉게 변한다. 우이산의 차는 지역 방언으로 '보히'라고 하는데, 이는 '붉은 차'라는 뜻이며('보히'는 지명인 '武夷'의 변종 발

우이산 차밭.

음이어서 '붉은 차'의 의미라고 한 것은 착오로 보인다—옮긴이) 영어식으로 표기해 bohea다.

포천이 홍차 생산의 중심지에 접근하자 차밭은 "작은 상록수 수풀"처럼 보였다.

> 여행자는 바위투성이의 지역을 헤치고 지나가면서 … 모든 산의 비탈 곳곳에 있는 이 차밭들을 계속 만나게 된다. 찻잎은 짙은 암녹색으로, 주변 어디에나 있는 생소하고 때로 황량한 풍경과 대조돼 즐거움을 선사한다.

찻잎 따는 사람들은 온 산비탈에서 바삐 움직이며 신선한 순을 모았다.

> 그들은 즐겁고 만족스러워하는 사람들 같았다. 농담과 유쾌한 웃음이 여기저기서 들렸다. 어떤 사람들은 오래된 나무에 앉아 있는 새들처럼 명랑하게 노래를 불렀다.

찻잎 따는 사람들은 대부분 여자였다. 넓은 밀짚모자를 써서 햇볕으로부터 얼굴을 가리고, 커다란 바구니를 등에 걸머졌다. 앞에 아이를 매달고 있는 경우도 있었다. 이들은 이른 아침부터 땅거미가 질 때까지 밭에서 살았다. 4월부터 10월까지, 열흘 간격으로 차밭을 돌며 찻잎을 땄다. 1870년에 포천과 같은 여정을 갔던 한 여성 여행가는 이렇게 썼다.

> 나는 우리가 만난 찻잎 따는 일꾼으로 일하던 여자의 숫자가 매우 많아 깜짝 놀랐다. 그들이 어깨에 걸머진 대나무에 매달린 자루에 담겨 있는 엄청난 짐도 놀랍기는 마찬가지였다. 한 사람이 자루 두 개를 메고 있었는데, 자루 하나에 담는 찻잎의 무게는 반 담擔(100근에 해당하는 질량 단위로 대략 60킬로그램 정도여서 '반 담'은 약 30킬로그램이다 — 옮긴이)으로 60파운드 이상이다. 이렇게 무거운 짐을 메고, 이 명랑하고 즐거워 보이는 젊은 여자들은 20킬로미터 혹은 그 이상의 길을 가며 웃고 떠든다. … 차밭은 여러 산에 흩어져 있어, 가지런히 심긴 차나무 숲이 작은 땅뙈기를 점점이 박아놓은 듯했다. 여기서 여자들은 바쁘게 어린 찻잎을 고르고 그것을 따서, 대나무를 쪼개 만든 커다란 바구니에 담았다.

찻잎 따는 여자 차이차뉘採茶女는 노래와 이야기에 귀엽고 고결한 모습으로 그려졌으며, 낭만적인 호기심의 대상이었다. 정치가가 시인을 겸했던 중국의 오랜 역사로 인해 어느 시대든 항상 이들 여인들의 아름다움과 그들이 일하던 혹독한 조건에 대한 정형화된 상찬이 있었다. 흔한 이야기로 찻잎 따는 여자는 자신이 따는 찻잎의 순수함과 고귀함을 완전히 갖추고 있다고 했으나, 그 아름다움에 담겨 있는 것은 고난이었다. 차의 순수함은 순결한 차이차뉘에 의해 구현됐고, 이들의 근면함은 장엄한 차나무 산속에서 구체화됐다. 찻잎 따는 일은 지루하고 영혼을 갉아먹는 작업이기 때문이다.

그러나 찻잎 따기는 중국 농촌 여인들에게 몇 가지 좋은 점이 있었다. 이 일은 집에서 홀로 일하던 그들을 해방시켜 세상 속으로 데려다 주었다. 산비탈의 차이차뉘들이 여러 사람의 감시의 눈초리에 훤히 노출돼 자주 그 도덕성을 의심받기는 했지만, 찻잎 따기는 그들에게 어느 정도의 자유를 허락해 주었다. 다른 여자들과 산비탈을 걸으면서 시어머니의 구박과 눈만 뜨면 보이는 담장의 제약에서 잠시 벗어날 수 있었다. 바로 가족의 권리나 도덕에 대한 유교적 관념과 그렇게 대비되는 이 철의 자유가 학자들의 주목과 서정적인 노래를 만들어냈던 것이다. 「봄날 차밭에서 찻잎 따는 노래」는 이러하다.

> 하나하나 따는 것은 힘든 일이지만 나는 꺼리지 않아
> 내 머리카락 흐트러지고 내 옥 같은 손가락 모두 곱아졌다네.
> 나는 우리 차가 가장 맛있기만 바라니
> 저 '용단龍團'이나 그 '작설雀舌'에 필적하기를.
> 한 달 내내 내 어찌 하루라도 쉴 수 있었으랴.
> 일찍 동이 틀 때 찻잎 따러 나가 땅거미 지기까지 돌아오지 못하고
> 그리곤 다시 밤늦도록 뜨거운 솥 앞을 지키니
> 이렇게 일하고도 백옥 같던 내 얼굴 상하지 않을 수 있나.

오늘날 차나무는 허리 높이까지만 기르도록 허용되고 차밭들은 '탁자처럼' 된다. 윗부분을 모두 쳐낸 것처럼 보이게 만드는 것이다. 이로 인해 넓고 낮은 바닥처럼 돼서 찻잎 따기가 쉬워지고, 차밭은 깔끔하

고 효율적인 줄을 이루게 된다. 그러나 포천의 시대에는 차나무가 산비탈에서 사실상 야생 상태로 자랐다.

포천은 찻잎 따기가 얼마나 고된 노동인지 알고 깜짝 놀랐다. 일꾼들을 그렇게 힘들게 하는 것은 허리를 굽혀야 한다거나 날씨가 덥다거나 심지어 고도가 높다는 사실이 아니라, 오히려 따낸 찻잎의 양이 너무 많다는 것이었다. 차나무가 크리스마스트리라면 찻잎 따는 사람들은 맨 끄트머리인 별이 달리는 큰 가지에서만 잎을 따게 되며, 어쩌면 장식물이 달리는 일부 가지에서도 따게 될 수 있다. 각 차나무에서는 찻잎을 조금씩밖에 따지 못한다. 가지 끝부분에서 자라난 가장 연한 잎 두 개만이 부드럽고 그윽한 맛을 내 차로 만들 수 있기 때문이다. 그 아래 줄기에 난 오래된 잎들은 진하고 텁텁한 맛이 난다. 날렵한 사람들은 차 순을 하루에 3만 개까지 딸 수 있는데, 여기에는 줄기가 섞여 들어가지 않도록 딴 순을 살피는 시간까지 포함된다. 1킬로그램의 무게가 되려면 대략 7천 개의 순이 필요하기 때문에 능숙한 사람은 하루에 4~5킬로그램의 찻잎을 딸 수 있다. 딴 찻잎과 말린 찻잎의 비율은 5 대 1인데, 이는 판매용으로 가공한 차 1킬로그램을 위해 생생한 찻잎 5킬로그램을 따야 한다는 의미다.

포천은 이렇게 썼다.

> 원주민들은 찻잎을 따는 것이 차나무의 건강에 매우 좋지 않다는 점을 정확히 알고 있다. 따라서 그들은 채취를 시작하기 전에 나무가 튼튼하고 원기 있는 상태가 되도록 항상 조심한다.

찻잎 따기는 차나무에 엄청난 스트레스를 준다. 한 나무에서는 열흘

마다 한 번씩 따는데, 비가 그치는 4월 말부터 비가 다시 내리는 10월까지 내내 계속된다. 이것은 성장 과정을 반복적으로 해치는 것이고 나무에 손상을 입히지만, 계속 따냄으로써 가장 좋은 차를 만들어낸다. 재배되는 차나무는 깊은 원뿌리 다발을 발달시켜 끊임없이 따내는 것을 벌충한다. 그러면 뿌리는 풍부한 치유 수액을 밀어내 잎에 풍미를 채운다. 찻잎 따는 사람도 산을 돌아다닐 때 차나무로부터 열매와 꽃을 제거한다. 씨앗을 퍼뜨리기 위해 열매를 맺는 것같이 나무의 노력을 분산시키는 어떤 일도, 잎이 떨어져나간 뒤 이를 치유해 순을 더 만들어내는 데 필요한 힘을 손상시킨다.

포천이 질 좋은 차에 대해 연구한 것은 단순히 학문적인 관심 때문만은 아니었다. 차의 가격은 찻잎을 딸 때 따는 사람이 얼마나 조심스럽게 땄는지가 반영되는 것이었고, 잘 분간해 따지 못하면 결국 시장에서 그만큼 값을 받지 못하게 된다. 동인도회사가 최고급 제품을 만들어낼 계획이라면 이 방법 또한 따를 필요가 있었다.

포천은 바위투성이 길을 가다가 한 늙은 농부를 불러 세우고 인근의 절이 있는 방향을 물었다. 일행이 밤에 묵을 곳이 필요했기 때문이다.

농부는 말을 듣더니 웃음을 터뜨렸다. "우이산맥에는 절이 천 개 가까이 있소." 그는 대답했다.

포천은 계속 걸어 산의 발치에 자리 잡은 커다란 절로 향했다. 바깥벽은 위압적이었지만 그 안에는 연꽃 핀 연못과 아치형의 다리, 숲으로 가려진 산책로가 있었다. 절 건물들의 배치는 완벽했다. 넓은 마당은 주위와 조화를 잘 이루었고, 아래쪽 호수와 강들, 그리고 나무 꼭대기와 산들을 제대로 볼 수 있도록 돼 있었다.

포천은 절로 들어갔다. 불교는 자연과 그 안에 내재한 생명력, 그리고 모든 살아 있는 것의 미덕을 숭상하는 종교다. 부처는 공자와 같은 시대에 인도에서 살았다. 그는 모든 존재가 계속 이어지는 삶 즉 끝없이 돌고 도는 환생을 하며, 한 삶에서의 죄악에 대해서는 벌을 받고 착한 일은 나중에 보답을 받는다고 역설했다. 한 세계에 대한 집착은 고난의 원인이라고 그는 말했다. 우리는 계속 윤회하는 삶을 사는 것이기 때문이다. 부처는 잇달아 영적인 수련을 했다. 이 세계에 대한 집착을 끝내 다음 세계에 집중할 수 있도록 하기 위해서였다. 수련을 통해 우리는 자신과 윤회의 속박에서 벗어나 니르바나涅槃 즉 존재를 벗어난 경지에 이를 수 있다고 그는 말했다.

부처가 보기에 모든 초목은 영예롭고 은혜로운 존재여서 존경을 받고 보호를 받아야 했다. 그런 믿음에서 승려들은 절의 경내를 정성껏 가꾸었다. 나무는 모두 가지를 치고 무리를 이루도록 조심스럽게 심었다. 아름다움은 의례로 나타냈고, 자연은 인공을 가해 구성했다. 당연한 일이지만 어느 곳에서나 차나무가 눈에 띄었다. 차는 자연의 선물 중에서도 가장 사색에 필요한 것이기 때문이다. 절의 담 너머 숲은 전혀 손대지 않아 오래된 나무가 하늘까지 뻗치고 있었다. 포천은 이렇게 썼다.

> 이런 점에서 이 승려들은 옛날의 지혜로운 유럽의 수도사·수도원장과 비슷하다. 그들의 취향과 관심 덕분에 우리는 유럽에서 가장 풍부하고 가장 아름다운 나무가 우거진 풍경을 즐길 수 있는 것이다.

이제 막 사미승으로서 승복을 받은 듯한 예닐곱 살짜리 아이 하나가 절의 문간에 앉아 있다가 키 큰 고관이 다가오고 있는 것을 보았다. 낯선 사람이 나타난 것을 발견하고, 아마 어쩌면 그의 거동에서 낯선 모습까지 알아채고 아이는 마당을 가로질러 어떤 작은 건물로 달려갔다.

포천은 뜨거운 아침에 산을 오르느라 지쳐 있었고, 그의 비단옷은 땀에 젖어 무거웠다. 그는 두리번거리며 긴 객방客房으로 들어갔다. 안에는 조각된 의자가 늘어서 있고, 격자 칸막이 문으로 나뉘어 있었다. 그는 의자에 앉아 햇볕을 피하면서 공식적인 영접을 기다렸다.

싱후는 거만하게 방에 들어와 책임 있는 승려와 논의했다. 포천이 머무는 것은 쉽게 허락됐다. 물론 그는 받아들여질 수밖에 없었다. 외부 사람들에게 늘 하던 대로였다. 고관은 존경받아야 하는 사람이기 때문에 승려들이 제공해야 하는 가장 좋은 방과 담배·밥·차를 대접받게 된다. 그리고 승려는 사미승을 붙여주어 귀한 손님을 편안히 모시도록 했다.

사미승은 작은 쇠 찻주전자 하나를 들고 돌아왔다. 숙성된 오룡차였다. 난초와 복숭아 향기가 났다. 사미는 골무보다 약간밖에 크지 않은 듯한 찻잔을 손에 받쳐 들고 절을 하면서 이를 포천에게 바쳤다.

> 그리고 나는 이제 향기로운 약초, 순수하고 완전한 그것을 원산지 산에서 마셨다. 나는 이전에 차가 그 절반만큼이라도 반가웠던 적이 없었고, 그렇게 필요했던 적도 없었다. 나는 목이 마르고 지쳐 있었기 때문이다.

승려들은 귀한 외부 사람을 환영한다는 의미에서 잔치를 열어 점심 대접을 했다. 당시나 지금이나 중국의 관습은 손님이 과식하도록 하는 것이 주인에게는 큰 영광이었다. 승려들이 차린 식사는 맛나고 풍성했다. 산에서 여름에 수확한 연근·버섯·오이·양배추·콩 등으로 만든 가장 좋은 음식들이었다. 그들은 스스럼없이 술을 마셨다. 포천은 통상 중국술을 좋아하지 않았는데('너무 독하다'는 게 그의 판단이었다), 이번에는 "기분 좋은" 상태로 "약한 프랑스 포도주"와 거의 비슷하다고 생각했다.

식사에는 절 안 승려들이 모두 참석했다. 한 승려는 얼굴에 마마 자국이 얼금얼금했지만, 그래도 포천은 식욕이 나는 것을 어쩔 수 없었다. 또 다른 승려는 온화한 성품과 기도로 더없이 행복한 얼굴이었다. 이를 보자 포천은 멀리 우이산맥까지 오게 된 것이 기뻤다. 포천은 승려들이 하는 중국어를 알아들을 수 있었지만, 절에서는 말하지 않는 것이 낫겠다고 생각했다. 포천은 빈정거리는 투로, 싱후가 "우리 두 사람의 이야기를 아주 충분히 해주었다"고 썼다. 그렇지만 자신의 세계와 승려들의 세계 사이에 거리가 있음에도 불구하고 그는 자신이 따뜻한 영접을 받고 넉넉하게 대접받고 있음을 느꼈다. 그는 고향에 있는 것처럼 느꼈다. "우리는 아주 친한 친구였다."

싱후 또한 내세울 것 없는 승려들 틈에서 은근히 높은 지위를 뽐냈다. 그는 여기저기 많이 다녀봤기 때문이다. 그는 중국 황제의 여러 가지 놀랄 만한 모습들을 보았다. 그는 황제의 황색 예복과 황궁인 베이징 자금성紫禁城의 환락, 경이로운 대운하, 그리고 가장 영광스러운 만리장성 등에 대해 자세히 얘기해 줄 수 있었다. 승려들은 멀리 우이산 속에 살면서도 더 넓은 세계에 대한 생각에 사로잡히고 자극을 받았다. 포천은 승려들이 기도는 별로 하지 않고 대부분 일상적인 일에만 매달려 있다는 사실을 알고 정말 깜짝 놀랐다. 그가 생각하기에 승려들은 "자기네의 신앙에 따른 의식보다는 차 재배에 더 큰 관심"을 갖고 있는 것 같았다.

차는 정말로 절 생활의 중심이었다. 차는 낮 동안에 수시로 마셨고, 끼니때는 반드시 마셨다. 절 마당에서는 어떤 각도에서 보아도 차나무가 눈에 띄었다. 차나무는 울타리에도 있었고, 대문에도 있었다. 차나무는 관상용 장식물이었다. 포천은 찻잎 따기가 한창일 때 도착했다. 두 번째 새싹이 막 나왔을 때였다. 대나무로 짠 찻잎 바구니들이 수풀 여기저기에 던져져 있었다. 찻잎 따는 사람들이 밥을 먹고 잠시 쉬려고 떠나기 전에 현장에 던져놓은 것이었다. 그곳 마당에는 온통 넓고 평평한 건조용 대그릇竹器이 있었는데, 아침에 딴 찻잎을 가득 담아 햇볕에 말리고 있었다. 차는 이들 승려들에게 종교였고 성스런 의무였으며, 차를 가꾸는 것은 일종의 명상이었다.

우이산의 승려들은 또한 성실한 기록 보존자들이었다. 부르고뉴 수도원의 수도사들이 수백 년 동안 산비탈의 어느 쪽에서 좋은 포도나무가 자라는지 기록하고 수백 차례의 수확량을 충실하게 적었던 것과 비슷하다. 포천 또한 바위가 많고 물이 잘 빠지는 그곳의 위도·경도와 강우량, 흙이 차진 정도와 색깔 등 현장 기록을 충분히 남겼다.

포천은 여러 나라의 운명이 그의 연구에 달렸다고 생각했는데, 그와 마찬가지로 우이산에서 그가 하는 작업이 앞으로 한 잔의 차를 어떻게 준비해야 하는지에 영향을 줄 터였다. 공장 노동자에서부터 가정주부에 이르기까지, 그리고 아침에 마시는 차에서부터 저녁에 마시는 차에 이르기까지, 영국의 모든 남녀는 완벽한 차를 우리는 방법에 대한 자신의 견해를 가지고 있었다. 포천이 서양에서 이 문제에 대한 사실상의 최고 전문가가 된다면 그들이 맞는지 틀리는지 그들에게 명확히 말해주는 것이 그의 책무일 것이다.

얼핏 보기에 차를 준비하는 일에 과학적 방법론을 적용하려는 포천의 시도는 의문스러워 보인다. 차의 미묘한 맛을 감별하는 가장 좋은 방법으로 '조용히 맛보는' 것 이상의 정교한 방법은 없다는 것이 일반적으로 받아들여지고 있었기 때문이다. 차는 사소한 효과 이상을 기대하는 것이 아니고, 그래서 고정불변의 법칙과 엄격한 검증에는 적합지 않다는 것이다. 그러나 항상 연구에 열중하는 성실한 과학자였던 포천은 기록을 하면서 한 잔의 차를 준비하는 간단한 과정을 분석했다.

(1) 물을 끓인다.

(2) 찻잔을 준비한다.

(3) 마른 찻잎을 넣는다.

(4) 마신다.

물 끓이기

차의 첫 번째 구성 요소(사실 거의 전부다)는 물이다. 전문가들은 차를 만드는 데 있어 물의 상태가 가장 중요하다고 생각한다. 그 정확한 온도, 따르기 전에 얼마나 오래 끓였는지, 그리고 물이 갓 떠온 것인지 오래된 것인지 등이다. 포천은 차의 분류에 관심을 기울인 만큼이나 물을 준비하는 데서의 차이에도 주목했다.

중국 청나라 옹정제 때 것이라고 표기되어 있는 찻주전자.

물은 그저 뜨겁기만 해서는 안 되고 끓는 상태여야 한다고 그는 적었다. 그러나 너무 오래 끓여서는 안 되는데, 이는 물속에 들어 있는 공기를 방출시키기 때문이다. 너무 오래 끓인 물로 만든 차는 맛이 없다. 거품 없는 샴페인은 향이 없는 백포도주나 마찬가지다. 그러나 녹차의 미묘한 향을 얻으려면 물을 펄펄 끓여서는 안 된다.

그러면 이상적인 차의 온도는 어떻게 측정하는가? 포천은 중국인들의 방식을 기록했다.

> 물을 너무 서둘러 끓이지 말라. 처음에는 게의 눈처럼 거품이 일고, 다음에는 물고기 눈과 같으며, 마지막으로 무수한 진주처럼 끓어올라 빙빙 돌고 이리저리 물결친다. (이는 육우의 『다경』에 나오는 삼비설三沸說인 듯한데, 내용이 약간 다르게 돼 있다. 『다경』의 해당 부분은 다음과 같다. "물이 끓어 물고기 눈알만 해지고 작은 소리가 나는 것이 첫 단계 끓음(一沸)이고, 가장자리에서 꿴 구슬이 용솟음치듯 하는 것이 두 번째 단계 끓음(二沸)이며, 물결이 솟아올라 출렁거리는 것이 세 번째 단계 끓음(三沸)이고, 그 이상은 물이 쇠해서 먹을 수가 없다." — 옮긴이)

찻잔 준비하기

중국과 마찬가지로 유럽에서도 일반적으로 잔을 미리 데우는 것을 선호한다. 중국인들은 오늘날까지도 처음 끓인 차로 잔을 데운다. 잔에 가득 채웠다가 확 버린다. 그렇게 하는 이유는 찻잎이 포도나 사과와 마찬가지로 씻어낼 필요가 있지만 처리 과정의 어느 단계에서도 씻어내지 않기 때문이다. 실제로 최고급 차도 종종 놀랄 만큼 더러운 방식으로 처리되는 경우가 있다. 찻잎은 먼지투성이인 마당에 방치되어 말리는데, 이런 곳에는 동물과 벌레들이 드나든다. 그러고는 열린 자루에 담겨 공장 마루에 저장된다. 이 첫 번째 잔은 악귀나 "당신의 적"을 위한 것이라는 말이 있다. 처음 우린 물을 쏟아버리는 것은 잔을 데우는 실용적인 이점도 있다. 영국에서는 보통 뜨거운 물을 빈 찻주전자에 부어 잔을 데우는데, 그렇게 하지 않으면 차를 우렸을 때 차가 빨리 식게 된다.

이런 습관은 하층계급에서 생겨났다고 한다. 그들은 매번 찻주전자를 사용한 뒤 이를 잘 씻어줄 하인을 두지 못해서라는 것이다. 하층민들이 덜 위생적이라는 노골적인 계급적 편견은 차치하더라도, 찻잔이나 찻주전자를 미리 데우면 차를 더 오래 즐길 수 있다. 중국인들에 따르면 차는 식으면서 완성된다. 그러나 차가운 차를 마시는 것은 어리석은 짓이다.

마른 찻잎 넣기

완벽한 차가 되려면 잔에 얼마만큼의 찻잎을 넣어야 될까? 포천의 시대에는 영국으로 수출되는 차에 불순물을 너무도 많이 끼워 넣고 무게를 늘리기 위해 줄기와 잔가지도 너무나 많이 넣었기 때문에 차를 우려서 얼마나 진한 맛이 날 것인지 예측하기가 거의 불가능했다. 그러나 지금도 마찬가지지만 당시에도 차를 우리는 일반적인 원칙이 있었다. 한 잔에 찻숟가락 하나다.

좋은 차는 더 오래가고 적은 양으로도 더 많이 우릴 수 있다는 것이 포천의 조사로 입증됐다. 그의 결론은 또한 재치 있는 절약법도 제시하고 있다. 더 나은 품질의 차가 나쁜 품질의 차보다 1.5배 비싸지만 두 배를 우릴 수 있다면 좋은 차를 구입해 더 오래 마시는 것이 낫다는 얘기다.

포천은 여행을 하면서 서로 다른 지역의 차들 사이에 많은 차이가 있음을 깨달았다. 찻잎의 모습과 향기, 찻물의 색깔과 맛 등에 차이가 있었다. 차에도 포도주에서처럼 향토성*terroir*이 있다. 차나무가 자라는 땅의 특성에 따른 독특한 풍미다. 오늘날 감식가들은 이 차이점을 즐기고 그것을 애써 찾아낸다. 어떤 지역이나 어떤 채취분에서는 찻잎이 더 크고 평평하게 자랄 수 있다. 햇볕을 정면으로 받은 탓이다. 반면 어떤 지역에서는 작은 찻잎만 난다. 완전한 품종도 없고, 차를 우리는 데 완벽하고 단일한 비법도 없다. 큰 찻잎은 오래 담가둘 것이고, 작은 찻잎은 잠깐 담가둘 것이다. 그것은 찻잎의 표면적과 물의 양 사이의 비율과 함수관계에 있다. 가장 작은 찻잎 즉 이른바 말차抹茶급 차는 오늘날 대부분의 봉지 차에 들어가며 가장 빨리 우려낼 수 있다.

마시기

차는 부드럽긴 하지만 자극제다. 그 때문에 차는 물에 이어 지구상에서 두 번째로 많이 마시는 음료가 됐다. 차는 정신적 각성과 행복감, 그리고 예리한 지각력을 촉진한다. 포천은 이렇게 기록했다.

> 차는 차가운 성질 즉 음陰의 성질을 지니고 있다. 그리고 너무 절제 없이 마시면 탈진과 무기력증을 초래한다. … 그것은 매우 유용한 초목이다. 차를 재배하면 그 혜택이 널리 퍼져나갈 것이고, 차를 마시면 야성적인 기상이 강렬해지고 분명해진다. 왕공王公과 귀족들은 높이 평가하고, 불쌍하고 가난한 하층민들도 빠뜨릴 수 없다. 모든 사람이 매일 차를 마시고,

모두가 차를 좋아한다. … 차를 마시면 모든 더러움을 깨끗이 없앨 수 있고, 모든 나른함을 몰아낼 수 있으며, 두통을 없애고 예방할 수 있다. 차는 누구에게서나 높은 평가를 받고 있다.

차의 독특한 맛은 약간 시고 또 조금 소금기가 있으며 떫은 것인데, 몇 가지 서로 다른 화학물질이 합쳐져 생기는 것이다. 차는 석탄산이라고 알려진 식물성 효소를 함유하고 있다. 이는 잎이 갈색으로 변하고 손상되면서 생긴다. 석탄산은 상쾌하고 자극적인 맛을 지니며, 이로 인해 우릴 때 기운을 돋우고 부드러운 느낌이 들도록 한다. 테아닌은 차에서 카페인에 대응되는 것으로, 달콤함·향긋함과 관계되는 아미노산이다. 우리는 지금 테아닌과 카페인이 신체에 어떤 영향을 미치는지 알고 있다. 이런 효과 때문에 카페인은 행동을 변화시키는 약물로서 세계에서 가장 많이 소비되고 있다.

카페인은 화학적으로 염기鹽基인 알칼로이드인데, 세포가 신체에 신호를 보내는 길을 막는다. 또 신경계와 심혈관계를 자극한다. 그것은 기분을 좋게 하고, 피로감을 줄이며, 주의력을 민감하게 하고, 반응 속도를 빠르게 한다. 또한 심장에 영향을 미쳐 심박동수를 끌어올리고, 동맥을 팽창시키며, 혈류血流를 증가시키고, 섭취된 뒤 몇 시간 동안 호흡과 대사율代謝率을 끌어올린다. 카페인은 많이 섭취하면 신경과민·불안·불면증을 초래한다.

차와 커피 가운데 어떤 음료가 더 자극적인지 살펴보는 일도 의미가 있을 것이다. 꼬리표는 붙어 있지만, 답은 홍차다. 같은 무게라면 홍차에는 커피보다 더 많은 카페인이 들어 있다. 그러나 1킬로그램의 차로는 440잔을 우릴 수 있는 반면에 같은 무게의 커피는 90잔도 만들 수 없다. 한 잔을 기준으로 할 때 홍차에는 사실상 커피와 비교해 대략 절반 정도의 카페인이 들어 있다. 반면에 녹차 한 잔에는 홍차의 3분의 1, 커피의 6분의 1에 해당하는 카페인이 들어 있다. 의학적으로는 졸음과 피로를 물리치려면 약 200밀리그램의 카페인이 필요하며, 이는 커피 두 잔, 홍차 넉 잔, 녹차 열두 잔에 해당한다. 시간상으로나 방광의 용량으로 보나 녹차를 그렇게 많이 마실 수 있는 사람은 많지 않다.

세계 사람들이 차 한 잔을 홀짝이며 추구하는 것은 가벼운 효과다. 끌어올리거나 끌어내린다는 느낌이 없는 행복감 또는 차분한 각성이다. 분위기를 위한 음료인 것이다. 포천이 우이산에서 발견한 것은 영국의 군림하는 기질이었다. 정복을 위한 전율이었다. 다만 고상을 떨 뿐이었지만.

절에서 대홍포大紅袍 산지까지는 걸어서 하루 거리였다. 대홍포는 세계에서 가장 희귀한 차이자, 틀림없이 가장 비싼 차일 것이다. 200년 된 세 그루의 차나무는 대大·홍紅·포袍라는 세 글자 아래에 있는데, 이 글자들은 바위 표면에 새겨져 승려들이 철저히 보호하고 있다.

전설에 따르면 이 차나무들은 아홉 마리의 악한 용이 이 지역을 유린해 파괴하고 농작물과 인명을 해친 뒤에 우이산에 생겨났다. 결국 나이 많은 불사의 신 하나가 골칫거리를 해결하고 지역의 질서를 회복하기 위해 이곳에 왔다. 큰 싸움이 벌어져 하늘이 캄캄해졌으며, 선과 악의 두 세력이 맞붙어 싸웠다. 신은 용들을 하나하나 처치했고, 용의 시체가 떨어진 곳들이 큰 봉우리가 됐다. 우이산의 아홉 개 카르스트 지

대홍포(大紅袍)

형은 그렇게 이 용들이 싸우던 곳에서 굳어버린 것이라고 한다. 강은 용처럼 생긴 아홉 개의 카르스트 지형을 돌며 아홉 번 구부러져 흐르며, 이 지역은 현지에서 주룽커九龍窠로 알려지게 됐다. '아홉 용의 보금자리'라는 뜻이다.

승리한 신은 자신의 성공을 축하하기 위해 싸움의 기념물을 남기고자 했다. 우이산 사람들이 그들을 대신해 싸운 자신과 자신의 선행을 잊지 않도록 하려는 것이었다. 신은 크고 검은 산들의 등성이 높은 곳, 강 위쪽 가파른 절벽 위 바위 표면에 세 그루의 차나무를 남겨놓았다. 사람들의 손길이 닿기 어려운 곳이었다. 차나무들은 불사의 신이 만들었기 때문에 붉은빛을 내뿜는 것 같았다. 마치 지는 해로부터 반사되는 빛을 영원히 받아들이는 듯했다.

불사의 신이 용들을 물리친 시대에 어느 한 절의 톄화라는 늙은 주지가 일과로서 명상을 하다가 위를 올려다보았는데, 하늘의 빛에 의해 빛나는 세 그루의 밝은 나무가 보였다. 그는 늙고 허약해서 직접 차나무까지 갈 수가 없었다. 또 신의 선물은 아무도 손댈 수 없다고 하는 사람들도 있었다. 그러나 톄화는 지략이 뛰어난 사람이었다. 그는 승복 속에 손을 집어넣더니 원숭이 한 마리를 끄집어냈다. 그가 좋아하는 애완동물이었다. 원숭이는 재빨리 벼랑을 기어 올라가 바위에 매달려 있는 나무에 도달했다. 그곳에는 신이 남긴 차나무가 산들바람에 반짝이고 있었다. 원숭이는 작은 손으로 맨 꼭대기 가지의 끄트머리 부분을 뜯었다. 잎사귀 둘과 순이었다. 동물이 나무의 혼령을 해칠 수는 없었다. 그것은 하늘과 땅의 기운이 합쳐진 것이었다.

톄화는 찻잎을 모아 절로 돌아왔다. 마침 그 지역의 존경받는 학자 하나가 학질을 크게 앓아 오한에 떨고 있었다. 이 학자는 위에 병이 나서 배가 붓고 통증에 시달렸다. 그는 움직일 수가 없었고, 따라서 베이징에서 치러지는 과거 시험을 포기하지 않을 수 없었다. 그 시험은 자신이 유명해지고 그 가족에게는 명예와 부를 가져다주며 우이산의 마을도 덩달아 유명해질 수 있는 유일한 기회였다. 학자는 베이징에 갈 수 없다는 생각에 크게 상심했다. 그러나 톄화가 찻잎을 우려 그 물을 학자에게 주었더니 그는 곧바로 병이 나았다.

이튿날, 완전히 병을 떨친 학자는 북쪽을 향해 다시 여행을 떠나 베이징에서 지식과 시와 문자를 겨루는 국가시험에 응시했다. 그의 생각은 활기가 넘쳤고 감각은 예민했으며, 이전의 어느 때보다도 더 자신감에 넘쳤다. 그 젊은이는 전국에서 온 모든 학자 가운데서 수석을 차지했다.

학자는 황제를 알현했을 때 황후가 자신과 비슷한 병을 앓고 있음을 알게 됐다. 열이 나고 피로하며 메스꺼운 증상이었다. 병은 몇 주일 동안 낫지 않았으나, 의사도 승려도 황후의 병을 치료할 수 없었다. 학자는 신이 남긴 세 그루 차나무의 찻잎 한 자루를 가져다가 진상품으로 황제에게 바쳤다. 그 차를 마시자 황후의 병은 즉시, 그리고 깨끗이 나았다. 황제는 해마다 우이산의 첫물 찻잎(봄에 처음 나온 싹을 말한다)을 베이징으로 보내도록 해서 황실 사람들의 병을 치료하게 했다. 황제는 또한 감사와 아량의 표시로 학자에게 넉넉한 선물을 가지고 고향으로 돌아가도록 했다. 선물은 붉은 비단으로 만든 커다란 담요였고, 그것으로 다가오는 추위로부터 신이 남긴 차나무들의 뿌리를 보호하도록 했다. 그 이후로 이 차나무는 대홍포라 불리게 됐다. '커다란 붉은 옷'이라는 뜻이다.

1천 년 뒤에 푸젠성 오지 산에 있는 이 차나무 가운데 마지막 남은 것을 무장한 사람들이 지켰다. 그 나무들은 포천이 그 차나무 산을 돌아다닐 때나 지금이나 마찬가지로 귀중하다. 현지인들은 아직도 어린 찻잎이 여름 동안에 붉은색으로 빛나며, 매달린 열매는 여전히 석류석처럼 보인다고 말한다. 대홍포 차나무는 하늘에서 내리는 빗물로 직접 물을 얻으며, 그 빗물은 신화 속에 나오는 용의 해골인 딱딱한 바위를 통과하며 걸러진다. 이 오래된 차나무는 해마다 약 500그램의 차 싹을 낸다. 첫 번째와 두 번째 나온 대홍포 싹은 가장 효능이 좋고 달콤해서 전 세계 민간 시장에서 가장 비싼 가격으로 팔린다. 대홍포는 온스(약 28그램)당 수천 달러에 팔려 금보다 몇 배나 더 귀하다.

다행스럽게도 자연은 대중들도 대홍포를 마실 수 있는 방법을 차 재배 농민들에게 제공해 주었다. 차나무는 쉽게 복제할 수 있다. 아무 가지든 잘라서 옮겨 심거나 땅속에 휘묻이를 해서 자라나도록 내버려두면 곧 뿌리 다발이 자라난다. 이렇게 초목을 복제하는 과정은 무성생식이라 부른다. 생식세포 없이 번식하는 것이다. 복제는 씨앗을 뿌리는 것보다 비싼 번식 방법이다. 그러나 그것은 어미 초목의 유전자를 직접 복제하는 것이다. 이 기술은 농업에서 귀중하고 희귀한 품종을 보존하기 위해 수천 년 동안 사용돼 왔다. 대홍포 차나무의 유전자 복제품은 이런 방식으로 우이산 곳곳에 심어졌다.

포천은 지칠 줄 모르고 우이산에서 대홍포의 자손인 묘목 수백 개를 채집해 고국으로 가져가고자 했다. 그는 가지 수천 개를 채집해 복제품을 만들기 위해 상자에 담은 흙에 휘묻이를 했다. 그리고 어린 아이들을 고용해 차 씨앗 수집을 돕도록 했다. 그는 적은 돈도 "꼬마 아이들에게는 큰 효과가 있다"는 사실을 깨달았다. 승려들로부터는 1~2년 된 묘목을 사서 유리 용기인 워드 상자 안의 복제된 가지 옆에 두도록 했다.

그는 또한 차에 관한 신화도 열심히 수집했다. 전하는 말로는 대홍포 차가 높은 산 바위 틈새에 있어 매우 접근하기 어려운 탓에 인간이 따지 않았던 시절에 가장 좋았다고 한다. 포천은 원숭이와 관련된 또 다른 이야기를 들었다. 수확 철에 농부들이 우이산의 절벽들을 쓸고 다니는 원숭이들에게 돌을 던졌다. 원숭이들은 복수하느라 뭐든 손에 집히는 것은 다 공격자들에게 던졌다. 우이산에 있는 것이라곤 차나무뿐이었다. 따라서 원숭이들은 찻잎과 순을 한 주먹씩 뜯어 던졌고, 승려들은 산 밑에 바구니를 넓게 펼쳐놓고 서서 기다렸다가 찻잎을 받았다. 원숭이의 손은 말할 것도 없이 꼭대기의 두 잎과 순을 따는 미세한 작업에 딱 맞는 크기다. '원숭이가 딴' 찻잎은 순도가 높아 귀중했다. 또한 처녀의 손으로 딴 찻잎 역시 마찬가지였다고 포천은 적었다. 정성스럽게 잘 우린 우이산 오룡차 몇 잔을 마셔본 승려들은 동의의 표시로 고개를 끄덕였다.

"처녀가 딴 찻잎이 최곱니다."

포천은 아침마다 승려들과 밖으로 나가, 원예사와 승려들이 차밭을 둘러보는 주기를 알아보았다. 그는 그곳의 소규모 가공·건조 시설과, 홍차와 녹차 사이의 지역적 차이에 대해 기록했다. 그는 그들과 함께 찻잎을 따고, 그들을 따라다니고, 공책을 손에 든 채 그들의 의식을 지켜보았다.

포천이 우이산을 떠날 때가 되자 그의 접대를 맡았던 승려가 그에게 이별 선물을 했다. 몇 가지 진귀한 초목과 꽃들이었다. 포천은 자신이 선물 받은 것이 어떤 품종인지는 기록하지 않았으나, 그는 자신이 무엇을 찾고 있었는지를 승려가 정확하게 알았다고 생각했다. 승려는 포천이 이전에 채집하지 못했거나 심지어 알지도 못했던 표본을 골랐다. 기쁘고 당황스러운 나머지 할 말을 잊은 포천은 그 초목들을 받고 즐거워했다. 묘목들은 모두 옮겨 심기에 완벽한 조건이었으며, 이상적인 우이산 기념품이었다. 포천은 승려의 선물이 "나의 (새로운 식물) 재고를 아주 많이 늘려주었다"고 평가했다. 그는 승려의 행동에 깊은 감명을 받았다.

그러나 그의 염탐 활동은 오랜 기간 계속될 수 없었다. 그가 능숙한 염탐꾼임이 입증되기는 했지만 말이다. 문제는 포천의 하인 싱후였다(그가 당한 수많은 횡액의 경우도 마찬가지다). 포천은 그곳에 머물면서 성과를 거두는 동안 자신감이 커졌는데, 싱후 역시 마찬가지였다. 자기 주인의 입노릇을 하고 홍정을 도맡았던 싱후는 약간씩 제멋대로 움직이기 시작했다.

그는 포천의 근본에 대해 점점 더 말이 많아졌다. 그에 대해 자세히 알리지 않는 것이 그를 돕는 일이었음에도 불구하고 싱후는 오히려 떠벌렸고, 나중에는 윤색까지 했다. 주인에게 인정된 위상의 후광을 입으려는 생각에서였다. 싱후가 떠벌린 바에 따르면 포천은 더 이상 그저 먼 지역에서 온, 상세한 이력이 불분명한 고관이 아니었다. 이제 그는 중앙아시아 타타르 출신의 아주 고귀한 사람, 아내를 여럿 거느린 부유한 사람, 숭앙받는 전사이자 존경받는 지도자가 됐다. 그는 칭기즈칸(1162~1227. 몽골제국의 창업자)의 후예였다. 포천은 모든 사람이 자신을 낮추고 '긴장'하며 대해야 하는 사람이었다. 그가 황제의 신임을 받고 있기 때문이다. 포천은 새로 만들어진 자신의 개인적 이력으로 인해 상당히 불편해졌지만, 주위 사람들이 존경의 도를 더해가는 것을 '최대한 정중하게' 받아들였다.

절에 찾아온 귀한 손님이 그렇게 존경받는 지위와 부를 가진 사람이라는 말을 들은 한 늙은 승려가 포천의 숙소를 찾아왔다. 승려는 승복 무게에 축 처지고, 얼굴의 주름은 무슨 고대 문자 같아서 주변의 석회암 봉우리들처럼 오래돼 보였다. 그는 천천히 흐느적거리며 절의 복도를 지나 움직였다. 허약하고 단순해진 그는 "확실히 노망이 든" 것 같았다.

늙은 승려는 절뚝거리며 출입문을 지나 포천의 방으로 들어왔다. 그는 얇은 신발을 차듯이 벗어버리고 곧바로 고두叩頭를 하기 시작했다. 고두는 이마를 아홉 번 바닥에 대는 의식으로, 중국에서는 복종과 존경의 표시였다. 무릎을 꿇고, 손을 내리고, 머리를 숙이고, 황토색 승복이 꽃잎처럼 마루에 펼쳐졌다. 그리고 다시 일어났다. 동작 하나하나는 낡은 관절들과 삐걱거리는 힘줄들이 만들어내는 교향곡이었다. 포천은 이렇게 썼다.

나는 천천히 그를 이 굴욕적인 자세에서 일으켜 세우고, 나는 그렇게 높은 사람으로 예우받길 원하지 않는다고 말했다.

포천이 중국에서 비밀을 훔쳐가려고 두 해 가까이 생활하면서 자책을 했던 것은 이것이 유일했다. 그는 잠시 동안 찌릿한 아픔을 느꼈다. 부끄러움이라고밖에 할 수 없는 어떤 것이었다.

나는 거의 공중에 붕 떠 있는 느낌이었다.

푸젠성 푸청浦城, 1849년 9월

발송할 씨앗과 묘목 짐을 꾸리고 나서 포천은 다시 여행길에 나섰다. 우이산을 떠나 푸젠 해안으로 가는 것이었다.

> (나는) 너무도 유명한 우이산에 작별을 고했다. 틀림없이 내가 봤던 산들 가운데 가장 놀라운 산들이었다.

그는 자신과 다른 사람들이 차를 더 얻기 위해 언젠가 이 장엄한 차 산지에 다시 올 것이라고 믿을 충분한 이유가 있었다.

> 앞으로 몇 년 안에 중국이 외국인에게 진정으로 개방되고, 생물학자들이 벌금을 물거나 투옥되리라는 생각에 시달리지 않으며 이 산들에서 아무런 제재를 받지 않고 돌아다닐 수 있게 되면 정말로 큰 만족을 경험하게 될 것이다.

상하이와 문명 세계로 돌아오는 여행은 나가는 여행보다 쉬울 것이다. 포천은 고지대를 되짚어가는 여로를 택하는 대신에 곧바로 동쪽으로 향해 푸젠 해안으로 향했다. 그쪽은 산의 고개가 더 낮고 길이 더욱 확실했다. 이 길을 똑바로 가면 푸저우 항구가 나올 터였다. 전에 그가 해적들을 물리친 곳이다. 그는 남들이 다니던 '차의 길'을 따라갔다. 대홍포 찻잎이 세계시장으로 나갈 때 택하는 바로 그 길이었다. 그러나 그것은 결코 단순한 여행이 아니었다. 해안으로 가는 도중에 중국의 아편 무역에서 특유하게 나타나는 위험들을 만나게 되기 때문이다.

어느 날 밤 시끄럽고 무서운 소동이 일어났다. 성난 외침과 말다툼이 포천이 묵고 있는 여관방의 적막을 찢어놓았다. 그는 목소리들 가운데서 귀에 거슬리는 가마꾼들의 말투와 하인 싱후의 보다 매끄러운 중국어를 겨우 알아들을 수 있을 뿐이었다. 말다툼은 갈수록 시끄러워지고 더욱 격렬해졌다. 포천은 밤잠을 잘 수 없게 만드는 온갖 종류의 공포를 머릿속에 떠올렸다.

> 나는 그들이 우리 재물을 강탈하고 어쩌면 우리 생명까지 빼앗으려는 생각으로 내 하인을 붙잡고 있는 것이 아닌지 두려웠다.

포천은 결국 급히 옷을 걸치고 작은 권총을 집어 들었다.

> 이 나라의 어떤 곳에서 인간의 생명은 그리 귀중한 것이 아니었고, … 아마도 나는 도둑과 강도들의 소굴에 있는지도 몰랐다.

싱후는 이야깃거리가 많은 사람이었다. 산길을 몇 킬로미터나 가는 동안 그는 포천에게 자신이 여행 중 겪은 소름끼치는 이야기들을 계속 들려주었다. 더 무섭고 더 꾸밈이 많을수록 더 좋았다. 그는 잠자다가 강탈을 당하고 죽은 귀족들, 팔다리가 잘린 상인들, 목이 잘린 여행자들 이야기를 줄줄이 풀어놓았다. 포천은 듣지 않으려고 했다. 그러나 날이 지나가고 여행의 신선함이 사라지면서 그는 공포와 싱후의 상상력이 만들어낸 순전한 창작이 뒤섞인 그 이야기들에서 일종의 달갑지 않은 즐거움을 얻게 됐다.

그러나 바로 그날 밤 너무도 갑작스럽게 잠에서 깨자 싱후의 으스스한 이야기들이 한꺼번에 밀려들어 그의 뇌리에서 떠나지 않았다. 포천은 실종됐다가 나중에 자기 여행 가방에 쑤셔 넣어진 채 발견된 한 남자의 모습을 머릿속에서 떨쳐버릴 수 없었다. 그는 머리가 잘린 채 워드 상자 속에 구겨 넣어진 자신의 모습을 상상했다.

급히 사다리를 내려가 여관 중앙의 뜰에 들어서서야 포천은 소동의 주범이 다름 아닌 싱후라는 것을 알 수 있었다. 거기에는 가마꾼들을 포함해 열아홉 명가량 되는 사람들이 싱후를 둘러싸고 있었다. 가마꾼들은 싱후가 겨우 가슴 높이밖에 미치지 못할 정도로 체격이 컸는데, 지옥의 악귀들이 모두 풀려나기라도 한 듯이 소리를 질러대고 있었다. 싱후는 사람들에 둘러싸인 가운데 벽을 등지고 자기 자리에 버티고 서서 "궁지에 몰린 범처럼" 스스로를 방어했다. 그는 혼자서 무리들과 싸워 물리치기로 작정했다. 손에는 자신의 유일한 무기인 불붙인 막대 향이 들려 있었다. 싱후는 찌르고 막기를 반복했고, 이따금씩 뜨겁고 향내가 나는 불잉걸을 핍박하는 사람들의 얼굴 가까이에 쑥 내밀었다.

가장 아슬아슬했던 것은 가끔씩 찔러댈 때 그들이 물러나면서 악담을 하고 욕을 하는 것이었다. 그들은 달려들 때보다 더 빨리 물러섰다.

포천은 싱후가 자칼들에게 둘러싸여 있는 그 모습이 우습다는 생각이 들었다. 자기 자신의 안전도 위험에 처해 있고 그 장면은 "더욱 대담한 사람이라도 충분히 경계할 만한" 것임을 알고 있었음에도 말이다. 그러나 지금까지 중국에 오래 있다 보니, 용감한 한 사람이 열 사람에게 맞서고 그의 하인이 홀로 향 피우는 막대기를 들고 스스로를 방어하는 희극을 보게 된 것이다.

포천은 무리 속으로 성큼성큼 걸어 들어갔다. 사람들은 재빨리 그를 에워쌌다. 그는 주머니에 손을 넣어 작은 권총을 꺼낸 뒤 모든 사람이 볼 수 있도록 쳐들었다. 월등한 무기가 자기들 앞에 등장하자 사람들은 곧바로 누그러져 물러났다.

포천은 도박을 한 것이다. 권총은 작동되지 않는 것이었다. 여름의 습한 날씨 때문에 장전장치가 녹슬어 막혀 있었다. 약실은 비어 있었고, 이후 여행 동안에도 마찬가지였다. 하지만 그는 도박을 했고, 모두는 그 총을 그가 가진 힘의 상징으로 인식하게 됐다. 아무도 그 총이 쓸모없는 것임을 알아차릴 수 없었다.

언제나 나를 깍듯이 대하던 가마꾼들과 짐꾼은 곧바로 뒤로 물러나 동시에 투덜거리기 시작했다.

그는 그들의 불만을 들었다. 사람들은 자기네에게 주기로 했지만 받지 못한 돈을 싱후에게 요구했었던 듯하다. 포천의 하인 싱후는 또 그

짓을 했다. 뇌물을 받고, 쥐어짜기를 하고, 포천이 허용한 것보다 조금 더 긁어갔다. 언제나 그랬듯이 그는 싱후가 문제를 일으킨 돈을 지불해야 했다.

내가 무관심한 구경꾼이었다면 내 앞에 벌어진 광경을 보고 유쾌하게 웃었을 것이다. 그러나 나는 낯선 나라 한가운데에서 적대적인 사람들에 둘러싸여 있었고, 또한 약자였다. 나는 정말로 불안했다.

포천은 가장 거만한 고관의 자세를 취하고 싱후를 꾸짖었다. 문제가 무엇이었든, 싸움을 누가 시작했든, 그것은 싱후의 잘못이었고 그는 부끄러워해야 했다. 어떻게 그가 감히 좀도둑질을 해서 포천의 여행을 위험에 빠뜨릴 수 있단 말인가? 도적이 많은 땅에서 왜 현지인들의 분노를 살 짓을 한단 말인가? 포천의 생각으로는 분개한 일꾼들은 모두 근면하고 정직한 사람들이었다. 그들은 그에게 잘 대해 주었고, 가파른 지형에서 힘들게 그를 몇 킬로미터나 날라다 주었다. 포천은 이 문제에 관해 그들 편을 드는 데 아무런 거리낌이 없었고, 대놓고 그렇게 말했다.

문제가 된 돈은 중국 돈으로 300전 정도였고, 영국 돈으로 1실링 정도 됐다. 포천은 그런 금액 때문에 자기 생명이 위험해지리라고는 꿈에도 생각지 못했다. 그에게는 초등학생들 사이의 말다툼을 뜯어말린 것처럼 생각됐지만, 자신이 위험에 처했었던 것은 사실이었다. 그래서 10명의 현지인이 지켜보는 가운데 그는 싱후에게 당장 돈을 지불하라고 단호하게 명령했다. 그는 싱후에게 공개적으로 망신을 줌으로써 당분간 여덟 명의 일꾼과 구경꾼들을 달랠 수 있었다.

포천은 그저 여행자를 위한 숙소에 묵고 있었지만, 그는 도둑들과 함께 있었다.

> (몇몇은) 뺨 색깔이 누런 것으로 보아 분명히 아편쟁이들이었고, 도박 중독자 같은 사람들도 있었으며, 모두가 친밀하게 지내기보다는 피하고 싶은 사람들이었다.

아편이 있는 곳은 어디든지 범죄자들이 멀리 있지 않았다. 아편쟁이들은 사회의 주변부에 살았고, 종종 협잡과 범죄에 휩쓸렸다. 포천이 잠시 머물고 있던 곳은 사실 이른바 화옌관花煙館 즉 '꽃과 담배의 집'이었다. 그곳은 지저분한 쾌락의 집으로, 남자가 시와 여자와 아편을 특정한 순서 없이 즐기는 곳이었다. 그런 여관을 일컫는 또 다른 통칭은 '부부의 집'이었다. 그러나 한 중국학자는 이렇게 지적했다.

> 실제로 그들은 좋은 집안의 자제들을 꾀어들인다. 그곳은 몰래 간음을 하는 곳이다.

이 여관은 해안으로 가는 길가에 있는 평판 나쁜 집들 가운데 한 곳이었다. 제1차 아편전쟁 이후, 그리고 그 결과로 아편 무역이 제도화되면서 상하이는 동아시아 아편 거래의 중심지가 됐고, 온 나라의 아편 중독자들이 아편을 한번 즐기기 위해 해안의 상하이로 순례 여행을 했다.

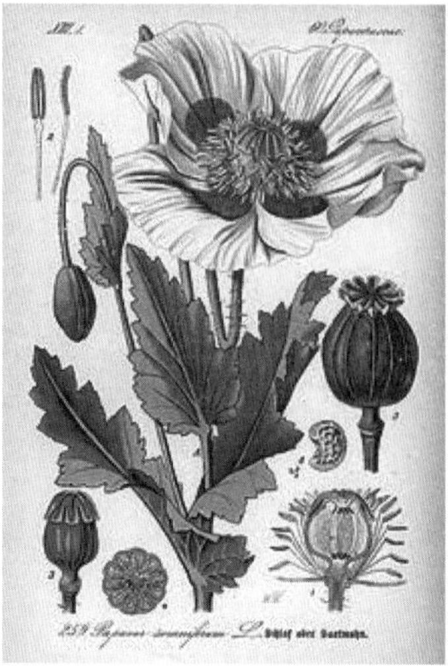

양귀비

아편은 양귀비(학명 *Papaver somniferum*, '잠자는 양귀비'라는 뜻)라는 한해살이풀로부터 뽑아낸다. 양귀비는 남아시아의 산악 지대에서 자라는데, 당시 이 지역은 대부분 대영제국의 수중에 있었다. 아편을 뽑아내는 양귀비는 흰색 또는 자줏빛 꽃이 피며, 키는 1미터 안팎이다. 줄기는 단단하고 원통형이며, 싹의 무게에 눌려 구부러지고 처져 있지만 꽃이 활짝 피면 똑바로 일어선다. 양귀비의 중앙에는 커다란 공 모양의 씨방이 있는데, 얇은 껍질로 싸여 있다. 이 씨주머니가 갈라지면 끈적끈적한 수액이 흘러나오는데, 이를 모으고 물을 빼 말린 다음에 짓이겨 작은 공이나 조각 형태로 만든다.

아편의 주된 활성 성분은 모르핀이라는 알칼로이드다. 고통을 줄이고, 행복감을 만들어내며, 잠과 무감각을 유도하고, 열을 줄이고, 근육 경련을 완화해 준다. 아편은 호메로스 시대 이래 수천 년 동안 기분 전환과 의료용 약물로 이용돼 왔다. 아편은 피우거나 마시고 먹고 주사로 맞고 피부에 바를 수 있다. 모르핀과 함께 아편에는 또 다른 고통을 줄이는 알칼로이드인 코데인도 함유돼 있다.

19세기 중반 무렵에는 수백만 명의 중국인이 아편 중독자였다(어른 세 명당 한 명꼴로 추산됐다). 중국에서는 재난이 너무도 광범위해서, 한때 번영했던 나라 경제가 20년도 되지 않는 사이에 사실상 파산 지경에 이르렀다. 포천의 시대에 아편 수입은 해마다 20퍼센트씩 증가했다. 1845년 3400만 달러(오늘날 가치로 9억 6200만 달러)어치인 4만 8천 상자가 인도로부터 수입됐는데, 1847년에는 4200만 달러(오늘날 가치로 11억 달러)어치인 6만 상자로 늘었다.

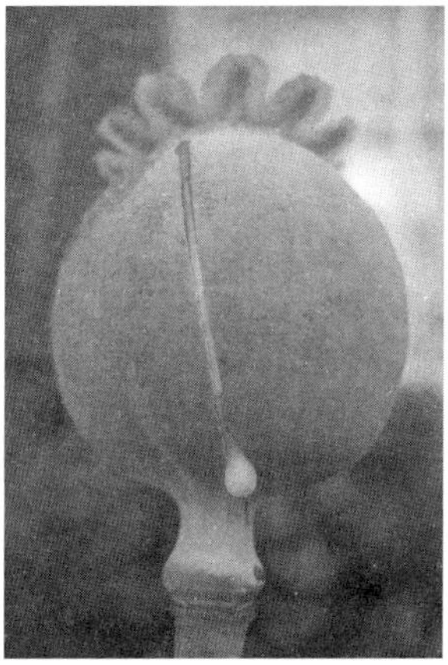
수액이 흘러내리고 있는 양귀비 씨주머니.

지금도 그렇지만 당시 중국 인구의 대부분은 농민이었고, 아편 중독자가 될 가능성이 가장 높았던 것도 그들이었다. 아편이 명나라 때 중국에 처음 들어왔을 때는 외국에서 들어온 궁정의 사치품으로 여겨졌다. 네덜란드는 자카르타에서 중국으로 아편을 공급하기 시작했는데, 이는 역시 네덜란드를 통해 차가 유럽에 공급된 것과 거의 비슷한 시기였다. (당시나 지금이나 네덜란드는 대단한 마약 밀매자였다.) 중국의 옛 한의학자는 이렇게 썼다.

> (아편은) 쓴맛이 나고, 과도한 열이 나게 하며, 독성이 있다. 그것은 주로 남성성을 키우고 정자를 강하게 하며 활력을 회복하는 데 쓰인다. 그것은 연금술사의 비술과 궁녀들의 성적 능력을 향상시킨다. 자주 사용하면 기력을 떨어뜨리는 만성 설사를 치유할 수 있다. … 그 가격은 금값과 맞먹는다.

아편이 황실에서 널리 사용되자(주로 최음제로 사용됐다) 귀족과 학자들, 중간 계층의 관원들에게로 확산됐다. 19세기 중반에는 아편을 즐기는 것이 하층계급으로까지 번졌다. 막일꾼·가마꾼·사공들(포천이 일상적으로 부딪쳤던 사람들이다)이 모두 고요하고 편안한 느낌을 만들어내는 마약에 취해 자기네 삶의 고단함을 잊었다. 아편 사용이 점점 널리 퍼져가자 중국 관원들은 중국의 일하는 대중들이 아편을 즐기는 장소인 주막과 유곽을 규탄했다.

상류층의 사치스런 도락으로 생각했던 아편 흡입은 결과적으로 하층민 사이에서 커다란 사회적 우환이 됐다. 한 여행자는 이렇게 썼다.

> 흡입자들이 자고 있으면 시체 같다. 야위고 초췌한 악귀처럼 보인다. 아편을 피우면 온 가족이 파멸의 구렁텅이에 빠지게 된다. 모든 재산을 다 털어 넣고, 자기 자신까지 죽게 된다. … 아편은 살과 뼈를 소모시켜 피부는 축 늘어지고 뼈는 장작개비처럼 앙상해진다. 아편쟁이가 자기가 가진 모든 것을 잡히고 나면 아내를 잡히고 딸을 팔게 된다.

아편은 허약하고 무기력한 노동력을 만들어냈다. 이들은 자기가 생산한 것보다 많은 자원을 소비하는 사람들이다. 아편은 특히 황제의 군대를 웃음거리로 만들었다. 당대의 여러 기록은 아편이 군대에서 널리 사용됐다고 적고 있다.

> 광둥과 푸젠 군사 상당수는 아편을 피운다. 군관들 가운데는 더 많다. 그들은 겁쟁이고, 우리 작전을 망쳤다. 그들은 정말 비열하다.

아편에 사로잡힌 군대라면 청 왕조가 곧 지배력을 잃게 된다 해도 무엇이 놀랍겠는가? 태평천국운동이 그렇게 맹위를 떨친다 해서 무엇

아편굴에서 아편을 흡입하는 중국인들.

이 놀랍겠는가? 또 다른 학자는 이렇게 한탄했다.

> 군사가 만 명이나 되지만 열에 일곱은 광둥 사람들이다. 그들은 겁이 많고, 산악 행군에도 익숙지 않다. 게다가 해안 지역 군사들은 대개 아편쟁이들이다.

아편이나 차 같은 약물은 처음으로 대량 생산되고 대량 유통된 세계적 상품이었다. 이 '흥분제'와 관련된 모든 것과 모든 사람(생산자에서 유통업자와 소비자에 이르기까지)은 그 영향으로 변화했다. 영국과 중국이 깊숙이 얽혀든 이 세계 약물 무역은 새로운 지도자와 새로운 정부, 새로운 회사, 새로운 경작 방법들을 만들어냈다. 또한 새로운 식민지, 새로운 자본 축적 방법, 새로운 운송·통신 방법도 만들어냈다.

경제와 제국이라는 관점에서 볼 때 아편은 기적과도 같은 것이었다.

그것은 거의 아무런 노력도 들이지 않고 새로운 시장과 소비자를 찾아냈으며, 세계화의 첫 번째 파도에서 식민지를 개척했던 상선들에서도 그리 큰 자리를 필요로 하지 않았다. 아편은 처음부터 일종의 화폐였고, 그렇기 때문에 동아시아 무역이 신속하고 깔끔하게 이루어졌다. 그것은 무게가 가볍고, 포장하기가 쉬웠으며, 높은 가격을 받을 수 있었다.

아편은 차와 커피 같은 다른 약물들과 마찬가지로, 그리고 설탕과 마찬가지로 대영제국에 도움이 되는 물건이었다. 영국은 아침 식탁에서 마시는 차를 사오기 위해 은을 지불해 국제수지가 상당히 좋지 않았지만, 아편 무역이 늘어나자 그 불균형은 영국의 흑자 쪽으로 재빨리 역전됐다. 중국이 1801년에서 1826년 사이에 영국에 은을 지불한 것은 7500만 달러(현재 가치로 약 13억 달러)였으나, 은 유출은 1827년에서 1849년 사이에 1억 3400만 달러(현재 가치로 약 29억 달러)로 증가했다. 모두가 아편 무역의 결과였다.

영국이 모든 패권 국가 가운데 최고가 된 것은 차와 아편 무역 같은 약물 기반의 무역 업체들을 통해서였다. 영국은 중국에 아편을 팔아 엄청난 이득을 남겼다. 1840년에는 75만 파운드(현재 가치로 약 38억 달러)였고, 1879년에는 910만 파운드(현재 가치로 약 220억 달러)로 늘었다. 무적의 영국 해군 함대는 설탕·차·아편 무역에서 새로 벌어들인 자금으로 끊임없이 개선을 이룰 수 있었다. 아편이 없었다면 인도의 무역은 번창하지 못했을 것이고, 인도가 없었다면 나폴레옹 이후 영국의 세계 패권은 당연히 무너졌을 것이다.

포천 쪽에서는 잘 준비를 했으나, 일꾼들이 분해서 떠들고 욕하는 소리가 여전히 들렸다. 그는 잠자리로 돌아왔지만, 잠은 이미 멀리 달아나버렸다. 썩어가는 마룻장을 통해 아편 연기가 방으로 새어 들어왔다. 짙고 무거운 연기는 바닥에 달라붙었다가 그의 짐 위를 빙빙 돌고 곰팡이·습기의 냄새와 뒤섞였으며, 느글거리도록 달콤한 설탕 태운 냄새를 자아냈다. 너무 강하기는 했지만 그 냄새는 이상하게도 마음을 끌었다. 그레이엄 그린(1904~1991. 영국의 소설가, 극작가)이 나중에 썼듯이, 그것은 "첫눈에 연애를 하고 싶다고 느끼는 아름다운 여인을 보는 것과 마찬가지"였다.

아래 식당에는 포천의 가마꾼들을 비롯한 여러 사람이 침대처럼 생긴 캉炕이라는 곳에 누워 있었다. 방 중앙에는 등이 하나 켜져 있었다. 가마꾼 하나가 캉에 누운 채 불 쪽으로 몸을 기울여 아편 덩이를 데웠다. 끈적끈적한 아편은 불길이 닿자 소리를 내며 끓었다. 그는 긴 숟가락으로 이제 뜨겁고 끈적끈적한 상태가 된 공깃돌 크기의 아편 덩이를 담뱃대에 채워 넣고는 숨을 깊이 들이마셨다. 퍽 하는 큰 소리가 나고, 아편의 지글지글하는 소리가 연기 속으로 빨려 들어갔다. "마약을 끓이고 지져 담뱃대에서 즙이 꾸르럭거리는 소리는 거의 조각상의 속도 뒤집어놓을 만했다"고 마크 트웨인(1835~1910. 미국의 소설가)은 썼었다. 가마꾼은 다시 베개에 몸을 기대고 숨을 멈췄다. 그러고 나서 양귀비로 인해 흥분이 일어나고 고통이 사라진 상태에서 숨을 내쉬었다.

포천은 이렇게 썼다.

나는 미친 사람들이 이 상태에서 무슨 일을 저지를지(그들은 마약 기운이 남아 있는 동안에는 미친 사람이기 때문이다) 제대로 예측할 수 없었다.

그는 머릿속으로 자신이 죽을 가능성을 따져보고 죽는 방식들을 일일이 나열해 보며 뜬눈으로 밤을 새웠다. 싱후가 기나긴 여행 동안에 줄줄이 풀어냈던 죽음이나 파멸 이야기들과 상당히 비슷한 것들이었다.

이 때문에 나는 여러 시간 잠을 이루지 못했다.

싱후는 가마꾼들과 언쟁을 하고는 옷을 입은 채 잠을 잤다. 그는 잠자면서도 문을 향했으며, 밤의 적막 속에서 아주 작은 삐걱거림이나 기척이 있어도 잠을 깼다. 마침내 아래층 방에서 아편쟁이들의 소리가 잦아들었다. 그들은 아편의 유혹에 넘어가 "마침내 꿈나라로 들어갔다."

날이 새자마자 포천은 잠자리에서 일어나 짐을 꾸렸다. 그는 여정을 계속해 전날 밤의 떠들썩했던 사건을 완전히 잊으려 했다. 그는 싱후를 불러 서두르도록 명령하고 나머지 사람들을 모아 떠나도록 했다. 그러나 여관은 텅 비어 있었다. 짐을 날라줄 일꾼들은 물론 여관 주인조차도 없었다. 다시는 싱후 같은 자나 낯선 고관인 그 주인과는 일을 하지 않겠다는 듯이 밤을 틈타 모두 도망쳐버린 것이었다. 포천은 아편을 흡입하고 노골적인 반란을 일으키는 것이 아닐까 생각했지만 그것은 아니었다. 그는 이제 일꾼들을 잃은 채 외진 시골 마을에 남겨져 있었다. 자신의 유일한 동행인인 하인은 화를 내며 부끄러워하고 있었다.

방법은 도와줄 사람을 찾는 것뿐이었다. 포천은 싱후를 시켜 가장 가까운 마을로 가서 사람들을 구해 오도록 했다. 그는 싱후에게 새 가마꾼들로부터는 절대로 이득을 취하지 말라고 경고했다. 싱후는 지시대로 출발하기는 했으나, 여전히 포천의 질책에 화가 나 있었다.

아침이 지나면서 포천은 자신이 또 다른 불안과 위험에 부딪히지 않았으면 하고 간절히 바랐다. 그는 어젯밤의 패거리들이 형편없는 고관과 무서운 그 하인에 대해 동네방네 다니며 불평하는 데서 그치지 않고 보복까지 하려는 것이 아닐까 두려웠다. 그러나 새로운 가마꾼이 오는 기적은 없었고, 싱후 역시 돌아오지 않기는 마찬가지였다.

마침내 오후 늦게 싱후가 포천이 있는 곳으로 돌아왔다. 사람을 구하는 데 실패해 혼자였다. 아무도 그를 위해 일하려 하지 않았다. 아무리 돈을 많이 준대도 마찬가지였다. 싱후의 불쌍한 처지는 더욱 곤두박질쳤다.

포천은 싱후가 불쌍한 체하고 비굴하게 변명했지만 받아주지 않았다. 그는 절대로 하룻밤 더 그 여관에서 묵을 수는 없다고 선언했지만, 그러는 동안에도 싱후는 자기 입장만 변호하려 했다. 그들은 곧바로 출발해 해가 남아 있는 한 길을 가야 했다. 싱후는 자신을 급이 높은 하인이라고 생각했지만, 스스로 짐을 모두 지고 가야 했다. 불쌍한 하급 막일꾼처럼. 포천은 싱후에게 밧줄과 대나무를 가지고 짐을 한데 묶으라고 명령했다. 싱후는 그날 밤의 소동에 대해 아는 사람이 없는 곳을 향해 충분히 멀리 벗어날 때까지 혼자서 그 무거운 짐을 맡아야 했다.

두 사람이 그 고약한 아편쟁이 여관에서 떠날 때 비가 내리기 시작했고, 곧 억수같이 쏟아붓기 시작했다. 그렇지만 포천은 물이 넘치는 거리를 계속 걸어야 한다고 고집을 부렸다. 그들은 곧 흠뻑 물에 젖었고, 자신들이 비참하다고 느끼는 한편으로 서로에게 매우 화가 나 있었다. 그들이 흙탕길을 계속해서 터덜터덜 걸어 또 다른 산에 이르렀을 때는 이미 여관이 먼 기억이 돼 있었다.

그들이 도시 성벽에서 2킬로미터 조금 안 되는 지점에 이르렀을 때, 싱후가 어깨에 걸쳐 짐을 메고 있던 대나무가 뚝 부러졌다. 포천이 가진 모든 것, 즉 짐과 묘목과 모든 차나무가 발목 깊이의 진창에 처박혔다. 바구니가 열려 씨앗이 쏟아졌고, 싱후가 그렇게 열심히 사들였던 돗자리도 모두 진흙 속에 흩어졌다.

싱후와 포천은 광대한 중국의 광야, 농지 한가운데에 흠뻑 젖은 채 외로이 버려져 있었다. 아무도 그들을 보거나 그들의 소리를 들을 수 없었다. 그들의 좌절을 증언해 줄 사람은 아무도 없었다. 포천은 흠뻑 젖어 기진맥진한 하인에게 화를 내는 대신 그를 동정했다.

> 나는 그를 책망할 생각이 들지 않았다. … 진흙과 물에 빠진 그는 너무도 불쌍해 보였다.

상하이,
1849년 가을

포천은 상대적으로 편안한 상하이로 돌아와 아늑한 덴트빌사 상관商館의 손님으로서 책상 앞에 앉아 있었다. 그는 캘커타의 인도 식민 정부로부터 소포 하나를 받았다. 힘들었던 몇 달 동안의 여행을 통해 그가 중국에서 한 일이 성공했는지 실패했는지는 모두 동봉한 서류에 들어 있을 터였다.

포천은 봉투를 북 뜯어 열고 여러 쪽으로 된 공문을 끄집어냈다. 책자라고 해도 될 만한 분량이었다. 거기에는 많은 내용이 들어 있었다. 회사 식물학자들과 관리들의 보고서에는 자신이 중국에서 첫 번째로 실어 보낸 녹차의 운명이 상세히 적혀 있었다. 그것은 모두 날짜를 역순으로 해서 깔끔하게 정리돼 있었다. 손으로 또렷하고 꼼꼼하게 베낀 것이었다.

회사는 이 문서들에 들어 있는 내용의 요약본도 붙여놓았다. 그것은 그가 간절하게 원했던 새로운 소식이었으나, 내용물은 기대를 저버리고 말았다. 거의 모든 차나무는 죽은 채로 인도에 도착했다. 포천의 한

해에 걸친 작업과 회사의 모든 투자는 몽땅 날아가 버렸다. 자신은 그 첫해에 중국에 전혀 있지 않았던 셈이다.

그는 두 손으로 머리를 싸쥐고 그 소식을 이해해 보려고 애썼다.

그런 뒤에 그는 문서를 처음부터 읽어나가기 시작했다.

초목들은 전해 겨울에 발송됐다. 그러나 3월까지 지연이 됐고, 실론으로 돌아서 가고 옮겨 싣는 과정도 있었다. 그러나 그가 보낸 차가 3월 말 캘커타에 도착했을 때에는 모든 것이 아직 제대로 돌아가고 있었던 듯했다. 한 보고서는 이렇게 돼 있었다.

> 폴커너 박사는 1만 3천 그루의 어린 묘목이 담겨 있는 초목 상자들을 받았다고 보고했습니다. … 초목의 대부분은 건강하고 잘 자란 상태로 캘커타에 도착했다는 보고입니다.

포천은 계속해서 문서를 넘기며 자신이 보낸 묘목들의 운명을 추적했다. 묘목들은 증기선에 실려 상류에 있는 알라하바드로 보내졌지만, 거기서도 지체됐다. 갠지스강의 수심이 얕아 배가 뜰 수 없었기 때문이다. 묘목들은 거기서 한 달 가까이 머물렀다. 상자의 상태가 괜찮았다면 지체가 됐다 해도 그리 큰 문제는 아닐 수 있었다. 실론에서 한 달을 묵고 난 뒤라 해도 마찬가지였다. 그러나 편지를 읽어보니 알라하바드에서 이미 묘목의 상태가 좋지 않았음이 분명했다. "상자의 유리 역시 상당 부분이 깨졌다"고 공문에는 씌어 있었다.

포천은 계속 읽어나가면서 속이 뒤틀렸다. 누군가가 잘 알고 상자를 다시 밀봉했다면 안에 든 것들은 살았을 것이다. 아니면 능숙한 원예사가 그때 거기서 묘목을 화분에 옮겨 심고 상류로 올라가면서 집 안의 화초들처럼 보살폈다면 여행을 끝내고도 살아 있었을 것이다. 유감스럽게도 그가 보낸 초목은 회사 창고나 공장의 하역장에 방치돼, 비가 와서 강의 수위가 올라가고 배가 떠날 수 있게 될 때까지 아무도 관심을 가지지 않았던 듯하다.

포천은 어금니를 꽉 깨물었다. 그는 세입부의 보고서를 읽어나가면서 고개를 흔들 수밖에 없었다. 알라하바드에서 상자들은 우마차에 실려 산속에 있는 사하란푸르 식물원으로 보내졌다. 히말라야산맥에 있는 회사의 실험 농장이다. 그곳에 도착한 것은 5월 중순이었다.

> 상자 여섯 개로 이루어진 초목 1차분은 5월 14일 사하란푸르에 도착했습니다. 상태는 좋지 않았는데, 겨우 30~40그루의 초목에 잎이 달려 있었지만 호전될 기미가 보였습니다. 2차분 다섯 상자는 좀 더 나은 상태로 6월 9일 도착했습니다. 다섯 상자 전체에서 41그루가 좋은 상태였습니다.

포천은 수천수만 그루의 어린 초목을 보냈지만 인도의 산속까지 건강하게 살아서 간 것은 겨우 80그루에 불과했다. 그것은 통계적으로 무의미한 숫자였다. 상상을 초월한 실패율이었고, 가능한 최악의 결과였다.

그의 첫해 결산은 매우 암울했다.

상자 번호	초목의 상태
6	초목 8그루가 좋은 상태
7	모두 죽음
8	초목 1그루가 좋은 상태
9	초목 2그루가 좋은 상태

10	모두 죽음
11	초목 2그루가 좋은 상태이고, 2그루는 병듦
12	초목 6그루가 좋은 상태
13	초목 8그루가 좋은 상태이고, 2그루는 병듦
14	초목 4그루가 좋은 상태이고, 강하고 건강한 가지 몇 개가 버려짐
15	초목 2그루가 좋은 상태
번호 없는 상자	초목 5그루가 좋은 상태이고, 1그루는 병듦

그러면 씨앗은 어떻게 됐을까? 7월 초까지 일곱 통 정도가 도착했다. 제임슨은 이렇게 썼다.

결과는 완전히 실패였습니다. 씨앗 하나도 싹을 틔우지 못했습니다. 제가 최근에 상태를 확인하기 위해 모판에서 씨앗을 파내 보았더니 모두 썩어 있었습니다.

포천이 편지의 뒷부분을 보니 관료적인 책임 전가로 보이는 구절들이 있었다. 캘커타의 관리들은 내륙의 원예사들을 비난했다. 내륙에 있는 사람들은 다르게 주장했다. 아무도 차에 대해서 자신들이 알고 있는 만큼 알지 못하며(틀림없이 캘커타의 식물학자들이 잘 모른다는 얘기다), 차와 관련된 모든 문제에서는 자기네 말이 곧 법이라는 것이었다. 결국 포천이 첫 번째로 보낸 초목들은 회사의 집단적 무능 때문에 죽어버리고 말았을 것이다.

포천은 자신의 기록에서, 영국령 인도의 공식 문서들에 만연해 있던 자신에 대한 과대 포장을 별로 하지 않았다. 포천은 담담하고 단순하게, 자신은 성공하지 못했으며 초목을 새로운 보금자리에 옮겨 심고 이런 이식을 통해 하나의 완전한 산업을 만들어내는 것은 참으로 매우 어려운 일이라고 썼다.

1848년 가을에 나는 많은 양의 차 씨앗을 인도로 보냈다. 일부는 성긴 천 가방 속에 꾸려 보냈고, 일부는 마른 흙과 섞어서 상자에 넣었으며, 또 일부는 우편으로 빨리 전달하기 위해 작은 꾸러미에 넣었다. 그러나 이런 여러 방법 가운데 어느 것도 성공을 거두지 못했다. 차 씨앗은 땅 밖으로 나오면 아주 짧은 기간 동안만 생명력을 유지한다. 이는 떡갈나무와 밤나무도 마찬가지이며, 그렇기 때문에 이들 가치가 큰 나무들은 씨앗을 통해 멀리 떨어진 나라에 전파하는 데 많은 어려움이 따른다.

식물 실험을 더 진척시켜야 할 시기가 온 것이었다.

포천은 자신이 화물로 부친 녹차가 모두 잘못돼 버렸지만, 회사가 자신을 중국에서 소환하지 않을까 하는 두려움은 없었던 듯하다. 오히려 그는 여전히 자신감에 넘치고 일에 집중했으며, 변명하려는 기색이 조금도 없었다. 또한 그는 어떠한 자책에도 빠지지 않고, 그 대신 해결 방법을 찾는 데 온전히 집중했다. 그는 자신의 기본적인 원예 기술에 충분한 확신을 가졌기 때문에 더 나은 결과를 얻을 수 있다고 생각했다.

그는 새로운 씨앗 수송 방법을 생각하고 있었다. 워드 상자 안에서 씨앗에 싹을 틔우도록 하는 것이었다. 그는 이런 결론을 내렸다. 지난

번 선적의 문제는 그가 씨앗을 예외적인 것으로 보고, 차나무의 생명 단계를 살아 있는 묘목과 잠자고 있는 씨앗의 두 시기로 명확히 구분해 완전히 별개의 화물로 인도에 실어 보낸 점이었다. 그러나 워드 상자는 모든 형태의 식물 생명체에게 가장 안전한 곳이었다. 그것이 발달 단계의 어느 곳에 있든지 마찬가지였다. 포천은 워드가 처음 원리를 발견할 때 밀봉된 유리병 속에서 그 병이 닫힌 지 몇 해가 지난 뒤에 씨앗이 싹을 틔웠음을 보았다는 사실을 기억했다. 초목은 워드 상자 안에서는 잘 얼지 않았다. 오히려 살아 있고 성장했다. 씨앗은 생명 환경에서 떼어내 쌀처럼 가마니에 담아서 선적하면 안 되는 것이었다. 씨앗 역시 테라리엄에서 잘 자랄 터였다.

포천은 곧바로 워드 상자 실험을 시작했다. 그는 수백 톨의 홍차 씨앗을 캘커타 식물원으로 보내는 흙이 담긴 워드 상자에 넣기로 했다. 이 실험은 워드가 처음 원리를 발견했을 때의 조건과 그리 다르지 않은 것이었고, 다만 규모가 클 뿐이었다.

그가 인도에 보내는 표본 가운데는 중국 최고의 생사生絲를 생산하는 지역에서 수집한 뽕나무 여러 그루도 있었다. 포천은 차 산지를 드나들면서 장강 유역의 생사 산지를 여행했고, 면직물 산업이 발달한 인도가 생사 생산 실험으로부터 도움을 얻을 수 있을 것이라고 생각했다. 그는 뽕나무를 '통상적인 방법'대로 심었다. 다른 경제적·과학적 관심에서 심은 나무들처럼, 충분한 공간과 흙, 그리고 빛을 확보해 외부로의 오랜 여행 동안에 편안하게 유지될 수 있도록 했다. 그는 이식한 것에 물을 주었고, 뽕나무가 햇빛을 받도록 했다. 그리고 며칠 뒤 흙이 물을 빨아들이고 초목이 제한된 새 환경에 적응한 뒤에 홍차 씨앗(각기 공깃돌만 한 크기다) 몇 줌을 흙 표면 위에 흩어놓았다. 그리고 나서 그는 차 씨앗 위에 흙을 1센티미터 남짓한 깊이로 한 층 더 덮었다. 포천은 상자 만드는 사람들에게 상자에 가로대를 만들어 넣도록 했다. 바다의 파도나 우마차 여행으로 인해 어떤 흔들림이 생기더라도 흙이 제자리에 있도록 하기 위해서였다. 그는 이렇게 썼다.

> 이 방법은 생명이 짧은 모든 씨앗에 적용될 수 있고, 차나무에도 적용될 수 있다. 이를 널리 알리는 것이 필요하다.

대홍포의 씨앗을 심은 포천의 첫 번째 뽕나무 상자는 캘커타에서 개봉돼 완전한 성공으로 환호를 받았다. 씨앗은 살아남았을 뿐 아니라 원양항해에도 불구하고 모두 싹을 틔워 건강한 상태로 도착했다.

캘커타의 식물학자들을 이끌고 있던 폴커너는 기쁨에 넘쳤다. 중국에 있는 한 과학자의 창의가 사하란푸르에 있는 회사 원예사의 무능을 벌충한 것이다. 자연이 인간의 게으름과 서투름을 물리쳤다. 그러나 그뿐만이 아니었다. 포천은 세계 각지에서 초목을 옮겨오는 제국의 사업에 대약진을 이루었다. 그것은 본질적으로 기술 이전이었다. 살아 있는 초목과 연약한 씨앗이 원양을 옮겨갈 수 있다면 전체 산업이 옮겨질 수 있다. 한 번에 초목 한 그루가 아니라 한 번에 수익성 있는 표본 전체가 움직이는 것이다. 포천은 세계적인 지식과 기술 수출을 1.2×1.8미터의 유리 상자에 담아 확장시켰다. 식민지를 잔뜩 가지고 있는 영국 같은 제국주의 강국에게 포천의 발견은 거의 혁명이나 진배없었다. 그 땅들을 경작하고 재배해서 수익을 낼 수 있게 됐기 때문이다.

폴커너는 회사와 포천에게 이렇게 썼다.

어린 차나무가 뽕나무 둘레에 자기네가 뚫고 올라올 수 있는 굵기로 싹을 내밀었습니다.

포천은 자신의 성공에 고무돼 스스로 개발한 새로운 방법을 사용한 워드 상자 14개를 더 만들었다. 그는 작용 원리가 근본적으로 믿을 만하다는 것을 알고 있었기 때문에 더욱 단호해져서, 다음 번 실험에서는 흙을 한 층 더 덮는 일을 좀 느슨하게 했다. 그는 씨앗을 꺼내 흙과 씨앗을 1 대 2의 비율로 섞은 뒤 함께 던져놓았다. 마치 푸딩에 건포도가 잔뜩 뿌려져 있는 것 같았다. 그러고는 겨우 1~2년 된 작고 어린 차나무가 줄줄이 심겨 있는 상자 바닥에 흙을 뿌렸다. 그는 이제 워드 상자가 식물을 길러내는 능력이 있음을 철석같이 믿었다. 그는 홍차 씨앗이 인도에 도착할 때까지 살아 있을 것을 믿었고, 따라서 씨앗을 많이 보냈다.

씨앗과 흙을 섞어놓은 것은 배에서 유리로 보호된 채 수많은 홍차 씨앗을 싹틔웠다. 인도로 가면서 모든 씨앗이 풍성한 싹을 틔워, 폴커너가 셀 수도 없을 만큼 많은 건강한 초목이 생겨났다.

제임슨은 이렇게 썼다.

워드 상자의 도입 효과는 매우 성공적이어서, 정부는 이런 방법대로 씨앗을 입수해 심도록 하는 쪽으로만 관심을 한정해야 할 것이라고 생각합니다.

이제 더 이상 살아 있는 초목, 매우 작아서 운송하기 쉬우면서도 옮겨 심을 때까지 살아남을 만큼 튼튼한 일년생의 어린 묘목을 채집할 필요는 전혀 없었다. 씨앗이 이런 묘기를 부릴 수 있는 것이다. 새로운 방법이 더 나왔다.

> (새 방법은) 포천 씨가 보낸 묘목 상자가 우리에게 도착했을 때 감탄스러운 상태를 보였던 점으로 입증됐습니다. 그렇게 길러진 초목들은 아주 생생하게 자라서 농장에 도착했고, 모판에 옮겨 심을 때도 죽은 것이 별로 없었습니다.

씨앗을 보내는 포천의 새로운 방법은 살아 있는 묘목을 선적하는 방법보다 열 배나 효과가 있었다.

> 왜냐하면 그곳의 어린 나무 하나로, 히말라야산맥의 목적지에 상자가 도착할 때는 열 개의 묘목을 얻을 수 있기 때문이다.

그해 이후 히말라야산맥의 모든 차밭은 포천이 보낸 차나무의 자손을 보유하게 됐고, 그것이 여러 세대 동안 이어질 인도 차 산업의 기반이 됐다. 그는 초목 수집자라는 직업을 근본적으로 변화시켰고, 그 이후로는 보다 정확하게 씨앗 수집자라는 말이 더 어울리게 됐다.

씨앗의 선택과 육종은 더 나은 품질의 차를 재배하기 위해 가장 중요한 부분이다. 포천이 히말라야에 제공한 것과 거기서 이미 자라고 있던 것(처음 선적해 런던의 맛 감식가들에게 보냈던 차다)의 품질 차이는 엄청났다. 가공된 차의 품질은 날씨 변화와 강우량, 수확과 선적 등 여러 가지 요인에 의해 좌우되지만, 가장 중요한 것은 품종이다. 포천은 히말라야산 차나무를 엄청나게 개선시켰다. 그의 차 묘목은 육종이 되고, 또한 이미 히말라야에 있던 나무(광저우산의 열등한 씨앗과 아삼 토산 품종이다)와 이종교배하게 된다. 포천이 가져온 차나무는 오랜 동안 중국의 최고급 미각에 맞추어 육종된 것으로 '중국종'이라 부르는데, 이것을 '인도종'이라 부르는 토산 차인 아삼 차 가운데 최고 품질의 것과 교배하는 것이다. 새로 만들어지는 잡종은 독특한 맛이 나고 화려하며 부드럽고 풍부하고 순한 세계 최고의 차가 된다.

상하이,
1851년 2월

상하이 부둣가에서는 슬프고 마음 아픈 장면이 펼쳐졌다. 여덟 명의 중국인 차 전문가들이 자기네가 정들고 사랑했던 조국, 그리고 가족·친척들과 이별을 하고 있었다. 만리장성 밖에서 온 고관은 그들이 가는 곳에도 차가 있을 것이라고 장담했지만, 떠나는 사람들은 의문을 품으면서 오직 한 나라에서만 차가 자랄 것이라고 생각했다. 그 나라는 바로 세계의 중심인 중국이었다.

어머니들은 아들들에게 음식을 싼 보따리를 밀어 넣어 주었다. 남자들은 자기 아버지에게 허리를 굽혀 절을 해서 존경의 뜻을 표했고, 일생 동안 많은 고난을 겪어온 아버지들은 아들들이 떠나가는 것을 그저 그 끝없는 고난의 연속 가운데 하나로 여기고 그들을 바라보았다. 남자들은 아내를 얻을 때 매우 행복했었지만, 이제 그 아내들은 엉엉 울고 있었다. 아이들은 떠나는 아비들의 바짓가랑이를 잡고 매달렸다. 젊은 아버지들은 몸을 굽혀 아이를 안아 올리고 보듬어주었다. 마침내 남자들은 발을 떼고 통로를 걸어 부속선으로 향했다. 부속선은 홍콩으로 떠날 목제 외륜 증기선인 영국 군함 아일랜드퀸호까지 그들을 실어다줄 배였다.

포천은 자신과 함께 여행할 사람들이 슬퍼하는데도 이상스럽게 무덤덤했다. 대신에 그는 이별을 '재미있는 장면'이라고 생각했다. 이 차 만드는 일꾼들은 매우 순진한 '내륙 중국인'들로서 새롭고 낯선 것을 두려워하며, 외국인들을 잘 아는 항구의 중국인들보다 훨씬 덜 속물들이었다. 이 사람들이 "자기네 친구들과 자기네 고국을 떠나"게 돼서 아주 가련하기는 했지만, 포천은 그들의 상황에 대해 동정할 까닭을 찾을 수 없었다.

아일랜드퀸호는 황푸강 입구 원양 항구에 닻을 내리고 정박한 채, 차 만드는 일꾼들과 관련 설비, 워드 상자, 그리고 포천을 기다리고 있었다. 이 배는 이튿날 아침 홍콩을 향해 출발할 예정이었다.

포천은 새 종업원들을 앞세우고 통로를 걸어갔다. 그는 이제 마지막으로(그는 그렇게 알고 있었다) 중국 본토를 떠나고 있었다. 그는 동인도회사를 위한 마지막 임무를 마쳤다. 마지막 임무란 바로 자신을 따라 인도로 가겠다는 중국인 전문가들을 찾아내 고용하는 것이었다. 그는 히말라야 차밭에 새로운 차나무와 차 씨앗을 충분히 채워놓았다. 그는 초목이 가득한 상자들을 영국의 경매장과 큐 식물원으로 보냈다. 그리고 도자기와 비단, 장신구, 그리고 기타 진귀한 물건들을 추가로 부쳤다. 자신이 도착하면 경매에서 팔 것들이었다.

포천은 또한 인도에서 차 사업을 할 때 필요한 모든 필수 설비를 구입했다. 찻잎을 구울 때 쓰이는 솥·냄비와 커다란 주걱, 그리고 차나무 재배를 위해 특별히 개발한 농기구 같은 것이었다. 그는 이 일을 위해 왕가와 싱후를 여러 산악 지역으로 보내 "차를 만들 때 쓰이는 세세한 도구들을 망라해" 찾도록 했다. 그리고 마침내 그는 중국차 생산자들이 차를 포장할 때 향내를 내기 위해 사용하는 재스민과 베르가모트 같은 향내를 내는 초목까지도 확보했다. 이 초목들의 표본은 짐으로 꾸려 자신과 차 일꾼들이 탄 배에 실어 인도로 향했다. 거기에는 라틴어로 이름표를 붙이고 한자로도 썼으며, 정확하지는 않지만 한자음도 그 옆에 붙였다. 포천은 자신이 임무를 잘 수행한 것이 흡족했다.

> 모든 일은 나의 최대 기대치 이상으로 달성됐다.

그리고 포천은 작별 인사를 했다. 그는 상하이의 외국인 사회를 한 바퀴 돌며 따뜻한 인사를 나누고 빌렸던 물건들을 돌려주었다. 이들과의 작별은 슬픈 분위기가 아니었다. 동아시아에 나와 있는 외교관과 상인들은 친구와 작별하는 데 익숙해 있었다.

> 그러므로 내게는 바라는 것이 아무것도 남아 있지 않았고, … 인도를 향한 항해를 계속했다.

사람들을 다루는 일은 초목을 다루는 일보다 훨씬 어려웠다. 포천은 오지인 차 산지에서 진짜 전문가들을 고용했다. 인도인 말리들에게 새 차나무를 제대로 심고 가공하는 방법을 가르칠 사람들이었다. 제1차 아편전쟁이 끝난 뒤 위험과 불신이 만연한 분위기에서 따라가겠다고 나서는 사람들을 찾기란 쉽지 않았다. 중국 내륙 사람들은 특히 외국인을 경계했다. 야만스런 그들에 관한 으스스한 이야기들을 들었기 때문이다. 포천은 차 재배 농가의 자식이 아니면 고용하지 않겠다는 방침을 세워 스스로 일을 더 어렵게 만들었다. 그는 오랫동안 전래된 지식을 가지고 있는 사람들을 원했던 것이다.

> 내가 해안 마을 출신이든 누구든 가리지 않고 고용하려 했다면 사람은 아주 쉽게 구했을 것이다. … 그러나 나는 내륙 깊숙한 지역 사람들을 원했다. 차를 가공하는 과정을 잘 알고 있는 사람들 말이다.

중국을 빠져나오는 것도, 초목을 가지고 나오는 일과 사람을 데리고 나오는 일은 전혀 별개의 문제였다. 캘커타의 한 관리는 이렇게 조언했다.

> 중국 당국은 언제나 차나무를 나라 밖으로 빼내려는 시도에 대해 최대한 경계심을 갖고 지켜보고 있습니다. 그리고 차를 잘 만드는 사람을 구하려는 어떠한 시도도 그럴듯한 이유를 붙여 곤란하게 만들기 때문에, 틀림없이 실패하거나 상당히 지연될 것입니다.

포천은 이런 경고에 귀를 기울여, 직접 사람을 구하지 않았다. 그가 중국 현지인들을 자기 나라에서 꾀어내려다 잡히면 아마도 납치 혐의를 받고 사형에 처해질 것이며, 그렇게 되면 십중팔구 외교 문제로 비화할 것이었다.

상하이에서 일을 주선한 지 몇 달 만에 덴트빌사 매판들이 포천을 위해 일해 줄 진짜 전문가들을 데리고 왔다. 그들은 자기네 일에 통달한 사람들이었고, 그것을 가르칠 능력도 있었다. 매판들은 포천이 지난 3년 동안 차를 수집했던 그 지역들 출신으로 여섯 사람을 모아 왔다. 이들은 젊고 말을 잘 들으며 적극적인 사람들이었는데, 인도에서 3년 동안 근무한다는 조건에 모두 서명했다. 포천은 이렇게 썼다.

> (그들은) 절대적인 신뢰의 눈빛으로, 자기네를 이끌며 함께 일할 나를 쳐다보았다. 나는 스스로가 항상 그들에게 친절하게 대하는 한편으로 남들도 그들에게 친절하게 대할 수 있도록 조치를 강구했다.

매판들은 또한 차를 배에 실어 보낼 때 쓰게 될 꽉 밀봉한 납 상자를 만들어줄 전문가 두 사람도 구해 주었다. 포장을 제대로 하면 품질을 보존할 수 있고, 인도산 차가 '향기 결핍'으로 좀 질이 낮아지는 문제도 해결할 수 있었다. 한 공문은 다음과 같은 일을 상기시키고 있다.

> 런던 중개인들에 따르면 보내온 홍차는 이미 말한 대로 모두 최상급의 차인데, 거의 향기가 없습니다. 이는 이전에는 전혀 생각지 못했던 문제입니다.

포천은 자신이 인도로 데려갈 차 전문가들을 떠나기 며칠 전에야 직접 만났다. 그는 사람들을 구하는 데 직접 나서지는 않았고, 그의 기록에는 그 일이 어떻게 이루어졌는지 모호한 상태다. 그는 그저 덴트빌사의 매판들을 통해 고용한 대리인들을 중국 농촌에 보내 그들이 움직이도록 했다. 매판은 유럽 무역회사들에 고용돼 구매를 대신하고 정부 무역 담당자들과 흥정을 대신했는데, 포천은 그런 매판을 여럿 알고 있었다. 그는 지난 3년간 초목을 수집할 때나 이전에 역시 3년 동안 원예협회 일을 할 때도 그들을 이용했다. 그는 합당한 전문가들을 구하고 공정한 급료 수준을 협상하는 일을 매판들에게 맡겨도 되겠다고 생각했다.

중국은 수천 년의 역사를 지켜오면서 국외 이주를 공식적으로 인정한 적이 전혀 없었다. 중국의 모든 주민은 베이징에 있는 황제의 신민이자 재산으로 생각됐다. 따라서 외국으로 나간다는 것은 천자인 황제의 재산을 도둑질하는 것으로 간주됐다. 중국은 수백 년 동안 백성들이 바다에 나가는 것을 금지했고, 심지어 고기잡이까지 금지했다. 지방 관원들의 가장 중요한 임무 가운데 하나는 인구 유출을 막는 것이었다. 외국 여행을 금지하는 것은 중국 문화의 기능적인 부분이기도 했지만 또한 본질적인 부분이기도 했다. 청나라 정부는 침략을 두려워해 외국과의 어떤 접촉도 금지했다. 외국인들과의 정치적인 접촉은 법으로 금지됐다. 사상이 자유롭게 교환될 장소도 없었다. 법은 사실상 옛날부터 내려온 유교적 가치만을 담고 있었다. 그 가치에 따르면 부모와 친인척과 조상을 버리는 것은 부끄러운 짓이었다.

중국 정부가 해외 이주를 금지하고는 있었지만, 청 제국 말기에 중국인 노동자들을 해외로 보내는 사업이 생겨나 확대되고 번창했다. 세계 저임금 노동력 교환 시장에서 19세기 후반 들어 아프리카인 노예무역이 침체하면서 그 대신 중국인 노동자 무역이 늘어났다. 1833년 영국에서 아프리카인 노예 거래가 공식적으로 폐지되자 사탕수수를 재배하는 영국 식민지에서는 노동자를 구할 길이 없었다. 영국은 폐지의 대가를 톡톡히 치러야 했고, 이는 영국 무역회사의 대차대조표에 그대로 드러났다. 간단히 말해서 생산 차질을 메우려면 일손이 필요했던 것이다. 19세기 중엽에는 오스트레일리아와 캘리포니아에서 금이 발견돼 수많은 중국인을 꾀어들였다. 그들은 중국을 휩쓴 기아와 홍수로 더 이상 자기 땅에서 살아나갈 수 없는 사람들이었다. 미국의 골드러시가 시작되고 처음 몇 년 동안에 2만 5천 명가량의 중국인 노동자들이 태평양을 건너 캘리포니아로 이주하게 된다. 1870년 무렵까지 200만 명의 중국인이 세계 각처로 퍼져나갔다.

그러나 아프리카인 노예와 중국인 노동자 사이의 유일한 차이는 중국인들이 계약에 따라 일한다는 사실이었다.

당시의 전형적인 광고 전단 가운데 하나는 이런 내용이다.

일자리 구함.

딸 둘이 딸린 중국 여성임(딸은 5세와 12세).

원하시는 일은 뭐든지 할 수 있음.

노새도 한 마리 있음.

중개업자들은 온갖 감언이설로 중국인 노동자들에게 일꾼 계약을 맺도록 꼬드겼다. 어떤 사람들은 그들이 가는 곳이 약속의 땅이라는 허황된 이야기에 넘어갔다. 중개업자들은 입을 것과 먹을 것, 숙소와 여비가 모두 공짜고, 재산도 모을 수 있다고 꾸며댔다. 어떤 노동자들은 도박 빚을 갚기 위해 계약서에 서명했다. 가족끼리 다투다가 자기 식구들에 의해 팔리기도 하고, 해적에게 걸려 납치되거나 밤중에 인신매매범에게 유괴되는 경우도 있었다. (영어의 'shanghai('노예로 팔기 위해 납치하다', '강제로 일을 시키다'의 뜻이다—옮긴이)'라는 단어는 중국인 막일꾼들이 마약에 취해 납치되고 배에 태워져 상하이 인신매매 시장에서 물건처럼 거래됐던 데서 나왔다.) 이민하는 중국인 노동자들은 모두 주자이관豬仔館이라는 유치장에 수용됐다. 그들은 거기서 아메리카로 갈 배가 찰 때까지 몇 달이고 갇힌 채 기다려야 했다.

배에서 중국인 노동자들을 수용한 공간은 아프리카 노예선과 마찬가지로 비좁았다. 노동자들의 변발은 새 주인에게 복종한다는 의미에서 자르게 했다. 상징적으로 황제에 대한 충성의 끈을 자르는 것이었다. 그들의 옷은 상하이에 도착하면서 불태워졌고, 새 옷 값은 자기 돈으로 물어야 했다. 그러고는 짚으로 만든 빗자루로 몸을 문질러, 집에서 몸에 붙이고 왔을 이나 해충을 모두 없애야 했다. 배에 타면 갑판 아래로 들어가, 아메리카에 도착하기까지 걸리는 몇 달 동안 신선한 공기를 마시러 갑판 위로 올라가는 일이 거의 허용되지 않았다(그리고 때로는 올라갈 수조차 없는 경우도 있었다). 따라서 중국인 노동자들을 실은 배는 이질 등 질병의 온상이었고, 죽는 사람이 속출했다.

당연한 일이지만, 그런 조건하에서 중국인 노동자들의 폭동은 일상적인 일이었다. 1852년에 로버트바운호는 475명의 중국인 노동자를 싣고 샤먼廈門(아모이)을 떠나 샌프란시스코로 향했다. 바다로 나가 선실에 갇힌 뒤에 노동자들은 노동 계약서에 서명하라는 강요를 받았다. 말을 듣지 않으면 채찍질을 했다. 이들의 건강이 나빠지기 시작하자 선원들은 아프거나 죽어가는 사람들을 그저 배 밖으로 던져버렸다. 항구를 나선 지 아흐레 만에 폭동이 일어났다. 싸움 과정에서 선장과 고급선원 두 명, 일반 승무원 네 명, 그리고 중국인 열 명이 죽었다. 며칠 뒤 배는 오키나와沖繩의 야에야마八重山 제도로 들어갔다. 중국인 노동자들은 상륙하거나 도망쳤다(이 이야기에는 몇 가지 다른 설이 있는데, 일부는 고문을 당해 털어놓은 것이다). 그리고 로버트바운호는 빈 배로 중국으로 돌아갔다. 또 다른 가련한 인간 화물을 실어가기 위해서였다. 오키나와에 발이 묶여 있던 중국인 노동자들은 광둥으로 가게 됐고, 그

일본 오키나와에 있는 1852년 로버트바운호 사건으로 죽은 중국인들을 묻은 묘지인 당인묘(唐人墓).

곳에서 선교사들과 호의적인 외교관들에게 자기네 얘기를 털어놓았다.

광둥의 미국인·영국인들과 중국인들은 두 해에 걸쳐 폭동의 전말을 조사했다. 폭도들은 처형해야 하는가? 승무원들이 그렇게 끔찍하게 죽은 것은 마땅한 일이었는가? 어떠한 해답도 나온 적이 없었다.

중국인들은 폭도들에게 동정적이었다. 어떤 사람들은 그들을 '납치'한 승무원들을 찾아내 참수해야 한다고 주장했다. 대중의 정서가 요동쳐 중국 노동자 무역에 대한 반감이 높아졌다. 중국인들은 저항운동을 일으켜 외국인들에게 이런 식의 강제 모집은 더 이상 용납될 수 없다는 결의를 전해야 한다고 주장했다.

영국인들은 당연하게도 자기네 국민인 로버트바운호 선장과 승무원들이 중국인들에 의해 그렇게 끔찍하게 살해당한 데 격분했다. 영국은 재판을 해서 승무원들의 정당성을 입증하기를 원했으나, 중국 관원들은 공식 조사를 거쳐 노동자 무역에 대해 판결을 내리는 일을 허용할 수 없었다. 무역을 규제하는 것은 그것을 인정하는 것이었기 때문이다.

그래서 중국과 영국은 모두 그러한 무역이 존재한다고 공개적으로 인정할 수가 없었다(성매매와 마찬가지의 경우다). 이렇게 보고도 못 본 체해야 하는 현실 때문에 이런 관행은 그 이후로도 25년 동안 전혀 통제를 받지 않고 지속됐다. 공식적으로는 중국인 노동자 무역 같은 것이 없었으므로 그것이 문제로 제기될 수 없었다.

덴트빌사의 매판들이 차 전문가들을 구하러 간 것은 이런 야만적이고 혼란스러운 분위기 속에서였다. 이 부유한 해안의 중간상인들은 혼성어를 사용했으며, 서양 사람들에게 충성스러웠다. 그리고 그 일에 처음 나설 때부터 큰 무역회사에 소속돼 있었다. 더욱 중요한 점은 이 매판들이 농촌 지역에 광범위한 연줄을 가지고 있다는 것이다. 그들은 포천 같은 외국인들이 갈 엄두도 내지 못하는 곳에 갈 수 있었다. 그들은 차와 도자기와 비단과 사람을 살 수 있었다. 그것도 모두 유리한 가격에 말이다. 매판들은 중국 무역이 잘 돌아갈 수 있도록 해주는 필수불가결한 중간상인들이었고, 수백 년 동안 그런 일을 해서 호화롭게 살았다. 그들에게는 노동자를 수출하든 차 전문가를 수출하든 차이가 없었다.

하지만 포천은 이 일이 어떻게 진행될 것인지 신경이 쓰였다. 회사가 노동자 무역처럼 고약한 일에 공개적으로 연루되는 것은 적절치 않을 터였다. 그래서 모든 계약과 거래는 최선의 형식과 절차로 이루어져야 했다. 매판을 이용하는 것은 위험하지만 필요한 일이었다. 그렇게 함으로써 거래는 영국 정부로부터 한 단계 더 멀어지는 것이다. 영국 정부는 그러한 스파이 활동이 중국인들에게 어떻게 받아들여질지 끊임없이 우려하고 있었다. 캘커타의 식민 정부는 이렇게 썼다.

또한 개인이라면, 좋은 사람과 차 씨앗을 구해 인도로 보내는 과정에서 그가 하는 모든 일이 중국 당국의 관심을 끌지 않을 것입니다.

포천의 일을 해주는 매판들에게는 감언이설로 꼬이거나, 지나치게 친절하게 굴거나, 거짓말을 하지 말도록 했다. 또 해적들이 잡아온 사람을 사거나, 강제 계약으로 차 전문가를 사는 것도 금지했다. 그리고 이미 자기네 땅에서 내쳐진 농민들에게 먼 곳에 가면 더 나은 생활을 할 수 있다고 생각하게 해서는 안 됐다. 매판은 정직하게 해야 했다. 또한 비밀리에 움직여야 했다. 공장 주인이 속셈을 알아차리고 지역 관원들에게 알리면 안 되기 때문이었다. 그러면 매판은 살해될 것이고, 잘 알려진 덴트빌사 무역회사 직원이기 때문에 그와 연관된 이 동아시아 최대 기업의 명예를 실추시키게 되는 것이다.

그러나 포천은 '전문가'라 해서 인도로 데려갔는데 사실은 전혀 전문가가 아닌 것으로 판명되는 경우를 더 걱정했다. 매판이 사람을 구해 오는 문제는 이렇게 이중으로 까다로운 문제였다. 차 만드는 사람들은 중국의 가족과 친구를 두고 멀리 떠나는 것이기 때문에 그런 사람들에게 주겠다는 금액이 상당히 많았다. 포천이 데려가는 사람들은 인도에서 3년 일하는 동안 매달 봉급으로 최소 33루피 또는 약 15달러(현재 가치로 매달 415달러)를 주기로 했다. 이들은 이전에 데려간 사람들보다 "급이 높은" 사람들로 계획했기 때문에 그에 걸맞은 대우를 해주어야 했다.

왜냐하면 차와 같이 중요한 것을 재배하고 제조하는 기술을 완벽하게 갖추어 그들 모두가 스스로 최고의 전문가라고 자부하는 사람들을 외국에서 생활하게 하면서, 매달 33루피 이하의 적은 봉급으로 구할 수 있다고는 생각되지 않기 때문이다.

첫 두 달치 봉급은 각자에게 미리 지급됐고, 인도의 식물원까지 가는 석 달에 대해서는 '식비' 명목의 봉급을 주었다.

매판은 이 전도유망한 전문가들에게, 그들이 들었을 "돼지를 사고파는 사람들(앞에 나온 '주자이관'이 '돼지 수용소'를 뜻하는 말인 데서 알 수 있듯이 이 시기에 외국으로 나가는 중국인 노동자들은 '돼지'로 비유됐다 — 옮긴이)"에 대한 걱정스런 소문은 차 쪽에는 해당되지 않는다고 납득시켰다. 또한 그들은 회사원으로서 좋은 처우를 받고, 전문인 대접을 받는다고 설득했다. 전체 사업이 그들의 지식에 의존하기 때문에 이를 함께 하면 많은 돈을 벌 수 있다는 것이었다. 차 전문가는 남의 간섭을 받지 않을 뿐만 아니라 다른 사람들, 즉 인도인이나 유럽인, 그리고 차 농장의 모든 사람에게 영향력도 있을 터였다. 새로 가는 곳에서 전문가는 자신이 생각하는 방식대로 차를 재배할 수 있다. 그들은 각기 다른 농장에 배속돼 더 많은 양을 생산하고 더 좋은 품질의 상품을 만들기 위해 서로 경쟁하도록 장려될 것이며, 그 결과에 따라 정부로부터 가욋돈도 받을 수 있을 것이다. 이는 "중국인 전문가들이 … 자신의 기술과 지식을 한껏 발휘할 수 있도록 격려하기 위한 것이다." 해마다 녹차와 홍차 등 종류별로 가장 좋은 차를 만들어낸 사람을 발표하고 사례금도 지급할 것이다.

각자에게는 두 통의 표준 계약서가 주어졌다. 한 통은 한문, 한 통은 영문으로 작성된 것이었다.

나(이름)는 중국의 차 생산자로, 히말라야 식물원으로 가서 (날짜)부터 매달 15달러 또는 33루피 2아나(아나는 루피의 16분의 1이다 — 옮긴이)의 봉급을 받고 정부 차 농장에서 차를 만들며, 계약 기간은 3년으로 할 것을 이에 약속합니다. 나는 또한 차 재배자 또는 내가 도움이 될 수 있는 다른 어떤 방식으로든지 근면하게 일할 것이며, 계약의 어느 부분이든지 지키지 못하면 100달러의 벌금을 고용주에게 지불할 책임이 있음을 서약합니다. 나는 정부 측의 (포천 씨)로부터 두 달치 봉급 30달러 등을 미리 받았음을 확인합니다.

이에 서명합니다. (한자 서명)

이런 계약 조건은 그 시대와 장소를 생각하면 후한 것으로 보였다. 다만 한 조항이 문제였다. 한 달에 15달러를 버는 사람이 어떤 이유로든지(질병까지 포함해서) 자신의 의무를 이행치 못하면 여섯 달치 봉급보다도 많은 벌금을 내야 한다는 조항이다. 회사에서는 매우 후한 계약이라고 생각했겠지만, 이 차 생산 인력 고용은 명백히 일종의 계약서를 쓴 노예 부리기였다. 회사와 계약한 중국인들이 자기네가 고용되는 데 이런 측면이 있었음을 알았는지 어떤지에 대해서는 기록이 없지만, 적어도 초기 중국인 전문가들 가운데 일부는 이런 조항들을 불만스럽게 여겼음을 보여주는 기록이 있다.

히말라야 식물원에는 사실 소수의 차 전문가들이 이미 고용돼 정부 차 농장의 무능한 관리자 제임슨 밑에서 일하고 있었다. 이들 대부분은 해체된 아삼 차 생산 회사에서 온 사람들이었다. 나머지 사람들은 중국에서 직접 데려왔다. 정부의 한 공무원은 이렇게 썼다.

나는 1843년 6월에 … 중국인들이 도착했던 것을 생생하게 기억하고 있다. 차를 덖는 중국인 열 명의 낯선 외모와 더욱 낯선 행태를 보며 터번을 두른 인도인들은 웃음을 터뜨렸다.

이 차 생산 인력의 이상한 습관(적어도 인도인들이 보기에는 그랬다) 가운데 하나로 돼지고기를 좋아하는 특성이 있었다. (서부 히말라야 사람은 대체로 이슬람교도들이었고, 이슬람교에서는 돼지고기를 먹지 못하게 했다.) 현지 사람들은 중국인들을 보고 재미있어했지만, 회사는 그들의 업무 능력에 크게 실망했다. 본래 계약했던 열 명의 중국인 차 전문가들 가운데 두 명은 포천이 중국에 도착할 무렵에는 이미 죽고 난 뒤였다. 나머지 사람들은 모두 광둥 출신이었는데, 그곳에서는 국제 표준으로 볼 때 조악한 차를 생산하고 있었다. 이 차 생산자들은 또한 제임슨의 평가에 따르면 무뚝뚝하고 멍청했다. 그는 한 공문에서 이렇게 보고했다.

그리고 아주 일을 할 줄 몰라서, 유럽으로 수출되는 보통 수준의 홍차조차 만들 수가 없습니다.

회사에서 이 중국인 무리를 나누어 히말라야의 여러 실험용 식물원으로 따로 보내려 하자, 이들은 함께 반발하며 흩어지기를 거부했다. 이 중국인 차 생산 인력들은 또한 이 기회를 이용해 임금을 올려달라고 요구했다.

제임슨은 거부했다.

저는 정부의 명령을 전했지만 그들 모두는 임금을 올려주지 않으면 임지로 갈 수 없다고 거부했고, 정부가 가도록 강요할 경우 사직을 청할 것이라고 말했습니다.

이것이 그가 중국인들에 대응하는 전형적인 방식이었다. 중국인들은 여섯 달치 봉급을 손해 보지 않고 사직하거나 어떤 식으로든 계약 조건을 변경할 수 없다는 사실을 까맣게 잊은 듯했다. 남은 중국인 생산자들은 매달 7루피(현재 가치로 약 90달러)씩 올려줄 것을 요구했다.

그리고 이렇게 인상해 주면 그들은 다시 3년을 더 근무하겠다고 제안했습니다.

회사 기록에는 회사가 고용하고 있던 힘없는 이주민들의 목소리에 관한 내용이 거의 없다. 그러나 인도 서북변경주의 공문에는 중국차 생산 인력들의 요구 조건이 담긴 좀 놀라운 편지 사본이 들어 있다. 그들이 제임슨에게 보낸 것이다.

1. 우리는 매달 33루피 2아나의 봉급으로 알모라(농장)에서 근무하라는 명령을 받았고, 우리는 줄곧 이에 복종해 왔습니다. 다른 곳으로 옮겨야 할 경우 우리는 지금 우리가 받는 봉급보다 7루피씩 더 많은 봉급을 받을 수 있다면 갈 것입니다.

2. 우리는 정부에 고용돼 7년 동안 일했지만 임금 인상의 희망이 보이지 않기 때문에 데라와 포레(서부 히말라야의 다른 농장들)로 가는 데 반대합니다. 우리는 정부에서 보내기를 원하는 어느 곳으로든지 가는 데 반

대하지 않지만, 우리가 이곳을 떠나는 경우에는 지금 우리가 받는 것보다 더 많은 임금을 받기 원합니다.

3. 반면에 정부가 임금을 올려주지 않고 우리를 다른 어떤 곳으로 보내려 한다면 우리는 사직을 청하고, 그것이 고려되고 받아들여지기를 희망합니다.

4. 정부가 우리의 임금을 매달 7루피씩 올려준다면 3년의 계약 기간을 시작해 우리 가운데 세 사람은 (부속 농장) 데라에서, 세 사람은 포레에서, 그리고 네 사람은 하왈보그에서 일하고 그 기간 동안 위에 명시된 곳에 그대로 머무를 것입니다.

제임슨은 그들이 이미 계약이 돼 있고 이 계약은 이제 재협상할 수 없다고 끈기를 가지고 거듭 말해 주었다. 그는 각자에게 그들 스스로의 도장이 찍힌 계약서 원본을 보여주었다. 그들은 서류 속의 알 수 없는 영어 문장 다음에 자기네 이름이 있는 것을 보았지만, 다른 식물원으로 재배치되는 것을 단호하게 거부했다. 그들은 제임슨이 가장 권한이 큰 당국자가 아님을 알아차린 듯, 자기네 동포들과 떨어져 홀로 인도 변방으로 가지 않겠다는 말을 반복했다. 그들의 입장은 자기네가 한 농장에서 함께 일하도록 고용됐고, 그들을 서로 다른 농장에서 각기 근무하게 하는 것은 합의된 계약을 위반하는 일이라는 것이었다. 정부가 일방적으로 계약을 수정할 수 있다면 자신들도 그럴 수 있다는 것이다. 그들은 또한 7년이라는 기간은 임금을 인상하지 않고 넘어가기에는 너무 길고, 정부는 자신들의 사정에 동정심을 가져야 한다고 정당성을 주장했다.

마침내 통역 없이 논의를 거듭한 끝에 제임슨은 타협을 하고, 계약을 수정하는 데 동의했다. 그는 차 전문가들이 내건 새로운 조건의 대부분을 받아들였다. 그들은 혼자씩이 아니라 짝을 지어 배치되며 더 높은 임금을 받고, 그 대신 본래 계약했던 기간보다 3년을 더 근무한다는 것이었다.

결국 제임슨은 회사의 비용 부담을 늘린 문제로 질책을 받았다. 캘커타 당국자는 이렇게 썼다.

> 부총독께서는 당신이 모든 일을 해나가는 과정에서 가장 엄격하게 절약을 실천하는 것이 중요하다는 것을 당신에게 촉구하는 것이 필요하다고 생각하고 있습니다. 당신은 실험 성공이 거기서 상당한 정도로 경제적인 결과가 나왔을 때 입증된다는 점을 알아야 합니다.

주권 국가에서 비밀을 훔치면서 그것을 실행하는 중국인 하수인들에게 너무 많은 돈을 주겠다는 발상이 불쾌했던 것이다. 사실 차 생산 인력의 임금은 회사에 지나친 부담이 될 정도로 그렇게 높았던 적이 없었다. 그들의 요구에 반대한 것은 그보다는 원칙의 문제였다. 중국인들은 시장 임금보다 많은 돈을 받았고, 그것이 공정성이라는 측면에서 영국인들의 정서에 불쾌하게 생각됐던 것이다(인도에 있는 영국인들은 중국인들보다 훨씬 많은 임금을 받고 있었지만 회사는 이를 문제시하지 않았다).

그런데 처음에 온 차 생산 인력은 제임슨의 실험 식물원에 그다지 도움이 되지 않았다. 사람들은 모두 그들이 게으르고 형편없는 일꾼들이라고 생각했다. 그들은 현지인들과 말리들에게 차를 잘 재배하고 가공하고 포장하고 향을 입히는 방법에 대해 가르쳐준 것이 별로 없었다. 제임슨은 이렇게 불평했다.

중국인 차 생산 인력들을 자기네들 마음대로 하도록 내버려둔다면 … 특별히 현지인들에게 좋은 차를 만드는 기술을 가르쳐주는 데 관심을 갖지 않을 것이고(그 과정을 보여주는 데는 의지와 준비가 돼 있지만), 좋은 품질을 갖추는 데 필요한 만큼 제조와 포장에 그러한 관심을 가지려 하지도 않을 것입니다.

제임슨은 달래기도 하고 윽박지르기도 하고 화를 내기도 했지만, 데리고 있는 중국인들로부터 자신이 필요로 하는 것을 얻어낼 수 없었다. 그들은 제임슨이 저돌적이고 무분별하게 다그쳐도 더 좋은 품질의 차를 만들어내라는 요구를 못들은 체했다.

그러나 그들은 영국의 계획에 꼭 필요한 존재였다. 결국 제임슨은 중국인 전문가들과 인도인 원예사들이 제 몫을 하도록 하려면 서양인 감독자가 필요하다고 생각했다. 감독자를 두려면 운용 비용이 늘어나겠지만, 제임슨 자신이 항상 모든 곳에 있을 수는 없었다.

찻잎 따는 것을 감독하거나 더 나아가 적기에 찻잎을 따도록 지시하기 위해서는 유럽인이 현장에 있는 것이 매우 필요합니다. 잎을 너무 오래 나무에 두면 뻣뻣해져서 낮은 등급의 차를 만드는 데에나 알맞을 것이기 때문입니다. 그리고 대규모 이식을 할 때 그 일이 적절하게 진행되고 초목에 주기적으로 물을 주는지 확인하기 위해 유럽인 감독자가 현장에 있는 것이 중요합니다.

물론 초목에 계속 물을 주도록 한 제임슨의 방침은 문제를 일으켰다. 포천이 보내온 초목은 중국인 전문가들이 조언한 대로 우기에 계속 내리는 비만 맞도록 하는 편이 나았다. 그러나 제임슨은 이때 중국인 전문가들에게 매우 짜증이 나 있었기 때문에 그들의 조언을 들으려 하지 않았다. 그 조언이 옳은 경우에도 마찬가지였다.

제임슨은 그들의 완고함에 너무 짜증이 나서 결국 그들을 교체해 달라고 강력하게 요청했다. 정부가 그들에게 이미 많은 돈을 들였기에 이는 곤란한 주장이었다.

> 몇 년 전에 구해 온 중국인 생산 인력은 … 제 생각으로는 일류 일꾼과는 거리가 멉니다. 사실 저는 그들 가운데 어느 한 사람이라도 중국에서 자기네가 하고 있는 일을 제대로 배웠는지 의문입니다. 그들은 점진적으로 그 일에서 손을 떼게 하고 더 나은 사람들로 대체해야 합니다. 현지인들에게 열등한 작업 방법을 가르치는 것은 대단히 유감스러운 일이기 때문입니다.

마침내 정부는 처음에 온 중국인 차 생산 인력이 '일급'이 아니라는 점을 진심으로 동의했다.

2월의 쌀쌀한 날씨 속에 외국으로 떠나는 차 전문가들은 중국 본토 쪽을 향한 채 갑판 위에 서서 점점 멀리 미끄러져 가는 그곳을 바라보고 있었다.

배는 곧 물을 박차고 나아가 해류 속으로 들어갔다. 이제 배에 탄 이주자들과 해안에 있는 그 지인들은 두 손을 맞잡고 서로에게 몇 번이고 절을 하며 상대방에게 건강과 행복이 이미 찾아왔고 또한 이것이 명백하게 사실이기를 빌었다. 다음날 아침 맥팔레인 선장이 지휘하는 아일랜드퀸호는 항해에 나서 중국 북부 지방에 작별을 고했다.

포천의 계산으로는 1만 2,838개의 씨앗이 히말라야로 가는 도중에 싹을 틔우고 있었다.

히말라야산맥, 1851년 5월

산악 지대 다르질링에 있는 한 단층집 뒤의 산비탈에서 얼굴이 발그레한 아이들이 뛰어놀고 있었다. 그들의 웃음소리가 가파른 산들에 메아리쳤다. 흰 목련이 찻잔 모양의 꽃들을 하늘을 향해 활짝 피우고 있었고, 진달래는 온 바위 표면에 진홍색으로 빛나고 있었다. 세상 어느 곳도 봄이 왔음을 알리는 꽃들이 여기처럼 많이 핀 곳이 없었다.

모종삽을 손에 든 아이들의 아버지는 말리들 옆에서 허리를 구부리고 최근에 사하란푸르의 회사 식물원에서 동부 히말라야로 보내온 씨앗과 묘목들을 심을 구덩이를 파고 있었다. 그는 아치볼드 캠벨(1805~1874)이라는 이름의 스코틀랜드인으로, 외과 의사이자 소령이었다. 인도 식민 정부의 임시 행정 방침에 따라 캠벨은 혼자서 인도제국의 새로운 영토 다르질링의 행정·계획·감독·건설·치안·산림과 각종 아이디어를 짜내는 일까지 담당하고 있었다. 산골 마을 다르질링에는 영국인 가족 스무 가구가 살고 있었다. 로버트 포천을 히말라야산 차의 아버지라고 할 수 있다면, 아치볼드 캠벨은 그 수호자였다.

다르질링 산간 마을은 현실에 존재하는 무릉도원이었다. 매력적인데다 자연 그대로이며, 경치가 좋고 쾌적했다. 히말라야산맥은 중국의 산들과는 다르다. 간간이 구름이 덮인 우아한 카르스트 지형은 없지만, 그 대신 거칠게 잘린 험준한 봉우리들이 길게 이어져 있다. 다르질링은 이 풍광 가운데서도 아름다운 곳이 한데 모여 있는 지역이고, 식물군이 매우 다양한 곳으로 유명하다. 눈이 띠를 이루고 꼭대기에 전나무들이 있는 바위투성이의 산마루 바로 밑에는 무성한 열대 계곡이 있다. 만년설 바로 아래 산기슭에는 난초가 자라고 있고, 떡갈나무·자작나무 같은 온대성 활엽수들이 바나나·무화과 같은 열대 과일들과 뒤섞여 있다. 다르질링은 해발 2천 미터 정도의 서부 히말라야보다 건조하고 산들과 안개 때문에 오후 햇볕이 들지 않아 포천이 가져온 홍차의 새 보금자리로 안성맞춤이었다.

이 격리된 산악의 천국은 티베트·네팔·부탄·시킴 등 다른 작은 산악 왕국들과 접해 있는데, 얼마 전에야 덩치를 불려가고 있는 영국령 인도에 편입됐다. 서로 다투고 있던 다르질링의 인접국들은 오랫동안 이 작은 지역을 번갈아 차지했다가, 1836년 시킴의 라자(왕)가 친선과 충성의 징표로 영국 정부에 넘겨주었다. 다르질링은 동인도회사에 양도된 것이고, 좀 더 정확하게 말하면 뇌물이었다. 시킴 라자는 영국이 다르질링을 통치하게 되면 서양의 중국 정복 과정에서 시킴왕국 본토를 합병하려 하지 않을 것이라고 생각했다. (실제로 시킴은 1975년 인도로 편입되기 전까지 반독립적인 국가로 존속했다.) 회사는 다르질링 지역에 대한 임차료 즉 세금을 몇 년 동안 냈지만, 캠벨이 우연한 행운을 만나면서 이런 관행을 마감했다.

캠벨은 히말라야의 모든 일에 대한 세계 일급 전문가들 가운데 한

1890년 다르질링에서 찻잎을 모으고 있는 모습.

사람이었다. 그는 회사 일을 하면서 이 산골 사람들의 언어를 배웠고, 그들의 풍습에 관한 논문을 썼으며, 이 지역의 지리·동물·민속 등과 당연한 일이지만 지역 농업에 관한 중요한 통계를 모두 기록했다. 그는 열심히 초목을 채집하고 재배하는 한편으로 구르카족과 렙차족의 의례를 연구했다. 스코틀랜드에서 교육받은 캠벨은 인도 의무대의 다른 많은 사람과 마찬가지로 여러 차례 병으로 휴직했지만, 회사의 다르질링 행정을 맡았다. 그는 캘커타 식물원과 큐 식물원의 현장 식물학자들을 위해 히말라야의 많은 초목을 수집하고 정리한 열성파들 가운데 한 사람이었다.

캠벨은 조용하고 겸손한 사람으로 기억되고 있다. 그는 완벽한 공무원이었고, 유능하고 믿음직한 회사원이었다. 또한 초목을 훔쳐내 체포된 초기 식민지 관리들 가운데 한 사람으로 유명했다. 포천이 중국에서 정말로 위험에 빠지긴 했지만, 그는 도둑맞은 나라 사람들로부터 대체로 방해를 받지 않고 정탐 여행에서 돌아왔다. 반면에 캠벨은 초목을 훔친 죄로 시킴의 감옥에 갇혔다가 최근에야 석방됐다.

캠벨은 큐 식물원 원장인 윌리엄 후커의 아들이자 찰스 다윈의 가까운 친구였던 유명한 식물학자 조지프 후커(1817~1911)와 함께 히말라야산맥에서 초목 탐사에 나섰는데, 1849년 시킴의 라자에게 체포됐다. 그는 충동적으로 후커를 따라 초목 채집 여행에 나서 티베트고원의 '설산雪山'에 다다랐다.

캠벨은 당초 후커가 출발할 때 함께 가지 않았다. 시킴 탐사에 나서면 간절히 바랐던 네팔 주재원으로의 승진이 위험해질 것을 우려해서였다. 그러나 그는 결국 "돈을 주고라도 얻어야 할 좋은 기회"인 그 탐사를 포기할 수 없다고 결심했다. 그는 다섯 달 전 여행을 떠난 후커를 뒤따라갔고, 어느 날 밤 그의 야영지에 도착해 그를 놀라게 했다. 캠벨은 후커가 여러 달 만에 처음 보는 "하얀 얼굴"이었고, 그들은 "이루 말할 수 없는 기쁨" 속에 재회했다. 캠벨은 젊은 생물학자 후커에게 지식의 보고였다. 그는 그 지역의 초목과 지리에 관한 수많은 지식을 후커에게 전해 주었고, 일꾼과 안내자와 물자도 제공해 주었다. 캠벨의 부인은 건포도 푸딩과 민스파이, 영국 백포도주를 함께 보내주어 고향에 있는 것처럼 편안하게 해주었다. 그러나 동부 히말라야의 촐라 관문에서 그들은 체포됐다.

> (캠벨은) 붙잡혀 묶이고 무지막지한 폭행을 당했으며, 목숨이 위태로운 상태에서 무엇이든지 불러주는 대로 서명하도록 강요당했다.

그들은 시킴의 더바르Durbar(궁정)에서 자신들을 처형하는 문제를 논의하고 있다는 소문을 들었다. 심지어 그들의 렙차족인 짐꾼들까지도 폭행을 당하고 "잔인한 취급을 받았다." 그들이 체포됐다는 소식이 캘커타에 전해지자 유럽인들은 "분노"했으나, 정부에서 우려를 표하자 좀 누그러졌다. 펀자브와 아프가니스탄의 국경 전쟁으로 변경 지역까지 진출해 있던 회사는 그들을 석방시키기 위해 "극단적인 조치"를 취하겠다고 경고했다. 정부는 회사의 힘을 과시하기 위해 다르질링에 군대를 파견하기는 했으나, 그들을 실전에 투입할 생각은 없었다.

결국 캠벨과 후커는 6주 동안 억류돼 있다가 풀려났다. 영국은 시킴을 비난했다. 영국은 다르질링을 시킴 영토로 인정하고 임차료를 내던 것을 취소했고, 시킴의 남부 영토 일부마저 빼앗았다. 후커는 이런 징벌이 심각한 범죄의 대가로 부족하다고 생각하고 회사에서 시킴을 완전히 병합해 힘을 더 과시했으면 하고 바랐으나, 캠벨은 자기 가족에게로 돌아온 것으로 만족했다.

두 사람은 이후 평생 동안 친구로 지냈다. 캠벨은 이 히말라야 고원지대의 초목 채집 여행을 잘 활용했다. 그는 이렇게 말했다.

> (나는) 영국 정부가 시킴 라자와 그 영토의 보호자로서 줄곧 가지고 있어야 할 자원들에 관한 지식을 얻었다.

캠벨은 자신이 아주 최근에 갇혀 있었던 시킴의 영국 주재원이 됐다. 이상한 행정이 드러나는 전형적인 사례였다.

포천은 갠지스강 상류 평원의 먼지를 막아주는 마차에 편안히 앉아

서부 히말라야의 회사 농장으로 여행했다. 그는 2월에 배를 타고 출항해 3월 15일 캘커타에 도착했으며, 폴커너와 함께 몇 주일을 보냈다. 그는 자신이 가지고 온 워드 상자 안에 든 차 씨앗의 상태에 놀라움을 금치 못했다.

> 아래에서 위까지 씨앗은 모두 부풀어 오르고 있었고, 이제 막 싹이 트기 시작했다.

4월 말에 포천은 사하란푸르 식물원에서 제임슨을 만났고, 산과 계곡 곳곳에 흩어져 있는 소규모 차 재배지들을 점검할 수 있었다. 이 재배지 대부분은 채 두 해가 되지 않았고, 모두 포천이 보낸 씨앗과 묘목을 심어놓은 것이었다.

만남은 냉랭했다. 식물원 관리자인 제임슨은 포천이 결국 차를 들여오는 데 성공했다고 기뻐했지만, 차나무를 채집한 포천은 제임슨이 관리하는 차밭들을 둘러보니 마음에 들지 않았다. 나무들은 초라해 보였고 잘 보살펴지지 않았으며, 단위면적당 나무 수도 적었다.

두 사람은 제임슨의 단층집에 마주앉았다. 포천은 차나무 재배 상황에 대한 자신의 견해를 솔직하게 이야기하고 회사와 캘커타에 있는 정부에 보낼 자신의 보고서에 쓰려는 내용을 알려주었다. 그는 차밭을 현지인 자민다르zamindar(이는 대략 '관리인' 정도로 번역될 수 있겠지만 오히려 일종의 소작인이라고 할 수 있다)에게 임대한다는 계획을 칭찬했다. 히말라야의 땅은 매우 비옥했지만, 제임슨이 열심히 자민다르 계획을 추진하지 않았더라면 묵히고 말았을 것이다. 포천은 인도 현지인들이 차 재배에 그렇게 선뜻 나서는 것을 보고 기분이 좋았다. 그는 제임슨과 회사에 대해 이렇게 말했다.

저는 이 산악 지역 원주민들의 마음에 차를 재배하는 것을 꺼리는 어리석은 편견이 없다는 사실을 덧붙이게 돼서 기쁩니다.

그는 또한 한 자민다르가 그를 직접 찾아와서 차나무 2천 그루를 요청해 그 사람이 곧바로 차나무 재배를 시작할 수 있었다는 이야기도 해주었다.

지역 당국과 영향력 있는 사람들이 이런 문제에 관심을 보여주는 것이 매우 중요합니다. 지금 현지인들은 그 가치를 모르지만 아이들처럼 가르치기 쉬워서, 사히브sahib(아랍어로 '주인'을 의미하는 말이었으나 식민지 인도에서 백인에 대한 경칭으로 쓰였다—옮긴이)가 거기에 관심이 있음을 보이면 기꺼이 차 재배에 나설 것입니다. 몇 년 안에 받는 수익금이 많아져 차 재배를 충분히 유도할 수 있을 것입니다.

그러나 그의 견해는 다수의 생각과는 거리가 있었다. 히말라야에 있는 회사 사람 대부분은 자민다르 계획이나 원주민들을 교육시켜 숙련된 원예사로 만든다는 어떤 계획에도 소극적이었다. 당시의 어떤 사람은 경멸조로 이렇게 썼다.

나는 인도인 말리들에게 식물의 라틴어 학명을 알려주어 그들을 어리석은 공론가로 만들 필요가 있음을 인정했어야 하지 않았나 하는 후회가 든다. 그러나 힌디어 이름으로도 목적한 바는 똑같이 이룰 수 있다. … 이라틴어 이름들은 유럽인들조차도 발음하기 어려운데, 불쌍한 인도인 말리들이 어떻게 그것을 알 수 있겠는가? 우리 식물학 연구자 가운데 일부의 학식 자랑은 대단한 데가 있다. 꽃을 사랑하게 되면 모든 일에서 단순하고 자연스러운 취향이 생기거나 풍기게 되는 것이다.

그러나 포천이 자민다르 계획은 긍정했지만, 관리인인 제임슨의 식물원 관리상의 판단들에 대해서는 심한 말도 했다. 특히 포천은 차밭에 물을 대는 문제에 관해 비판했다. 포천은 3년 동안 중국을 여행하는 동안에 차밭에 물을 흘러넘치게 하는 물대기 방법을 쓰는 것은 한 번도 본 적이 없었고, 그런 방법은 벼농사에만 쓰인다고 그가 데려온 차 생산자들은 말했다. 차 재배는 중국에서도 지역에 따라 약간씩 방법이 다르지만, 거기서는 어떤 농사꾼도 그런 방법을 쓸 생각을 하지 못할 것이다. 인도의 우기에 내리는 큰비와 해마다 빙하가 녹는 물만으로도 산악의 차나무에 필요한 수분은 충분히 공급된다. 포천이 방문한 모든 실험 식물원에서는 계곡에서 차나무를 기르고 있었는데, 나무가 썩고 있었다. 그가 초기에 들여온 차나무 가운데 최소 3분의 1에서 최대 절반이 물대기 실험의 실패로 인해 죽었다.

포천이 이 판단 오류에 관해 회사에 보낸 보고서는 단호했다.

> 저는 이미 좋은 차밭은 자연적으로 수분이 공급되고 반면에 물이 고여 있지 않은 곳이라고 말한 바 있습니다. 그리고 우리는 차나무가 **수생식물이 아니**며 산비탈에서 야생 상태로 발견된다는 사실을 염두에 두어야 합니다. 이러한 점을 확인했으니 모든 **히말라야 농장에서도 물대기는 최소한도로 해야 최선의 결과를 얻을 수 있음**을 더욱 인식해야만 합니다.

정말로 저는 물대기를 하면 열 가운데 아홉이 매우 좋지 않은 결과를 낸다는 것을 아무런 망설임 없이 말할 수 있습니다. 물대기를 하지 않고서는 차나무가 자라지 않는다면 그런 땅은 차 같은 작물에 적합지 않다는 분명한 징표일 것입니다.

포천이 마지막으로 선적한 워드 상자가 놀랄 만한 모습으로 사하란푸르에 도착했다. 그가 상자를 열고 살아 있는 나무를 꼽아보니 1만 2,838개 이상이었으며, 싹을 틔운 씨앗은 더욱 많았지만 너무 많아서 이루 셀 수조차 없었다. 포천에게는 나무들이 "푸르고 생생해" 본래의 서식지를 떠난 적이 없는 것처럼 느껴졌다. 그가 중국에 있으면서 이룬 최고의 성과인 이 마지막 선적분이 제대로 관리되지 않고 제임슨의 잘못된 의사 결정으로 말미암아 죽지 않도록 하는 것이 매우 중요했다.

어쨌든 차나무는 히말라야에 매우 적합한 것으로 확인됐다. 포천이 가장 먼저 선적했던 것 가운데 살아남은 80그루까지도 이제는 잘 자라고 있었다. 제임슨과 포천이 초목의 상태를 평가하며 이야기를 나누던 때, 첫해에 들여온 이 진귀한 초목은 키가 1미터를 넘었고 "수많은 꽃으로 뒤덮여 있었다." 차나무는 새로운 서식지에 잘 적응해 많은 씨앗을 남겼고, 어린 싹도 많이 산출했다. 이들은 수천 그루로 새끼를 쳤다고 제임슨은 보고했다.

포천은 자신의 공적을 당연히 자랑스럽게 여기면서도 차나무 이식의 성공에서 제임슨이 적어도 몇 가지 역할을 했다고 넌지시 인정했다. 포천은 상급자에게 이렇게 썼다.

여러 농장에서 나무가 번성하고 있는 상황이 결국 가장 큰 증거이며,

그 문제는 의문의 여지가 없습니다.

한편 중국인 생산 인력들에게는 "좋은 집과 식물원"이 주어졌다. 회사는 그들이 서로 헤어져 여러 농장으로 분산 배치될 것이라고 말했다. 이는 결국 실행에 옮겨졌는데, 이 때문에 새로 뽑혀온 사람들은 이전 사람들과 마찬가지로 깜짝 놀랐다. 중국인들은 모두 함께 이야기를 나눌 동포와 같이 있기를 원했지만, 정부의 방침은 농장마다 전문가 한 명씩을 배치하는 것이었다. 그러나 포천은 회사가 그들에게 할 수 있는 지원은 다 해주고 있다고 생각했다.

그들이 이국땅에서 편안히 지낼 수 있도록 하기 위해 할 수 있는 일은 모두 했다.

포천이 히말라야에 머무른 마지막 날 아침에 차 전문가들은 일찍 일어나 목욕을 했다. 그들은 고운 모시옷을 입었다. 설날이나 추석 같은 명절 때 입기 위해 아껴둔 옷이었다. 해 뜰 무렵에 이들의 대표로 뽑힌 사람(나머지 사람들보다 약간 나이가 많고 포천과 비슷한 연배였다)이 앞으로 나와 그에게 작은 감사의 선물을 했다. 포천은 그것이 무엇이었는지 언급하지 않았으나, 자신은 그것을 받을 수 없다고 생각했다. 그는 그들에게 무한한 감사를 표하고 그들의 선행과 너그러움을 칭찬했다.

나는 그들이 선물을 해준 진심에 내가 얼마나 기쁘게 생각했는지를 말해 주었다.

좀 더 예민한 사람이었다면 그러한 선물을 거절하는 것이 그들 모두를 욕보이는 것이며, 그만큼 체면이 크게 깎이는 일이었음을 알아차렸을 것이다.

그러나 그는 여전히 자신이 할 수 있다면 어떤 식으로든 열심히 그들을 돕고자 했으며, 그들이 아내와 부모와 아이들에게 보내는 편지 꾸러미를 선뜻 받아들었다. 그는 자기가 편지를 캘커타로 가지고 가서 중국으로 가는 증기선 편에 부치겠다고 약속했다. 그는 그들을 위해 무엇이든 할 생각이었다. 그 이유에 대해 그는 이렇게 썼다.

> 그 사람들이 처음 채용됐을 때부터 내가 산에 있는 그들의 새 정착지를 떠날 때까지 그들은 내가 조금이라도 화를 낼 만한 일은 전혀 하지 않았다.

포천은 우울한 심정으로 인도에 있는 중국인 생산 인력들과 이별했다.

> 나는 그들 곁을 떠나게 돼서 미안했음을 고백한다.

그는 중국에서의 모든 흔적에 대해 이별을 고하듯이, 마지막 3년의 노력을 인도에 남겨두고 떠난 것이다.

동인도회사 문서에는 다르질링에 차가 처음 들어온 정확한 날짜에 대한 확실한 증거가 없다. 정부 문서상으로는 다르질링 산악 지대에 차 씨앗이 처음 도착한 것이 1850년대 초나 어쩌면 그보다 조금 빠른

1849년이었던 것으로 보인다. 다시 말해서 포천이 회사를 위해 처음 여행을 하던 때였다. 그러나 그가 처음에 선적했던 것은 대체로 실패했기 때문에 그때 보낸 씨앗이 다르질링으로 보내졌을 것 같지는 않다. 다르질링에 처음 심어진 차나무는 녹차였고, 광저우산 품종이었던 것 같다. 1840년대에 사하란푸르 산하 실험 식물원에서 받을 수 있었던 것은 모두 광저우산이었다. 그러나 다르질링의 첫 홍차는 포천이 워드 상자에 흙과 씨앗을 층층이 넣어 보내온 것 이외의 것일 수는 없었다.

캘커타－사하란푸르－다르질링 사이의 초목 교환은 일상적인 것이었다. 캠벨의 멘토 브라이언 호턴 호지슨(1801~1894)은 네팔 주재원을 지냈고 인도아대륙에 줄곧 머물다가 다르질링 산골 마을로 은퇴했다. 호지슨 역시 열성적인 수집자이자 아마추어 생물학자로, 히말라야 일대의 국책 사업 전개에 주목하면서 회사 식물학자들과 활발하게 연락을 주고받았다. 포천이 보낸 씨앗과 묘목이 성공적으로 인도에 도착한 첫해에 다르질링에서 재배를 맡았던 호지슨과 캠벨 두 아마추어 생물학자가 새 씨앗들을 그곳에 나누어 보내달라고 간청했을 가능성은 매우 높다. 포천이 보낸 씨앗이 첫해의 재배에는 포함되지 않았다고 하더라도, 포천이 여행을 마친 시기에는 틀림없이 그곳에 심겼을 것이다.

캠벨은 포천이 보낸 차나무를 산비탈에 줄을 맞춰 보기 좋게 심었다. 심은 땅의 면적이 매우 넓었고, 필요하면 더 늘릴 수도 있었다. 다르질링에는 그런 실험 작물들이 많이 재배되고 있었다. 캠벨은 또한 면화나 심지어 아편에도 관심을 가지고 있었고, 그 지역에서 재배해 경제적으로 채산성을 맞출 수 있는 것이라면 어떤 작물이라도 마찬가지였다. 포천이 보내온 차가 북서변경주에 도착하기 시작하던 그 이후 두 해의 시기에, 다른 유망한 묘목들과 함께 차나무도 일정 부분이 항상 배정돼 계속해서 캠벨에게 보내졌다.

캠벨에게 경의를 표하는 한 편지에는 이런 구절이 있다.

> 영국령 시킴은 야만에 가까운 부족들이 서로 으르렁거리며 살았고 이전에는 유럽인들과 전혀 접촉이 없었는데, 캠벨 박사는 10년 사이에 빽빽한 밀림의 이 원시 상태를 크게 변화시켰습니다. 이제는 유럽인들이 많이 찾는 휴양지이자 산속의 정착지가 됐고, 여러 부족의 가장 중요한 상업 중심지이며 풍요로운 농업 지역으로 변모했습니다.

오늘날 다르질링은 최고급 홍차 산지로 인식되고 있다. 다르질링산은 최고급의 홍차로, 가장 은은한 꽃향기가 나며 가장 선명한 음료로 가장 화려한 호박색을 띠고 있다. 다르질링 차는 세계 경매 시장에서 가장 높은 가격에 팔린다. 다르질링 차밭에서 나온 첫물을 대량으로 사는 것은 거의 불가능하다. 그런 차는 시장에 나오자마자 누군가가 바로 채간다. 중국인들의 말처럼 "차는 산의 정수"고, 다르질링 차를 만들어내는 산들은 지구상에서 가장 위대한 곳이다.

이제 막 발걸음을 내디딘 인도의 히말라야 차 산업은 한 세대 안에 품질과 물량과 가격 면에서 중국산 차를 앞지르게 된다. 한편 인도는 영국에게 영원히 중요한 자산이 됐다. 영국이 계속 손아귀에 둘 수 있었다면 말이다.

영국 엔필드로크 소형무기제조창, 1852년

런던 북쪽 엔필드로크의 영국소형무기제조창RSAF 문 뒤에서 기술자와 총포공들이 인도에서 사용될 새 무기를 실험하고 있었다. 과학기술이 초목을 전 세계로 움직일 수 있게 함으로써 농업에 혁명적 변화를 가져왔듯이, 무기의 개선은 군대의 본질을 변화시키고 생각지도 않게 동인도회사의 인도 지배를 종식시켰다.

이 회사의 부는 오랫동안 인도의 사람과 자원을 강력하게 통제함으로써 만들어지고 있었다. 회사는 인도에 비해 무기가 월등하게 우세했고, 일방적으로 폭력을 행사할 수 있었다. 동인도회사는 인도아대륙을 다스리는 군주였고, 인도군의 힘이 이를 뒷받침했다. 인도군은 영국인들이 지휘부를 차지해 통제했지만, 그 아래 병력은 인도인들이었다. 2만 6천 명의 유럽인이 20만 명의 세포이sepoy를 지휘했다. 세포이는 '군인'에 해당하는 페르시아어 및 우르두어 '시파히sipahi'에서 나온 말이다. 이들은 이슬람교·힌두교·시크교·기독교 등 종교는 다양했지만 대부분 인도 사회의 상류 계급 출신으로 충원됐다. 이 군대가 대략 2

영국소형무기제조창(RSAF)

억 8500만 명의 인구가 살고 있으며 미국만큼 큰 땅덩이를 가진 나라를 관리했다. 현지에 민병대가 없었다면 회사는 그렇게 인도를 지배하지 못했을 것이고, 영국의 식료품 창고로 사용할 생각조차 하지 못했을 것이다.

엔필드에서의 실험을 통해 만들어진 것이 1853년식(P53) 엔필드 소총이다. 이 연식을 바탕으로 해서 소총은 하나로 표준화된 디자인에 따라 제조하게 됐으며, 그 표준 디자인은 곧 대영제국 전체에서 사용됐다. P53은 특히 인도로 보내져 인도 육군에서 쓰이게 된다.

화약은 850년 무렵에 중국에서 발명됐지만, 전 세계에서 오랫동안 로켓과 박격포·총알 발사에 사용돼 왔다. 그러나 무기를 만드는 기술은 수백 년 동안 근본적인 진보가 없었다. 19세기에 접어들 무렵 영국인들이 나폴레옹을 물리칠 때 사용했던 총은 '브라운베스'라는 별칭의

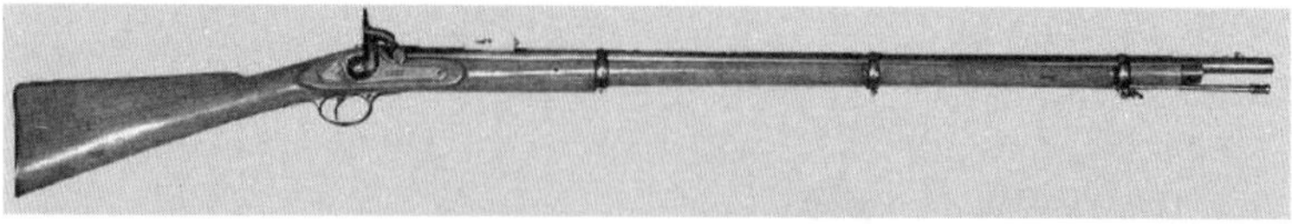

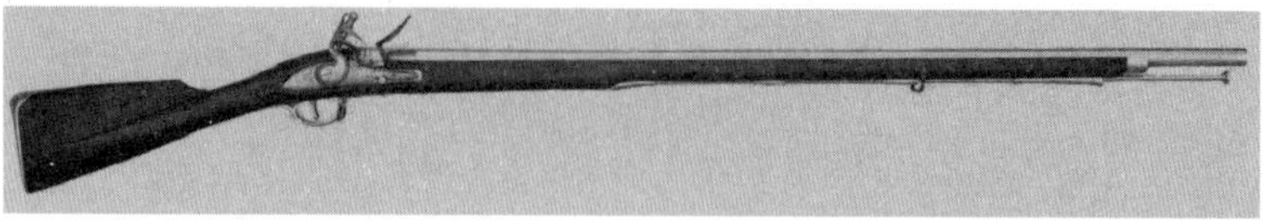

엔필드 소총(위)과 브라운베스(아래).

'활강滑腔(총열 내부에 총알이 회전하도록 나선형 홈이 파이지 않은 형태를 말한다—옮긴이)' 화승 장총이었는데, 1840년대와 1850년대 초의 인도군에서도 여전히 가장 많이 쓰이고 있었다.

17세기에서 19세기 초에 이르기까지 총을 쏘는 것은 다음과 같은 원리였다. 막힌 공간에서 불길 또는 불똥을 화약과 연결시켜 폭발에 따른 압력을 만들어낸다. 그러면 그것이 공 모양의 발사체를 관 모양의 총열 구멍 쪽으로 밀어낸다. 그쪽이 유일하게 갈 수 있는 방향이기 때문이다.

이러한 무기의 최대 한계는 한 발 한 발 준비하는 데 시간이 많이 걸린다는 점이었다. 병사들은 재장전할 때마다 여러 단계의 과정을 거쳐야 했다. 적당량의 화약 가루를 넣고, 납으로 된 탄알과 약간의 충전물을 총구에 넣은 뒤, 꽂을대로 이를 방아쇠 근처까지 밀어 넣는다. 점화는 채워진 화약 뒤에 있는 격발 장치에 의해 이루어져 약실로 이어지는 구멍 근처에서 불똥을 일으킨다. 뇌관의 화약 가루에 불똥이 일면 그 불길이 내부의 화약으로 전달된다. 이런 식으로 사격을 준비하는 데는 노련하고 훈련이 잘된 병사라도 한 발당 최소 15초에서 20초가 걸린다.

그 당시에도 브라운베스는 비교적 부정확하고 믿을 수 없는 것으로 간주됐다. 정확성 문제는 총열과 탄약 사이에 약간의 틈이 있는 데서 생기는 것이었다. 브라운베스는 한두 번 사용하면 화약 찌꺼기로 막혀 장전하기가 점점 더 어려워진다. 그래서 총열은 그 안에 들어갈 발사체(공 모양의 단순한 납덩이다)보다 좀 크게 설계됐다. 그러나 이는 또한 총알이 총열 안에 있을 때 그 주위에 공간이 많다는 의미이기도 하다. 그 때문에 총알이 총열을 지나 총구로 가면서 흔들리게 된다. 폭발 때 생긴 가스 역시 총알 주위로 빠져나가기 때문에 총알이 튀어나가는 힘을 떨어뜨린다. 브라운베스는 강선腔線이 없는 활강 총이기 때문에 총열 안에서 회전하며 튀어나가지 않는데, 이것 역시 정확성에 영향을 주었다. (강선은 총열 안에 나선형으로 파인 홈인데, 발사체에 회전을 주어서 흔들림 없이 똑바로 날아가게 한다.) 쇠를 치는 격발 장치에 의해 점화하는 구조 또한 약간의 문제를 지니고 있었다. 날씨가 맑은 상태라면 잘 작동하지만, 눅눅한 상태에서는 제대로 되지 않기 때문이다. 6월부터 11월까지가 우기인 인도에서는 가장 큰 골칫거리였다.

그러한 결점들이 있었음에도 불구하고 브라운베스는 당시의 군사 전술에서 매우 유용하게 쓰였다. 인도 병사들은 횡대로 두 줄이나 세 줄로 서서 45미터에서 60미터 떨어진 표적을 향해 분당 네 번씩 사격하는 훈련을 받았다. 한 무리의 병사들이 한 줄로 서서 모두 같은 방향으로 한 차례씩 일제사격을 할 때, 사격이 정확했는지의 여부나 격발이 제대로 됐는지의 여부는 재장전의 속도에 비해 그리 중요한 것이 아니었다. 누군가는 사격 범위 안에 있는 무엇인가를 맞히게 돼 있다. 그리고 상대가 퇴각하거나 탄약이 떨어졌을 때 브라운베스의 43센티미터짜리 총검은 곧바로 돌격하는 상황에서 보다 확실한 공격 수단이 됐다. 회사가 인도아대륙에서 영광을 드높였던 150년의 전 기간 동안 인도군은 이 무기 하나를 썼고, 대포가 뒤를 받쳐주었다.

브라운베스가 장수한 것은 놀라운 일이 아니다. 군대는 잘 알고 있고 검증된 기술을 실험적인 무언가로 대체하는 일에 대해 보수적일 이유가 충분히 있다. 군대는 장비가 표준화돼 가능한 한 편차가 적을 때 가장 효율적인 것이기 때문에, 새롭고 개선된 무기가 점진적으로 들어올 간단한 방법은 없다. 그러나 권총과 엽총 같은 개인용 무기가 진전되면서, 병사의 개인 화기를 이전의 어느 것보다도 더 정확하고 흔들림이 없으며 살상력이 뛰어난 것으로 바꾸려 하고 있었다.

브라운베스를 개선하는 비결은 강선이 있는 총열의 홈에 밀착할 수 있으면서 동시에 쉽고 빠르게 장전할 수 있는 총알을 만드는 것이었다. 엔필드 무기창에 근무하던 리처드 프리쳇이라는 발명가는 프랑스의 총알이 브라운베스의 결점을 극복하고 이 두 가지 목표를 이루는데 도움이 될 것이라고 생각했다.

프랑스의 미니에 총알은 몸통이 거의 원통형이고 납으로 된 끝부분은 둥글며 바닥은 움푹 꺼져 있어 오늘날의 총알과 더 비슷하다. 총알이 발사되면 총알 바닥 부분의 가스가 팽창하면서 바닥에 압력을 가해 총알을 총열에 꽉 차게 하고, 이에 따라 나선형의 홈에 밀착하게 만든다.

프리쳇이 한 실험의 초기 테스트 결과가 나오자 엔필드 무기창에서는 열렬히 이를 환영했다. 브라운베스는 노련한 병사가 다룰 경우 50여 미터 밖의 목표물을 맞힐 수 있었으나, 새 강선 총은 500여 미터 밖의 것도 정확히 맞혔다. 그러나 프리쳇의 총알은 사수가 장전하려면 여전히 여러 단계를 거쳐야 했다. 이 총알에 자체의 싸개와 화약·기폭제 등이 딸려 있는 것이 아니었기 때문이다. 게다가 총알과 총열이 꽉

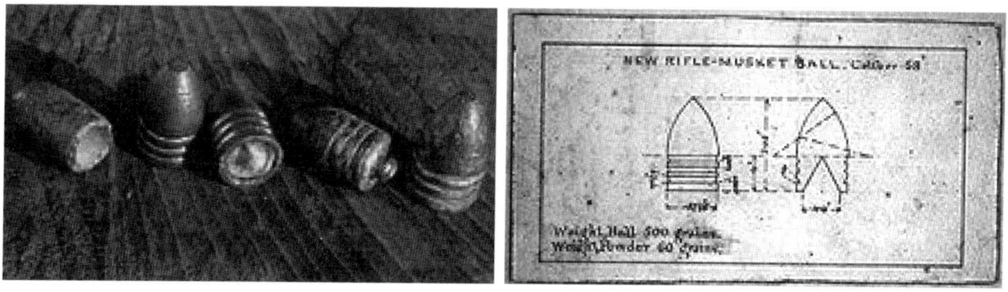

미니에 총알과 도판.

붙어 있어 총열에 계속 기름칠을 해서 총알이 약실 안으로 매끄럽게 밀려들어가 화약에 꽉 붙도록 해야 했다. 장전을 쉽게 하기 위해 총알은 종이로 만든 '탄약포彈藥包'에 넣었다. 이 탄약포 역시 필요한 화약을 담고 총열에 쉽게 들어갈 수 있도록 바깥에 기름칠을 했다. 병사들은 이 탄약포를 사용하는 총에 장전하기 위해 정확하고 표준화된 절차를 따랐다.

P53 엔필드 소총은 거의 모든 관점에서 브라운베스보다 뛰어난 무기였을 것이고, 인도에서도 채택할 만한 총이었을 것이다. 회사가 자신들이 통치하고 있는 사람들의 관습에 좀 더 민감했더라면 말이다.

동인도회사의 '부대 훈련 교범'은 P53을 장전하는 올바른 방법을 명기하고 있는데, 그것은 인도 세포이들이 브라운베스를 장전하는 것과 전혀 차이가 없었다.

"장전 준비!"라는 첫 번째 명령을 들으면 병사는 소총 개머리판을 자신의 15센티미터 앞 땅에 세운다. "장전!"이라는 명령에는 다음과 같이 하도록 교범은 지시하고 있다.

우선 탄약포를 입으로 가져가 그것을 엄지와 검지손가락 사이에 잡고 총알째 손에 잡은 채 그 꼭대기를 물어뜯는다. 팔꿈치는 몸에 꽉 붙이고….

"총알을 물어뜯"는 이 표준 절차는 이 방법의 매우 기본적인 부분이었다. 그래서 절차 자체가 잊히고도 오래 지나도록 그 구절은 남아 있다(영어의 숙어 'bite the bullet'은 '싫은 일을 억지로 하다'의 뜻이며, 우리 속담의 '울며 겨자 먹기'와 비슷하다—옮긴이). 탄약포와 총알을 여전히 입에 물고 있는 병사는 화약을 꺼내기 위해 종이를 찢어 연다. 그러고는 화약을 총구에 부어 넣은 뒤 총알을 밀어 넣고 기름칠한 탄약포 종이를 (충전재로서) 그 다음에 넣으며 그것을 화약과 닿도록 밀어 내린다.

종이 탄약포에 기름을 칠한 것은 계속 사격을 해도 총열 내부가 매끄러움을 유지하도록 하기 위한 것이다. 그것은 또한 탄약포 속의 화약을 눅눅하고 변덕스러운 인도의 날씨로부터 보호해 준다. 탄약은 최대 3년 동안 보관할 수 있도록 돼 있었다. 적절하고 믿을 수 있는 기름을 사용하는 것이 새로운 P53을 작동시키는 데 필수적인 요소가 됐던 것이다. 회사에서 이 용도로 선택한 것은 쇠기름과 돼지기름을 섞은 것이었다. 둘 다 싸게 제조할 수 있고 어디서나 구할 수 있었기 때문이다.

책임을 맡은 영국인들이 휘하 인도인 세포이들에 대해 무신경함을 드러내고자 했다면 이 윤활제를 선택한 것이야말로 엄청난 성공이었다. 돼지고기는 북부 인도의 이슬람교도들에게 하람Haram 즉 금기禁忌였다. 반면에 상위 카스트의 힌두교도들은 아무도 죽은 소를 만지려 하지 않고, 더구나 그것을 입으로 가져간다는 것은 있을 수 없는 일이었다. 따라서 P53 탄약포의 동물 지방은 여러 종교를 믿는 인도인들을 모두 불결하고 타락한 사람으로 만드는 것이었는데, 그들에게 그런 것을 사용하라고 명령했던 것이다.

엔필드 소총은 1856년 인도 군대의 모든 병사에게 지급되는 무기로 채택돼 도입됐다. 동인도회사는 먼저 보병 및 소총 부대를 훈련시켰고, 각급 부대를 여러 병기창과 보급창에 보내 새로운 무기에 관한 지시를 받도록 했다.

병사들이 새 무기의 탄약포를 만지게 되면서 유언비어가 퍼지기 시작했다. 엔필드 소총은 인도 군대를 불결하게 만들어 그들의 카스트 지위를 포기하지 않을 수 없게 하고 이로써 그들을 기독교도로 개종시키려는 회사의 거대한 계획 가운데 하나라는 것이다. 영국이 수백 년 동안 인도를 지배해 온 마당에 이는 성난 인도 군대에게 너무도 그럴듯한 음모론이었다.

소문에 따르면 1월 어느 날 캘커타 인근 둠둠 병기창에서 천한 태생의 한 칼라시khalasi('노동자'라는 뜻)가, 자신의 종교적 신분이 높다며 칼라시와 같은 물통의 물을 마실 수 없다고 하는 높은 카스트 브라만 세포이에게 이런 말을 했다.

"사히브(유럽인)들이 쇠기름과 돼지기름에 담근 탄약포를 물어뜯게 할 텐데, 그러면 당신의 카스트는 어떻게 되나요?"

그해 겨울과 1857년 봄에 걸쳐 더러운 탄약포에 관한 소식이 퍼져 나갔다. 5월 9일 벵골 제3경기병대 세포이들이 탄약포를 입에 물고 총을 장전하라는 명령을 단호하게 거부했다. 이들은 즉각 군사법원에 회부됐고, 10년 징역에 중노동이라는 이례적인 중형이 선고됐다. 장교들은 항명자들의 군복을 벗겨 알몸에 족쇄를 찬 채 기지촌 메루트의 거리를 지나가도록 했다. 부대의 나머지 병사들은 오후의 따가운 햇볕 아래 서서 두 시간 동안 이를 지켜보았다. 현지 매춘부들조차 역겨워하

1857년 여름에 일어난 '인도 폭동'.

면서 이후 이 부대 소속이면 누구에게도 몸을 허락하지 않았다. 여인들은 이렇게 말했다.

"겁쟁이들에게는 키스할 수 없다!"

그날 밤 다른 몇몇 세포이 부대(보병 부대도 있고 기병대도 있었다)가 지휘 계통을 이탈해 장교들에게 대항했다. 세포이들은 85명의 항명자를 감옥에서 풀어주고 그들을 자기네 민족의 영웅으로 환호했다. 그리고 그들은 동인도회사 사택과 사무실들을 불태웠다. 유럽인들은 눈에 띄는 대로 학살됐다.

기병대는 델리로 퇴각했다. 그리고 이후 여섯 달 동안 인도는 불더미에 휩싸였다.

P53 엔필드 소총은 대참사의 불을 붙여 살인과 포위 공격, 잔혹 행위와 탄압이 이어졌다. 인도인·영국인을 가릴 것 없이 여자와 아이들

이 학살되고 도시들이 약탈당했으며, 병사들이 민간인들을 살해했다. 영국인들은 1857년 여름에 일어난 일을 '인도 폭동'이라 부르고, 파키스탄·인도인들은 이를 '제1차 독립전쟁'이라 부른다. 그것은 이름이야 어찌 됐든 전례가 없는 유혈극이었으며, 동인도회사의 존재 자체를 위협한 사건이었다.

나나 사히브

폭동은 봄의 열기 속에 계속됐다. 북부 인도의 소도시 칸푸르(1947년 이전에는 카운포르라고 했다)에서 나나 사히브(1824~1857)라는 이전 통치자가 폭동을 소름 끼치는 절정으로 끌어올렸다. 회사는 그 얼마 전 '실권失權 원칙'에 따라 나나 사히브를 퇴위시킨 바 있다. 이 원칙은 인도 현지 지배자가 적법한 상속자를 세울 수 없으면 그 영토를 회사에 "바치도록" 하는 정책이었다.

카운포르의 병영에는 300명의 영국군이 아내 및 아이들과 함께 갇혀 있었다. 거기에는 먹을 것도 없었고, 물도 별로 없었다. 그런데 나나 사히브가 여기에 끼어들어 영국인들이 강배를 타고 내려가 아직 회사가 장악하고 있는 한 도시까지 안전하게 갈 수 있도록 해주겠다고 제안했다.

굶주림과 탈수 증세와 질병으로 그들 가운데 200명가량은 이미 죽은 뒤였는데, 영국인들은 나나 사히브의 제의를 받아들였다. 그러나 그들이 안전한 곳으로 가기 위해 배에 오르자 인도인 선원들이 풀로 엮은 배의 덮개에 불을 지르고는 갑자기 배에서 뛰어내렸다. 그와 동시에 강 둔덕에서 소총의 일제사격이 쏟아졌다. 영국인들 가운데 이 탈출에 성공해 살아남은 사람은 헤엄을 쳐서 하류 안전한 곳으로 간 네 사람뿐이었다.

인도인들은 배에서 학살을 모면한 사람들을 한데 모아 광장으로 끌고 갔다. 그들은 남자를 모두 쏘아 죽였다. 여자와 아이들 일부는 한동안 살아 있었는데, 일부는 딴 곳으로 끌려가 강간당했다.

영국인들은 구조대를 보냈지만, 하루 늦게 도착했다. 세포이들은 이미 남은 여자들과 아이들을 광장에서 학살해 버렸다. 한 목격자는 이렇게 썼다.

> 마당 바닥과 건물 베란다, 그리고 일부 방에는 피가 튀어 있었고, 아이들의 손과 발이 끌린 핏자국과 여자들의 옷, 모자, 기독교인의 성서, 혼인증명서 같은 것들이 여기저기 널려 있었다.

나중에 한 신문이 보도한 바에 따르면 '카운포르의 학살자' 나나 사히브의 행적은 이러했다고 한다.

> 발자크의 소설을 읽고 쇼팽의 피아노곡을 연주했으며, 침대의자에 누워 아름다운 카슈미르 아가씨의 부채질을 즐겼다. 또 불에 탄 (때로는 꼬챙이에 꿰인) 영국 아이를 가져오라 해서 코안경을 걸치고 들여다보았다.

영국인들이 도착하자 그들은 모든 반란자를 채찍으로 위협해 손으로 피를 닦도록 했으며, 때로는 혀로 핥도록 했다. 성스럽거나 금지된 동물과 접촉하는 것조차 인도인에게는 불명예였으니, 인간의 피에 손을 대는 것은 더할 수 없는 오욕이었다.

책임자였던 장교는 이렇게 썼다.

> 나는 우리가 그런 짓들에 대해 부과하는 처벌이 가장 엄중하고 그들이 느끼기에 가장 지긋지긋한 일이 되리라는 것을 인도 현지인에게 보여주려 했다.

각 '죄인'들이 자기 몫의 시신을 닦고 나면 즉시 교수형에 처해졌다.

영국인들도 반란자들과 마찬가지로 냉혹해질 수 있었다. 9월에 회사 군대는 델리를 공격해 사람이 보이기만 하면 그대로 학살했다. 영국의 지배에 저항하는 전투원뿐만이 아니라 닥치는 대로 모두 죽였다. 영국인들은 무방비의 주민들을 냉혹하게 학살했으며, 한 마을에서만 1,400명의 남자를 죽이기도 했다.

델리에서 인도인들을 죽이는 것을 목격한 한 장교는 이렇게 썼다.

> 그것은 말 그대로 살인이었다. 나는 요즘 유혈이 낭자하고 끔찍한 장면을 많이 봐왔지만, 어제 본 것 같은 모습은 제발 다시 보지 않았으면 한다. 여자들은 살아남았지만, 자기 남편과 아들들이 학살된 것을 보고 울부짖는 모습이 너무도 고통스러웠다.

이 전쟁으로 무굴제국 황제의 치세는 끝이 났다. 무굴 황제는 동인도회사와 결탁한 꼭두각시 지배자였다. 마지막 황제였던 바하두르 샤 2세(1775~1862)는 유배지에서 이런 시를 남겼다.

내 인생 이제 아무런 빛도 비치지 않고
내 마음과 눈에 위안이 되는 것도 없구나.
티끌로부터 와서 다시 티끌로 돌아가니
나는 아무에게도 쓸모없는 사람이로다.
델리는 한때 낙원이었지.
사랑이 지배하고 통치하던 곳.
그러나 그 아름다움은 이제 짓밟히고
오직 폐허만 남아 있다네.

봉기가 결국 진압되자 영국 의회는 동인도회사가 가지고 있던 인도에서의 특권을 폐지하고 면허를 취소했다. 한 번의 펜 놀림으로 회사는 존재하지 않게 됐다. 이후로는 영국 왕실이 인도아대륙의 통치를 맡게 되고, 빅토리아 여왕이 인도 황제를 대신하게 됐다.

300년 가까이 존재해 온 동인도회사는 카롤루스 대제(742~814)에 필적할 만한 재산을 축적했고, 해가 지지 않는 제국을 만들어냈다. 이 회사는 최초의 전 세계 다국적기업이자 역사상 알려진 가장 큰 기업이었다. 그러나 이 회사는 매우 중요한 한 가지 일에 크게 실패했다. 바로 인도를 평화롭게 통치하는 일이었다. 인도에서 독창적인 아이디어를 내서 수익성이 높을 것으로 기대되는 사업을 추진해 차나무들이 한창 자라고 있었지만, 그것이 영광스런 회사의 소멸을 막을 수는 없었다.

차와 빅토리아 시대

포천이 더없이 귀중한 보물을 훔쳐갔다는 사실을 중국인들이 깨달았을 무렵에는 자기네가 입은 손실을 구제하기에 이미 여러 해가 지나 있었다. 그의 도둑질로 인해 차는 더 넓은 세계로, 더 싼 가격에 확대 보급됐다. 포천은 사치품을 대중화했으며, 그 이후 세계는 줄곧 그것을 즐겼다.

차는 설탕·커피·담배·아편과 마찬가지로 처음으로 대량 생산되고 대량 유통된 국제적 상품이었다. 차가 직접 공업혁명을 일으키지는 않았겠지만, 영국에서 차의 인기가 높아가고 인도산 차의 출현으로 점점 더 쉽게 차를 마실 수 있게 되면서 영국의 공업화도 더욱 가속화됐다.

이 세계적 상품은 대체로 일종의 경제적인 운동에너지로 생각될 수 있었다. 값싸게 만들어 작은 단위로 판매함으로써 전 세계로 퍼져 나갔다. 이 상품으로 인해 힘의 축은, 산간 차밭에서 영국의 가정에 이르는 과정의 각 단계 단계인 공급망을 따라 고쳐 정리됐다. 단순한 약물인 차를 통해 중국인 노동자들은 광저우의 미국인 무역상이나 조로아

스터교도 은행가와 연결되고, 영국의 투자가와 연결되고, 맨체스터에서 아침을 먹고 있는 주부·아이들과도 이어졌다.

차는 마찬가지로 영국의 자본과 금융 체계에 혁명을 일으켰고, 동아시아 무역망의 급속한 성장에 영향을 끼쳤다. 그것은 영국 식민지의 영역을 확대하는 데도 도움이 됐다. 대영제국이 확장해 버마·실론·동아프리카 등 차가 자랄 수 있는 지역이 포함되면서 이전에는 황폐한 밀림에 가깝다고 생각됐던 곳에서 경제를 일으킬 수 있었다. 차는 또한 카리브해와 남태평양 같은 지역을 식민지화하는 노력에도 영향을 주었다. 이들 지역은 영국의 설탕 수요(홍차는 녹차와 달리 설탕을 타서 마시기 때문에 설탕 수요가 많아진다—옮긴이)를 충족시키는 데 도움을 주었던 것이다. 동양 무역 덕분에 영국과 파운드화는 200년 가까이 세계를 호령했다. 그것이 없었다면 인구가 희박한 섬 농업국으로서는 이루기 어려운 위업이었다.

차는 세계 무대에서 중국의 역할을 변화시켰다. 차 무역은 번성한 식민지(이제는 다시 중국의 도시가 됐다)이자 동양의 중심 도시인 홍콩을 탄생시켰다. 어떤 사람들은 차 무역이 고무한 일련의 혁명들이 본토에서 100여 년 동안 계속 발전을 이어갔더라면 중국이 세계 무대에서 어떤 역할을 했을지를 홍콩이 보여준다고 주장했다. 중국에 외세가 들어오고 차-아편 교환이 대혼란을 일으키자, 이 두 가지 일이 함께 청 제국의 지배력을 약화시켰다. 청나라가 멸망하자 이번에는 국민당이 정권을 잡았고, 결국 중국공산당으로 넘어갔다. 그런 곡절 끝에 나중에 오늘날 보는 것처럼 타이완과 중국으로 나뉘었다. 이런 역사 전개가 오로지 차 때문이었다고 하는 것은 합리적이라고 보기 어렵다. 그러나 원래 중국 것이었던 차에 대한 외국의 열망이 중국을 서방에 대해 개방하게 하고 이어서 제국의 자급자족 경제가 무너져 내렸다는 사실을 무시할 수 없을 것이다.

차 무역은 지정학적인 영향을 별개로 하더라도, 경제의 거의 모든 측면에 영향을 미쳤다.

동인도무역선

수송

1850년대 무렵이 되면 중국에서 런던으로 가는 뱃길은 10년 전에 비해 한 달이 단축됐다. 차를 시장에 내기 위한 경쟁이 원인이었다. 차는 가장 빠른 배를 취항케 만들었고, 그 속도에 필적할 만한 것은 없었다.

차 무역이 시작된 이후 200년 동안은 영국에서 중국으로 가는 배는 모두 동인도회사 소속이었다. 동아시아 무역 면허를 받은 유일한 기업이었기 때문이다. '동인도무역선East Indiaman'으로 알려진 이 배들은 천천히 떠서 움직이는 창고인 셈이었다. 이 '차 운반선'은 템스강에서 광저우까지 왕복했다. 차가 런던의 민싱레인 경매장까지 도착하는 데는 찻잎을 딴 때로부터 아홉 달이 걸렸고, 때로는 꼬박 1년이 걸리기도 했다.

이는 화백호나 소종 같은 최고급 차라도 좋은 품질을 뽐낼 수 없다는 의미다. 여행자들과 상인들은 찻물의 '첫 수확'분이 최고의 차라고 말하고 있었지만, '햇'차는 구경할 수 없었다. 런던의 차 소비자들 가운데는 품질이 저하되는 것을 알아차리는 사람이 거의 없었겠지만, 차 유통 쪽에 있는 사람들은 개선의 여지가 많으며 품질이 더 좋고 신선한 차라면 돈을 더 받을 수 있다는 것을 알고 있었다. 그러나 경쟁이 없고 그해에 수확한 차를 그해에 산비탈에서 식탁까지 가져오려는 시도가 없었기 때문에, 여러 해 동안 혁신의 동력도 없고 발전도 없었다.

19세기에는 선박 건조에서 엄청난 기술적 진보가 일어났다. 1815년 영국이 나폴레옹을 격파한 뒤 낡은 영국 군함에는 더 이상 절박하게 필요한 것이 없었다. 중무장을 하고 충분히 자급자족하며 오랜 시간 동안 상륙하지 않은 채 바다에 떠 있을 수 있었다. 그 이후의 평화 시대에 배는 더욱 길어지고, 더욱 날렵해지고, 더욱 빨라졌다.

1834년 동인도회사의 중국에 대한 독점이 끝나자 새로운 무역회사들이 생겨나 중국 무역에서 자기 몫을 찾겠다고 덤벼들었다. 동양에서 아직도 유명한 버터필드앤드스와이어(중국명 太古洋行)와 자딘매시선(중국명 怡和洋行) 같은 회사들이었다. 이들 회사는 수지맞는 차 무역의 이득을 나눠 먹으려고 동인도회사에 도전장을 내밀었다. 동인도회사는 그 배와 마찬가지로 비대하고 비효율적이었다. 경쟁이 늘어나자 이제는 빠른 배가 유리해졌고, 큰 돛을 단 범선은 더욱 날렵해졌다.

1849년 영국 항해법의 폐지로 미국에서 건조한 선박이 중국 왕복 항해에 나서게 되자, 마침내 미국인들이 중국차를 영국 부두에 하역할 수 있게 됐다. 그리고 실제로 그것이 현실화됐는데, 영국에서 건조한 배들보다 몇 주일 빨리 도착했다. 미국 배들은 1812년 영미전쟁 때 쓰이던 쾌속 민간 나포선의 매끈한 선체 윤곽을 본떴는데, 뉴욕과 광저우 사이를 100일 이내에 주파할 수 있었다. 빠른 배가 각광을 받자 영국의 조선업자들은 설계부터 다시 했다. 뱃머리를 깎아내고 선체를 좁혔으며 돛을 경사지게 해서 보스턴의 일류 설계사들에게 맞섰다.

20년 사이에 나폴레옹의 몰락과 동인도회사의 중국 시장 독점 폐지,

미국인들의 중국 항로 취항 등 세 가지 요인이 차의 수송 속도를 높였고, 범선의 항해에 혁명을 일으켰다. 차를 수송하던 이 새로운 쾌속선은 길고 낮은 선체 때문에 쉽게 알아볼 수 있었으며, 배꼬리가 '물고기 대가리'처럼 날렵하게 물위에 떠 있었다. 이 배들은 가로돛 의장艤裝으로 세 개의 돛을 갖추어, 어느 선장이 말했듯이 "모든 뱃사람에게 너무도 아름답게 느껴진" 배였다.

쾌속선의 출현으로 차 무역은 또한 많은 사람이 지켜보는 매우 대중적인 스포츠가 됐다. 동양에서 온 배들 가운데 첫 번째 배가 영불해협에 나타나면 런던 시민들이 템스강변에 몰려나와 매년 벌어지는 '차 수송 경주'를 구경했고, 중국에서 온 쾌속선들은 그해 딴 차를 배달했다. 예인선이 수배됐고, 런던까지 오는 내내 곶을 지날 때마다 신호가 깜박거렸다. 내기가 시작되고, 어떤 배가 부두와 뱃전에 차 상자를 먼저 내려놓는가에 따라 돈을 따기도 하고 잃기도 했다. 그 재미는 더비 경마 결과에 못지않았다.

차 수송선은 아직도 세계에서 가장 빠른 범선이다. 한편으로는 기술과 사업 측면에서 놀라운 업적을 만들어냈기 때문이기도 했고, 다른 한편으로는 이후에 다시 그렇게 크고 빠른 범선이 필요치 않았기 때문이다.

동아시아 지역과의 무역이 매우 중요해지자 프랑스는 수에즈운하 건설에 나섰다. 홍해의 바람이 너무 강해 범선은 이 수로를 항해할 수 없었지만, 증기선은 쾌속 범선이 걸리는 시간의 절반만에 중국에 도달할 수 있었다. 적절한 위치에 연료 보급소도 설치해 중국과 인도로 가는 여행은 더욱 쉬워졌다. 그러나 수에즈운하가 완공된 1869년 무렵에는 차로 말미암아 이루어진 모든 항해 분야의 발전은 이미 과거의 일이 된다. 영국 상인 선단의 야망은 변덕스러운 바람이 아니라 믿음직하고 꾸준한 석탄에 의해 불을 지필 수 있게 됐다.

제조업

차는 무게가 가벼웠기 때문에 차를 수송하는 상선은 바닥짐이 많지 않아도 됐고, 차 무역 초기에는 대부분 바닥짐이 중국의 청자와 백자였다. 상인들은 비단 같은 보다 가치 있는 상품으로 더 많은 이득을 올릴 수 있었기 때문에 도자기를 낮게 평가했지만, 층층이 쌓은 차 상자들 중간 중간에 넣을 바닥짐 충전물로 도자기가 유용하다고 생각했다. 또한 선체와 용골을 따라 늘어놓으면 물이 새는 것을 방지하는 이점도 있었다. 차 같은 사치품은 위험성이 컸다. 차는 물에 취약했고 배는 언제나 바다에서 사고를 당할 위험이 있기 때문에, 도자기가 그런 위험을 주변으로 분산시켰다. 도자기는 또한 더 가치 있는 화물이 배 바닥에 괸 더러운 물에 오염되는 것을 방지해 주었다.

차 소비의 저변이 넓어지면서 영국에서 도자기 산업의 발전을 자극했다. 도자기 산업은 19세기에 기계가 혁신적으로 발전한 덕을 입은 최초의 산업들 가운데 하나였다. 18세기 이전에는 끓는 물을 담을 수 있는 도자기 찻잔을 만드는 공장이 유럽에는 없었다.

유럽의 찰흙은 중국의 찰흙과 같이 찻잔 만드는 수요에 부응할 수가 없었다. 유럽 찰흙에는 필수적인 고령토 성분이 없었기 때문이다. 중국의 도자기는 높은 온도에서 구워져 값싸고 단단하며 투명 유약이 발라져 있었다. 유럽의 찰흙은 낮은 온도에서 구워지는데, 흡수되는 유약을 발라 깨지기가 더 쉬웠다.

더 내구성이 있는 도자기가 필요해지자 영국에서는 산업계에 경쟁이 불붙었다. 영국 제조업자들은 식기류를 보다 단단하고 보다 값싸게 만들 수 있을까? 영국 공장에서는 사기그릇을 만들고 있었다. 그것은 무겁고 거칠고 깨지기 쉬웠지만, 수송 비용이 싸기 때문에 중국 도자기와 가격 경쟁을 할 수 있었다. 마침내 1750년 무렵에 유럽 공장들은 도자기 생산의 비밀을 발견했고, 새로운 산업이 탄생해 당시 영국 산업을 변모시키고 있던 기계화를 활용했다. (공교롭게도 이 기술적 진보를 초기에 이용했던 도예가 가운데 한 사람이 조사이어 웨지우드(1730~1795)로, 로버트 포천과 동시대의 생물학자 찰스 다윈의 외할아버지다.)

차 무역은 또한 이와 함께 이루어진 도자기 무역을 통해 중국과 동양을 '이국적인' 곳으로 보는 관념을 자극했다. 축 늘어진 버드나무와 우뚝 솟은 탑, 그리고 풍성한 옷을 입은 얌전한 여인 등 중국풍의 상징적인 이미지가 친숙해진 것은 수입된 찻잔에 그런 모습들이 그려져 있었기 때문이다. 이렇게 동양을 낭만적으로 생각하는 것이 제국주의적인 사업을 추진하는 데 매우 유용했다. 그로 인해 미지의 장소를 아름답게 생각하게 됐고, 두렵고 미심쩍었을 해외여행이 매혹적인 것으로 다가오게 됐다. 당시 영국은 빈곤이 만연해 있었고, 질병과 혼란도 극에 달했다. 도시가 농촌을 잠식했으며, 과거 농촌에 살던 사람들이 이제는 공장에서 일하고 스모그를 마시며 복잡한 공동주택에서 살고 있었다. 그러나 도자기의 어느 곳에서나 볼 수 있는 모습은 더 넓고 더 크고 더 나은 세계와의 연결을 표상하는 것이었다. 그것은 교역과 가능성의 세계, 영국이 정복할 수 있는 세계였다.

영국인의 생활

영예로운 동인도회사가 예측했던 바와 마찬가지로 인도에서 재배한 차는 차 가격을 전반적으로 내려가게 했다. 물론 차에 대한 세금이 폐지되고 해운 분야에서 진보가 이루어진 것도 (그리고 동인도회사의 독점이 마감돼 경쟁이 늘어난 것도) 한몫했다. 차의 가격이 내려가면 부도덕한 장사치들이 다른 초목이나 위험한 화학물질을 첨가할 필요성을 덜 느끼게 됐기 때문에 차의 품질이 나아졌다. 영국은 100여 년 동안 차를 소비해 온 나라였지만, 차 가격이 내려가는 것은 급속히 도시화하고 있는 나라로서는 축복이었다.

인구통계학자들과 의사들은 사망률 저하가 점점 더 많은 사람이 차를 마시기 때문임을 오래전부터 알고 있었다. 18세기와 19세기에 도시화가 진척되면서 오염과 질병이 늘어났다. 오랫동안 인도아대륙을 괴롭혔던 콜레라는 1830년대에 처음 영국에 들어왔다. 인도에서 채운 배의 물통에서 물을 마시고 감염된 선원이 고국 항구로 돌아와 치명적인 박테리아를 지역 하수도에 퍼뜨린 것이었다. 19세기 중반에는 콜레라의 확산으로 수많은 런던 시민이 거듭 몰살당했다. 1848~1849년에만도 5만 명이 콜레라로 죽었는데, 모두가 물을 마시고 감염된 것이었다.

커피(뜨거운 물에 넣기는 하지만 물을 끓이지는 않는다)보다 차를 더 좋아하는 영국 같은 나라에서는 음료 마시는 습관 덕분에 곧바로 건강상 이득을 얻었다. 물을 끓이면 주변에 전염병을 퍼뜨리는 미생물을 죽이게 되기 때문이다. 정상적인 상황에서조차 런던의 마시는 물은 결코 위생적이지 않았다. 도시에 인구가 밀집돼 있고 쓰레기 처리도 제대로 하지 못했기 때문이다. 차를 즐기는 나라는 커피를 즐기는 나라에 비해 잇달아 발생하는 전염병(이는 빅토리아 시대에 경제 규모가 세계화된 결과였다)에서 살아남을 확률이 높았다.

차는 영토 확장 정책에도 큰 도움을 주었다. 영국군의 전투식량에도 으레 포함됐고, 이는 식민지의 현지인 부대의 경우도 마찬가지였다. 영국인들은 열대의 밀림을 통과하고 제국의 변경을 훑을 때, 차 한 잔으로 안정을 찾으며 동시에 수인성 질병을 막아냈다.

앞서도 언급했듯이 설탕은 얽히고설킨 대영제국 경제의 또 다른 핵심 상품이었다. 설탕은 바베이도스·자메이카·버진아일랜드 등 아메리카에 있는 여왕의 나머지 식민지에서 산출됐다. 영국은 많은 설탕을 생산했는데, 차는 영국에 그 설탕을 쏟아부을 곳을 마련해 주었다.

설탕을 넣은 차는 영국인들에게 손쉬운 칼로리 공급원을 제공해 주었다. 영국은 도시화로 인해 가난한 사람들이 더 이상 농산물을 쉽게 먹을 수 없었는데, 차는 영양분을 함유하고 있지 않지만 단백질이 들어 있는 우유와 함께 마실 수도 있고 값싸면서도 효율적인 에너지원인 설탕과 함께 즐길 수도 있었다.

차 소비가 확산되기 전에는 공장 노동자들이 칼로리 섭취량의 상당 부분을 맥주로부터 얻었는데, 그런 노동력이 결코 이상적이라고는 할 수 없었다. 맥주를 마시는 것은 기본적으로 육체노동을 하는 사람들이라면 봐줄 수 있었고, 공업화 이전의 경제에서도 마찬가지였다. 그러나 영국 경제 가운데 공업화된 부문에서는 심각한 문제를 야기했다. 미세한 운동기능이 필요했기 때문이다. 술을 마신 노동자는 빠르게 돌아가는 맨체스터 직물 공장의 직조기와 바늘에는 위험 요소였다. 그러나 설탕을 탄 차를 마시고 빵을 먹으며 여기에 더해 일요일에 고기라도 먹는다면 영국인들은 위험하게 술에 취하지 않아도 필요한 칼로리를 모두 얻을 수 있었다. 실제로 차는 자극 효과가 있어서, 노동자의 마음을 집중시켜 작업에 더욱 집중할 수 있도록 도와주었다.

술 같은 발효음료 역시 기생충을 죽이고 마시기만 해도 칼로리를 얻을 수 있는 이점이 있다. 그러나 18세기 초에 영국에서 수확된 밀의 절반 가까이가 맥주 생산에 들어갔다. 영국 국내 농업만으로는 빠르게 증가하는 인구를 먹여 살리고 동시에 그들에게 맥주를 마시게 할 도리가 없었다. 공업시대에 새로이 늘어나는 인구를 위한 충분한 농지가 도무지 없었다. 칼로리는 외부 공급원에서 얻어야 했다. 영국제도 바깥, 제국의 변경에서 가져와야 했다. 먹을거리에 대한 추구는 언제나 사회 발전을 가져왔고, 근대의 공업화된 세계적 식품 네트워크가 막 형성되기 시작한 빅토리아의 대영제국 시기에는 우유와 설탕을 탄 차가 영국에서 점차 커지고 있던 값싼 영양 섭취의 필요성에 대한 해답이 됐다.

술을 계속 기본 음료로 택했던 프랑스와 독일 같은 유럽 국가들은 공업화 과정에서 영국에 50년 뒤떨어졌다.

맥주 대신 차를 선택해서 생기는 다른 이점들도 있는데, 특히 젊은이들의 경우에 그렇다. 임신한 여성들이 맥주 대신 차를 마시게 되자 아기들의 건강이 상당히 개선됐다. 차에는 또한 항균성 페놀이 함유돼 있다. 천연 살균제로 작용하는 식물성 화학물질이다. 영국에서는 아기를 한 해 동안 모유로 키우는 것이 일반적이었기 때문에, 어머니가 맥주 대신 차를 선택한다면 영국의 아기들이 더 이상 그렇게 술에 노출되지 않는다는 이야기였다. 차는 유아사망률을 끌어내렸고, 공업화로 더 많은 노동력이 필요해진 시기에 면역력 강화에 따른 인구 증가를 가능케 했다.

19세기 중반 무렵에는 처음 만나면 "거실에서 차 한 잔" 하는 것이 보통이어서, 차를 마시는 것에 대한 이런 의례적인 관념이 영국 사회에 뿌리를 내렸다. 오후에 차를 마시는 습관은 처음에는 사회 상류층의 전유물이었는데, 차 가격이 점차 내려가면서 더 많은 사람이 즐기게 됐다. 차 마시는 시간은 점심과 저녁 식사 사이의 긴 공백기에 노는 시간이고, 사람들을 찾아가는 시간이고, 가볍게 잡담을 하는 시간이었다. 공업혁명(차도 이에 일조를 했다)은 충분한 잉여자본을 만들어내 영국인들이 결국 그 풍요의 열매를 누릴 수 있었다.

오늘날 서양에서는 차를 마시는 것이 건강에 도움을 주는지를 검토하는 새로운 연구가 매일 발표되는 듯하다. 항산화물질과 항발암물질적 특성이 있다는 것에서부터 당뇨병을 진정시키고 대사율을 높이며 비만 위험을 줄이고 면역 체계를 활성화시킨다는 것 따위다. 이런 주장들 가운데 상당수는 아직도 더 많은 과학적 검증이 필요하다. 그러나 매일 차를 마시는 사람이라면 누구라도, 차를 마시면 머리가 맑아지고 단기기억이 또렷해지며 스트레스가 줄어드는 것을 알 수 있을 것이다. 전문가들은 차를 휴식 및 기분 전환과 보다 질이 높고 오래 사는 인생을 위한 마법의 묘약으로서 여러 방면에서 검증하고 있다.

영국이 인도에서 했던 거대한 차 실험은 경이로운 성공을 거두었다. 지금은 더 많은 사람이 더 적은 비용으로 더 많은 차를 마신다. 포천이 중국의 사업 비밀을 훔쳐온 지 20년이 지나지 않아서 차 무역의 상대는 중국으로부터 영국의 식민지들로 옮겨졌다. 한 가지 초목이 원산지를 벗어나 다른 곳으로 이식되자 세계는 이전과는 다른 곳으로 변모했다.

포천, 그 후의 이야기

포천이라는 사람의 이야기를 끝내면서, 1870년대 어느 시점의 큐 식물원의 하루를 상상해 보자.

이제 육십 대가 된 포천은 뱃길로 템스강을 내려가 식물원에 도착한다. 식물학계의 친구와 동료들에게 경의를 표하기 위한 걸음이었다. 그 가운데 한 사람이 현 식물원장인 조지프 후커다. 그는 한때 아치볼드 캠벨과 함께 다르질링에서 시킴의 라자에 의해 감금된 적이 있었다. 후커는 과학계를 뒤흔들고 있던 생물학자 찰스 다윈의 절친한 친구였다. 포천으로서는 즐거운 방문이었다. 다른 식물학자들과 새로 발견된 것들에 대해 이야기하고 지난날 고생했던 경험들을 나누며, 자신이 마침내 그들과 어깨를 나란히 하게 됐다고 생각했다.

포천은 무뚝뚝한 성격인데다 자신의 회사를 몇 년 동안 계속 유지할 수 있도록 능력을 발휘했으므로 차를 마신 뒤 유명한 식물학자들인 회중에 양해를 구하고 아름다운 식물원을 산책한다. 그곳은 한때 왕실의 즐거움을 위해 존재했으나 이제는 당연히 과학 발전을 위한 온

상이었다.

포천은 언덕에 근사하게 자리 잡은 커다란 온실인 '팜하우스'로 걸어 올라간다. 큐 식물원의 초대 원장이자 포천의 이전 상관이고 현 원장의 아버지인 윌리엄 잭슨 후커가 지붕 높이 20미터의 팜하우스를 지었다. 그렇게 엄청나게 큰 야자나무를 수용하기 위해서였는데, 이 온실이 큐 식물원에서 가장 주목받는 시설이 됐다. 이 열대의 거목은 계속 자라 천장에 닿았다. 전면 유리인 팜하우스는 워드가 발견한 근본 원리를 이용했고, 공학적인 측면은 발전된 선박 건조술에 바탕을 두었다. 그것은 기본적으로 위아래를 뒤집어놓은 유리 배의 선체다. 야자나무 몸체 안에는 제국이 열대 지방 탐험에서 얻은 더 많은 사례가 둥지를 틀고 있다. 향신료·과일·목재·수염뿌리·향나무·약초 등 과거 식물 채집자들의 성과물이었다.

포천은 산책을 계속해 자신이 식물원에서 가장 좋아하는 부분일 듯한 곳, '중국 탑'으로 향한다. 이 탑은 1761년 이국적인 것이나 중국 것이면 무엇이든 유행하던 시절에, 남편과 사별한 오거스타 세자빈(1719~1772. 영국 왕 조지 2세의 장남으로 웨일스 공이었던 프레더릭 루이스의 부인이다 — 옮긴이)을 위해 세워졌다. 당시 영국에서는 장식예술 분야에서 중국의 영향이 점차 확산되고 있었다. 토머스 치펜데일(1718~1779. 영국의 가구제작자)의 가구 디자인, 직물과 고급 도자기의 디자인, 그리고 영국의 붉은 벽돌로 지은 큐 식물원의 탑 등이 그 사례다. 포천은 자신이 보고 있는 모든 것에서 중국을 추억한다. 그리고 다른 무엇보다도 탑은 그의 오랜 여행과, 수십 년이 지난 뒤에도 여전히 뇌리에서 떠나지 않는 먼 나라의 모습들을 생각나게 한다.

큐 식물원의 붉은 벽돌로 지은 중국탑.

실은 포천이 이 방문에서 무슨 경험을 했는지, 또는 정확하게 언제 그런 일이 있었는지에 관한 기록은 없다. 우리가 포천의 모험에 관해 아는 것은 그가 중국·인도·일본에 관해 발표한 저작들과 충실하고 존경스러운 익명의 동인도회사 사무원들이 남긴 방대한 기록들을 바탕으로 한 것이다. 회사가 만들어놓았던 기록의 대부분은 폭동 뒤 면허가 취소되면서 폐기됐지만, 고맙게도 대영도서관에는 많은 기록이 남아 있다. 그러나 포천의 개인 문서는 남아 있지 않다. 그가 다른 사람들에게 보낸 편지들만이 예외인데, 큐 식물원 원장 조지프 후커에게 보낸 편지 같은 것들이다.

포천은 첫 번째 여행을 마치고 고국의 아내와 아이들에게로 돌아왔다. 그러나 그 기간은 매우 짧았다. 그는 회상기를 쓰거나 사랑하는 사람들과의 친밀함을 회복하고 자녀들이 잘 사는지 지켜볼 시간도 거의 갖지 못했다. 심지어 아내에게 새 아이를 갖게 하기도 전에 회사는 다시 그를 불렀다.

포천이 녹차에 인위적으로 색깔을 넣는다는 사실을 밝혀내자 영국 대중의 입맛은 급속하게 바뀌었다. 1851년 만국박람회에서 녹차에 화학약품을 넣어 색깔이 나게 한다고 폭로한 것이 전환점이 됐다. 영국인들은 이제 홍차를, 홍차만을 원했다. 포천이 히말라야에 보낸 차 생산 인력들은 녹차 기술에 숙달된 사람들이었다. 그러나 화학 염료에 대한 그의 발견이 영국인의 취향을 크게 바꾸어, 그는 홍차 전문가를 고용하라는 명확한 지시를 받고 세 번째로 중국에 가게 된 것이다.

포천의 다음 중국 여행 또한 또 다른 형태의 스파이 활동이 포함돼 있었다. 그는 마약 밀수꾼이 돼야 했다. 영국이 도둑질을 해서 독자적인 차 사업을 하려 했지만, 중국 역시 초목 훔치기를 꾀하고 있었다. 중국은 국내에서 아편을 재배해 인도 파트나에서 재배한 아편에 맞서고자 했다. 차나무가 히말라야 반대편에서 제2의 재배지를 찾을 수 있었던 것처럼, 아편 양귀비도 무성한 중국의 구릉지대에 이식될 수 있을 터였다.

제1차 아편전쟁 이후에, 영국이 비록 중국 내에서 아편 거래를 할 수 있는 권리를 얻기는 했지만 중국 토산 아편이 급속하게 인도산 아편을 대체하고 있었다. 중국은 비용이 덜 드는 방법을 찾기 위해 온갖 지혜를 다 짜냈다. 마지막 숨을 몰아쉬며 죽어가고 있던 동인도회사는 중국 국내에서 독자적으로 재배한 아편이 언젠가 이 수지맞는 시장에서 자신을 완전히 몰아내지 않을까 두려워했다. 회사에는 이미 자신을 위해 거기서 비밀리에 활동하고 있는 유명한 원예사가 있었다. 포천의 그 임무를 확대해서 회사를 위해 중국에서 이제 막 시작한 아편 재배에 관한 정보를 최대한 수집하도록 하는 것이 가장 손쉬운 방법이었다.

포천은 매우 위험하지만 결국은 유익한 다음과 같은 물품들을 회사로 보내왔다.

· 중국 아편을 만드는 재료인 건조시킨 양귀비 표본 두 개
· 현지인들이 양귀비 씨앗을 채취하는 데 쓰는 아편용 칼 한 점
· 양귀비 씨앗 한 봉지

포천은 회사에 이렇게 썼다.

제가 지금 보내는 씨앗과 표본은 … 인도와 중국 품종의 차이가 어떤 것인지, 그리고 그것이 인도와 중국 아편 사이의 품질 차이를 설명해 줄 수 있는지를 확인하는 수단을 제공해 줄 것입니다.

인도에 있던 식물학자들은 곧 정확하게 그 차이가 어떤 것인지 연구했다. 그러나 포천은 대중서든 학술서든 출판된 자신의 책에서 아편에 관해 조사한 일에 대해서는 전혀 언급하지 않았다.

인도에서의 폭동으로 동인도회사가 무너지자 포천은 잠시 동안 새로운 고용주를 위해 일했다. 바로 미국 정부였다. 이때쯤에 그의 명성은 확고했고, 그의 공적은 널리 알려져 있었다. 그는 인도에서 완전히 새로운 산업을 일으키도록 토대를 만든 사람이었고, 미국은 이 부를

보스턴차사건을 묘사한 18세기 동판화.

창출할 수 있는 분야에서 자신의 몫을 찾고자 했다.

미국은 '보스턴차사건' 이래로 커피를 마시는 문화를 가진 나라라는 것이 당연시돼 왔다. 이 사건은 한 무리의 우국지사들이 아메리카 원주민인 모호크족 차림으로 동인도회사 배로 가서 거기 실린 차를 모두 보스턴 항구에 던져버린 사건이었다. 영국이 높은 세금을 부과한 데 대한 항의였다. 그러나 100년 가까이 지난 뒤에 미국 정부는 차에 관한 정말로 야심찬 계획을 세웠다. 남부 농업 지대를 활용하면 미국이 수익성 좋은 세계 차 산업에서 경쟁력이 있지 않을까 하는 생각이었다. 포천에게 부탁한 것은 애팔래치아산맥 남부 사우스캐롤라이나주·노스캐롤라이나주·버지니아주의 산이 많고 습한 지역에서 차나무가 잘 자랄 수 있는지 어떤지 평가해 달라는 것이었다. 미국 남부 지방에서는 노동력이 여전히 쌌다.

1857년 미국 특허청은 포천을 고용해 차 씨앗을 미국에 들여오도록 하고, 그의 명성에 걸맞은 보수를 지급하기로 했다. 연간 500파운드에 모든 비용을 대는 조건이었다. 공업화의 열기에 들뜬 특허청은 미국의 기술자들이 증기기관을 이용해 차 가공 공정을 자동화할 수 있을 것이라고 생각했다.

포천은 1858년 3월에 다시 배를 타고 중국을 향해 출발해 8월에 중국 내륙에 도착했다. 12월까지 그는 고용주인 미국을 위해 차 씨앗과 나무가 담긴 두 개의 워드 상자를 마련했다. 여러 해에 걸친 시행착오 끝에 그는 전문적인 차 수집자가 된 것이다.

상자들이 워싱턴에 도착하자마자 미국 특허청장은 냉큼 포천을 해고해 버렸다. 아마도 미국 원예사들이 이제 잘 자라고 있는 묘목들을 보살필 수 있을 것이라고 생각했던 듯하다. 실제로 차나무는 특허청 식물원에서 잘 자라고 있었다. 1859년 포천이 가져온 것으로부터 뿌리가 잘 내린 나무가 3만 그루 정도 확보돼 남부의 농장들로 분배됐다. 1860년에는 차 씨앗과 나무를 분배하는 일이 특허청 농업부 업무의 중요한 부분이 됐다.

1861년 남북전쟁이 발발하자 신설된 미국 농업부와 차 시험 재배를 하는 지역들 사이의 연락이 모두 끊어졌다. 전쟁이 끝난 뒤 노예노동이 사라진 미국의 차는 인건비가 싼 아시아의 차와 경쟁할 수가 없었다. 같은 양의 찻잎을 따는 비용을 비교해 보면 미국이 중국의 여섯 배였다. 미국에서 차 산업을 일으키기 위한 시도가 몇 차례 더 있었지만, 모두 실패하고 말았다. 포천은 남북전쟁 기간 동안 특허청으로부터 받지 못한 돈을 받으려 애썼으나, 아마도 받지 못한 듯하다.

그는 1862년에 마지막으로 동아시아를 여행해 중국과 일본을 들렀다. 그리고 이것이 민간인 자격으로 중국을 여행한 유일한 경우였다. 그는 종묘상들을 위해 일했고, 경비는 자신이 부담했다. 포천은 결국 발견한 모든 것에 대해 자기 몫을 챙겼고, 모두 이후에 이득을 얻었다. 일본은 이전에는 개방되지 않았던 나라였는데, 영국과 위도가 비슷해 영국의 기후에 잘 적응할 수 있는 귀중한 식물들이 있는 것으로 추정됐다. 포천은 그곳에서 발견한 것들로 상당한 이득을 얻었다. 그가 발견한 식물들은 영국 전역의 열성적인 초목 채집자들로부터 환영을 받았고, 이에 따라 그는 만년에 큰 부자가 됐다. 게다가 그는 아시아에서 오랜 시간을 보내면서 고관들과 농민들, 소작인들과 시인들을 만나 동양의 예술과 장식품들에 대한 안목을 키웠기 때문에 서양의 귀족층과 상인 계층으로부터 높은 평가를 받았다. 1880년 그가 죽었을 때 그의 재산은 4만 파운드 이상(현재 가치로 500만 달러 이상)으로 평가됐다.

포천은 그의 중국 여행을 통해 매우 다양한 식물군을 널리 사람들에게 알렸다. 그가 동양에서 '발견'한 식물은 수백 종에 달하며, 그 가운데는 금낭화와 영춘화, 흰꽃등나무, 열두 가지의 진달래, 국화 등이 있다. 그는 녹차와 홍차가 같은 차나무에서 나오는 것임을 입증해 린네의 차 분류법을 정정했고, 중국인들이 녹차에 독성 물질을 넣어 착색한다는 사실을 밝혀 영국인의 건강을 개선했다. 차 씨앗을 워드 상자에 넣어 수송하는 포천의 실험 역시 많은 초목을 먼 나라에 옮겨 심을 수 있도록 했다. 우뚝 솟은 떡갈나무와 밤나무 등 영국의 거목들이 대표적이다. 그가 워드 상자를 개선하기 전에는 많은 품종이 식민지에 이식될 수 없었다. 떡갈나무 열매와 밤은 차 씨앗과 마찬가지로 이동에 도무지 적합지 않았기 때문이다. 그의 작업은 전체 농업경제가 새로운 지역에서 새로운 시장을 찾을 수 있도록 해주었다.

그러나 포천의 초목 수집 방식은 빠르게 과거의 일이 돼 버렸다. 수에즈운하가 개통되자 배들은 중국과 영국 사이를 겨우 한 달 정도 만에 여행할 수 있게 됐고, 아프리카의 뿔을 돌아 여행하는 데서 오는 변덕스러운 기후 변화를 피해 화물인 초목의 위험을 최소화할 수 있게 됐다. 지구의 한 지역에서 다른 지역으로 전신 케이블도 가설돼 정보가 보다 쉽고 보다 널리 전파됨으로써 그의 시대에 중국의 특징이었던 즉흥적 허세도 사라졌다.

포천에게는 지구상의 모든 위대한 것이 정리되고 확인된 듯이 보였을 것이다. 이제 찰스 다윈의 진화론을 이용한 새로운 작업이 이루어져야 했다. 자연사는 더 이상 단순한 분류 작업이 아니었다. 그것은 각각의 종種이 경쟁과 자연선택을 통해 어떻게 적응력 있는 특성을 발전시키는지에 관한 이야기를 찾아내는 것으로 변모했다.

로버트 포천 같은 사람은 더 이상 없을 것이다. 동인도회사는 없어졌고, 그와 함께 초목을 채집하는 식물학자에 대한 조직적인 필요성도 사라졌다. 동인도회사와 같은 규모의 연구·개발을 위해 돈을 내려는 거대 독점 기업은 더 이상 없었다. 포천은 젊은 시절 큰 무대에서 자신의 역할을 했다. 그는 자신의 시대에 영국의 부강을 위해 자기 역할을 했다. 그는 영국을 더욱 푸르고 쾌적하게 만들었다. 포천이 멀리 중국에서 세심하게 포장하고 보살핀 많은 진귀한 묘목이 큐 식물원의 거대한 탑의 그늘 아래에서 보금자리를 찾았다.

포천이 노년에 들었을 때 인도의 차 농장은 중국을 능가했고, 중국의 차는 다시는 서양 시장에서 경쟁력을 회복하지 못했다. 포천의 차 도둑질은 계속해서 이득을 안겨줄 수 있었다. 차는 실론과 케냐와 터키로 이식되고, 품질이 좋거나 심지어 뛰어나다는 평가를 받게 된다. 로버트 포천이 중국에서 차를 훔친 것은 이 세상에 알려진 영업 비밀 도둑질 가운데 가장 큰 도둑질이었다. 그의 행동은 오늘날 같으면 산업스파이로 묘사될 수 있을 것이며, 코카콜라의 제조법을 훔친 것처럼 대서특필될 것이다. 지금은 수많은 국제 조약도 당연히 외국의 침해를 단속하고 자국의 귀중한 상업적 이익을 보호하고 있다.

오늘날에는 토착 식물을 지구촌 곳곳으로 대량 이주시키는 데 대해 신중하다. 우리는 이제 어떤 종이 자연적인 포식자나 경쟁자가 없는 새로운 서식지로 옮겨졌을 때 지나치게 번성하고 그곳 생태계를 파괴할 수 있음을 알고 있다. 포천과 그의 동시대인들이 통상적으로 실행했던 식으로 식물 분야에서 개척자 정신을 발휘한다면 그 결과로 섬 전체가 한 종류의 식물로 넘쳐나게 될 것이다.

로버트 포천은 1880년에 죽었다. 그가 생애 말년을 어떻게 보냈는지에 관해 알려진 바는 별로 없다. 그의 아내 제인은 자신의 개인적인 이유 때문에 남편이 죽자 남편이 남긴 모든 문서와 소지품들을 불살라 버렸다.

| 감사의 말 |

첫 번째 감사는 내 에이전트인 조이 투텔라에게 드려야겠다. 그녀는 나를 배려하고 이끌며 한 원예사에 관한 이야기를 그가 살던 세계에 관한 책으로 확장해 엮도록 도와주었다. 그녀는 나를 위해 싸워주고, 나를 키워주고, 너무도 부드럽게 내가 있어야 할 곳으로 인도해 주었다. 그녀와 그 동료들인 데이비드 블랙, 수전 라이호퍼, 리 앤 엘리세오, 게리 모리스, 조너선 윌버, 캐스피언 데니스, 애브너 스타인은 가장 고결하고 가장 친절하며, 감히 말하건대 전 세계에서 가장 뛰어난 에이전트들이다.

허친슨의 편집자 폴 시드니에게 깊은 감사를 드린다. 로버트 포천에 대한 그의 열정은 때로 나보다 더 컸다. 또한 같은 회사의 제임스 나이팅게일, 로라 멜, 에마 미첼에게도 감사를 드린다. 바이킹의 팀원인 릭 콧, 홀리 왓슨, 로라 티스델, 메건 팰런, 케이트 그릭스, 낸시 레스닉, 제리 버클리, 마거릿 페이에트, 폴 버클리에게도 감사를 드린다.

나는 친구들을 잘 만난 복도 누렸다.

푸웨이동은 존경하는 선생님이자 번역자이고, 내가 매우 좋아하는 동반자다. 이 책이 우리가 함께한 여행의 좋은 기념품이 되기를 바랄 뿐이다.

스콧 앤더슨은 매우 깜깜한 어느 겨울날 로버트 포천 이야기를 내게 해주었으며, 한없는 인내와 관용으로 내 짜증을 견뎌주었다. 그는 원고를 여러 번 꼼꼼히 읽고 더 좋은 내용이 되도록 조용히 조언을 해주었다. 그가 없었으면 나는 이 책을 내놓지 못했을 것이다. 앤더슨 집안의 모·도나·켈리는 내게 정원 사랑하는 법을 가르쳐주었다. 도나는 이 책이 나오기 전에 죽었는데, 그녀가 정원을 관리하던 흥과 기술은 이 책에 많은 도움을 주었다. 나는 토마토를 먹을 때마다 그녀를 생각한다.

킴 빈스테드는 나와 여행을 함께했다. 내가 한때 중국에서 살았던 것은 전적으로 그녀 때문이다. 그녀는 내가 아무리 비참한 상황에 처해 있더라도 해마다 겨울이면 나를 하와이로 초청해 주었다. 나는 어디든 그녀를 따라갈 것이다. 화성까지라도 따라가겠다.

조엘 더프너는 세상에서 가장 재능이 뛰어난 사나이다. 여자로서 이 험난한 출판 여정에서 그보다 섹시하고 재미있는 동반자를 만나기는 어려울 것이다.

원고를 처음 읽어준 레이철 엘킨 레브월, 빅터 위시나, 솔 오스텔리츠, 조엘 더프너는 3년에 걸친 노력이 첫 번째로 보상을 받는 순간을 만들어주었다. 멋진 편집도 해주었다.

메건 폰 베런은 보학譜學 지식을 빌려주었고, 대니얼 폰 베런은 응원단장 역할을 해주었다. 나는 그들의 여자 친구가 돼서 황홀하다.

이 책의 상당 부분은 집에서 멀리 떨어진 곳에서 연구하고 썼다. 아름다운 곳들에서 집과 우정을 나눠준 분들께 감사드린다. 런던의 줄리

언 랜드, 미리엄 나바로, 코코 캠벨과 토스카나의 아시 집안의 헨리·토리·엘리자베스·조, 메인주의 라이틴 집안의 마크·로런·데이비드·델리아, 델리의 자나키 바하두르와 크리스토퍼 크레머 등이다.

세라월드의 다른 친구들도 감사의 인사와 선물을 받을 자격이 있다. 와인을 원하는 대로 대주었던 '황야의 7인' 캐런 베커, 캐서린 클라크, 태미 햅스, 찰리 패러다이스, 아디나 로젠탈, 샤나 시스크 등이다. 달린 매캠벨, 얼 벨, 리처드 포드, 앨런 리치먼 같은 훌륭한 선생님들도 계셨다. 데가네요 집안의 마리아·세르히오·피에르알베르토와 티노 팔라시오, 민디 그레이엄, 로지 험프리, 버트 프리드먼이 있어 시카고는 따뜻했다. 하와이는 따뜻했지만 제니퍼 베이커와 '빅레드' 제이슨 제스티스, 그리고 월터 에클스가 없었다면 재미가 없었을 것이다. 찰스 콕스는 내가 연구 과제를 가장 필요로 할 때 그것을 내주었다. 베이시드 집안의 라일라·탈리아·미아와 그 부모인 마르코·필리스는 따분한 수정 작업을 할 때 응원해 주었고, 작업을 지속할 수 있도록 해주었다.

바니 로즈, 클레어 홀링워스, 가필드 부부(벳시·제프), 에번 코노그, 로런 매콜리스터, 스테파니 조던, 애덤 브라운, 샤이 잉그버, 엘리자베스 해밀턴, 마이어스 집안의 제이슨·베스·바버라·빌, 리처드 브래들리, 일레인 랜드, 애니타 포어와 작가협회, 고 글래디스 캐너 등에게 특별한 감사를 드린다. 이분들은 항상 중국이 젊은 여자가 갈 곳이 아니라고 말해 주었다.

마지막으로, 차와 나는 생일이 같다. 첫물 따기 기념일이 음력 3월 3일인데, 이는 4월 3일 전후다. 내가 그런 행복한 날에 태어난 것은 상당 부분 내 부모님 헬렌 코언 로즈와 제럴드 로즈 덕분이다. 그분들이 안 계셨다면 이 책은 (그리고 나도) 태어나지 못했을 것이다.

| 주석 |

이 작업은 학술적인 것이 아니라 대중적인 역사서이기 때문에, 나는 각주 붙이는 것을 피하고 본문에서 인용 원전을 밝히지 않았다. 그러나 이 책은 논픽션이기 때문에 모든 인용은 편지와 회고록, 신문 또는 당시의 다른 자료들에서 딴 것이다.

내가 주로 인용한 것은 포천이 쓴 네 권의 회고록과 그가 동인도회사에 보낸 편지, 그리고 대영도서관에 소장돼 있는 다른 회사 기록들이다. 이 작업을 위해 500건이 넘는 책과 기록들을 참조했다. 포천, 동인도회사, 중국, 실용적인 식물학 등 대주제들 각각에 대해서는 나보다 더 고명하고 학식이 깊은 지성들이 연구해 놓았다.

차의 모든 것에 관해서는 적절한 제목이 붙은 아래의 책이 있다.

William H. Ukers, *All About Tea*, The Tea and Coffee Trade Journal Company, 1935.

좀 더 자세한 설명이 붙은 것으로는 몇몇 뛰어난 대중 역사서가 있지만, 나는 활기에 넘치는 다음 책을 자주 보았다.

James Maurice Scott, *The Great Tea Venture*, Dutton, 1965.

나는 빅토리아 시대 영국 본토와 식민지의 생물학자와 식물학자들의 세계를 탐험하는 것이 너무도 재미있어서 깜짝 놀랐다. 그 일에 먼저 뛰어든 학자들에게 어떤 찬사를 올려야 할지 모르겠다. 아래 책들은 모두 엄청난 자료들이었다.

David E. Allen, *The Naturalist in Britain : A Social History*, Princeton University Press, 1994.

David Arnold, *The Tropics and the Traveling Gaze : India, Landscape, and Science, 1800–1856*, University of Washington Press, 2006.

Fa-ti Fan, *British Naturalists in Qing China : Science, Empire, and Cultural Encounter*, Harvard University Press, 2004.

Sidney W. Mintz, *Sweetness and Power : The Place of Sugar in Modern History*, Penguin Books, 1986(시드니 민츠, 김문호 옮김, 『설탕과 권력』, 지호, 1998).

Donal McCracken, *Gardens of Empire*, Leicester University Press, 1997.

Henry Hobhouse, *Seeds of Change*, Harper and Row, 1986.

Sandra Knapp, *Plant Discoveries : A Botanist's Voyage Through Plant Exploration*, Firefly Books, 2003.

나는 첼시 약초원이 발간한 소책자들과 런던의 가장 멋진 보물인 약초원 자체로부터 많은 것을 배웠고, 아래 책도 마찬가지다.

Sue Minter, *The Apothecaries' Garden*, Sutton, 2000.

다른 중국 연구자들도 마찬가지겠지만, 나도 청나라 역사에 관해 여러 대가에 의지했다. 조너선 스펜스, 존 킹 페어뱅크, 이매뉴얼 C. Y. 쉬(중국명 徐中約), 필립 쿤, 프레드릭 웨이크먼 등은 모두 방대한 역사에 관한 훌륭하고 엄청난 책들을 썼고, 나는 열심히 탐독했다. 작은 주제들에 관해서는 다음의 책들이 뛰어나 자료로 활용했거나 추천하고 싶다.

태평천국운동

Jonathan Spence, *God's Chinese Son : The Taiping Heavenly Kingdom of Hong Xiuquan*. W. W. Norton, 1996(조너선 스펜스, 양휘웅 옮김, 『신의 아들 : 홍수전과 태평천국』, 이산, 2006).

아편

Zheng Yangwen, *The Social Life of Opium in China : A History of Consumption from the Fifteenth to the Twentieth Century*, Cambridge University Press, 2005.

중국 농촌 생활

Nancy Berliner and the Peabody Essex Museum, *Yin Yu Tang : The Architecture and Daily Life of a Chinese House*, Tuttle Publishing, 2003.

동인도회사에 대한 설득력 있는 역사적 연구는 생각보다 많지 않은 듯하다. 거대하고 복잡한 회사의 전모를 밝힌 책이 없어서 연구자인 나는 불만스러웠다. 그러나 나는 몇몇 견실한 연구를 참고했는데, 다음과 같은 것들이다.

Peter Ward Fay, *The Opium War*, University of North Carolina Press, 1975.

Nick Robbins, *The Corporation That Changed the World*, Pluto Press, 2006.

John Keay, *The Honourable Company : A History of the English East India Company*, Harper Collins, 1993.

Patrick Tuck, *The East India Company*, Routledge(reprinted), 1998.

H. A. Antrobus, *A History of the Assam Company, 1839-1953*, T. and A. Constable(privately printed), 1957.

David Macgregor, *The Tea Clippers : An Account of the China Tea Trade and of Some of the British Sailing Ships Engaged in It from 1849 to 1869*, P. Marshall, 1952.

포천·중국·동인도회사·차에 관해 공부하면서 나는 여러 사람으로부터 훌륭한 조언을 받았다. 차 전문가인 루순용 씨와 그 동료인 왕 씨 및 시 씨, 앨런 스토크스와 마이클 하니, 중국학자인 카시 이, 얀 윙, 헤이즈 무어, 수전 투린, 누구보다도 뛰어난 리처드 모렐과 대영도서관 아시아 파트 직원들, 그리고 내가 세상에서 가장 좋아하는 도서관인 시카고대학 도서관의 모든 부서원이다.

베이징은 전에 영어권 사람들에게 '피킹Peking'으로 알려졌다. 1949년 공산당 정권은 영어식의 피킹을 공식 병음拼音 '베이징Beijing'으로 바꾸었으나, 정부가 베이징을 공식 문서에서 쓰기 시작한 1980년대까지는 널리 사용되지 않았다. 홍콩을 반환하던 시기에 내가 처음 만난 나이 지긋한 중국 전문가들 상당수는 중국 수도를 가리키는 말로 여전히 피킹을 쓰고 있었다. 이 말은 식민주의의 냄새를 풍기기 때문에 시대에 뒤떨어진 느낌을 주지만 이 책에서는 그것을 사용했다(그러나 '피킹'은 우리 독자에게는 오히려 낯설기 때문에 이 번역본에서는 '베이징'으로 표기했다 — 옮긴이).

포천은 중국 농촌 지역을 방문한 서양 사람으로는 처음이거나 초기의 인물이었고, 그가 언급한 지역이나 사물이 중국어로 어떻게 되는지가 항상 분명한 것은 아니다. 중국어를 영어로 표기할 체계적인 방식이 개발되기 전에 여행했기 때문이다. 나는 가능한 곳에서는 병음 표기를 하려 애썼다. 그러나 유감스럽게도 나는 중국어 사용자가 아니어서 여러 번역자에게 의존했다. 물론 모든 책임은 나에게 있다.

원제부터가 흥미롭다. 이 책의 원제는 'For All the Tea in China'인데, 영어에서 'all the tea in China'는 '매우 귀중한 것'을 의미하는 숙어다. '모든 중국의 차茶'가 왜 '매우 귀중한 것'을 의미하게 됐을까? 이 책을 읽는다면 그 까닭을 절절히 느낄 수 있다.

이 책은 서양 열강의 중국 침탈기인 19세기에 영국과 중국이 벌인 '초목 전쟁' 이야기다. 영국은 인도를 식민지화한 뒤 그곳에서 아편을 만들어 중국에 팔았다. 그러다가 이 불법 행위를 통제하려는 중국과 충돌해 일어난 것이 유명한 아편전쟁이다. 영국이 전쟁을 일으키면서까지 아편 판매에 집착한 것은 그것 자체가 수익성이 높은 사업이기 때문인 것은 물론이지만, 그런 벌이가 없어진다면 막대한 양의 차를 중국으로부터 수입하고 그 대금을 치를 다른 방도를 마련하기가 쉽지 않았기 때문이다. 영국에서는 공업혁명이 일어나고 도시화가 진척되는 사회 변동을 겪으면서 차가 전 국민의 기호품이 되고 있었다. 따라서 수요는 늘어가는데 그것을 사올 돈줄이 막히는 것은 전쟁을 해서라도 막아야 했다. 공교롭게도 양국이 교환하던 상품들인 차와 아편은 각기 동백나무와 양귀비라는 두 가지 식물로부터 만들어지는 것이어서, 두 나라 사이의 전쟁은 이들 초목을 둘러싼 전쟁이었다.

영국은 전쟁에서 간단하게 승리했다. 영국은 아편 장사를 계속할 수 있게 됐을 뿐만 아니라, 덤으로 홍콩을 얻고 개항장도 다섯 군데로 늘렸다. 여기까지는 다 아는 얘기다. 그런데 영국은 한 발 더 나아가 차를 중국에서 수입하는 구조를 뜯어고치고자 했다. 자국령인 인도의 히말라야 산지에서 차를 재배해 직접 생산하자는 것이다. 이른바 '수입대체산업'이다.

문제는 차 씨앗이나 묘목이 없다는 것이었다. 인도에서도 아삼 지역에서 차나무가 자랐지만, 품질 면에서 중국산 차와 비교가 되지 않았다. 중국에서 구해 와야 했다. 그러나 공식 루트로 될 일이 아니었다. 주력 수출품을 사가는 나라에게 그 제품의 생산 기술을 고스란히 내놓는 나라가 어디 있겠는가. 남은 방법은 훔쳐 오는 것이었다. '산업스파이'다.

한 식물원 관리자가 그 임무를 위해 뽑혔다. 당시는 영국이 전쟁에서 승리했다고 하더라도 서양 사람은 몇 개의 개항장에서 무역을 할 수 있었을 뿐, 내륙 지방으로는 깊이 들어갈 수 없었다. 이 사람은 그 법을 어기고 황산과 우이산 등 중국 내륙에 있는 유명한 차 산지들을 돌아다니며 차 묘목과 씨앗을 구해 나와야 했다. 나중에는 제조 과정에 필요한 지식과 기술을 위해 중국인 전문가들까지 빼내 와야 했다. 이 책은 그 스릴 넘치는 산업스파이 활동에 대한 기록이다.

저자는 로버트 포천이라는 그 '스파이'의 회상기들과 스파이 활동 발주자였던 동인도회사의 기록 등 방대한 자료들을 뒤져 전 과정을 재구성했다. 책을 읽다 보면 소설이 아닌가 하는 착각이 들 수도 있지만,

엄연한 역사책이다. 모두 자료를 근거로 한 내용들이다. 다만 대중용이기 때문에 '목 넘김'이 좋도록 하는 서술 방식을 택했을 뿐이다. 독자 입장에서는 가장 편하게 받아먹을 수 있는 책이라고 할 수 있는데, 그렇다고 그저 심심풀이로 먹는 과자 나부랭이가 아니라 영양 성분도 충실한 한 끼 식사다.

전체 줄거리가 금지된 지역에 가서 필요한 것을 훔쳐 나오는 것이라서 그 우여곡절 자체가 흥밋거리다. 훔쳐오는 것이 차이기 때문에 차에 관한 여러 가지 상식이나 전설 등도 펼쳐진다. 아편전쟁과 태평천국운동 등 격변기 중국의 모습도 생생하게 그려진다. 일반 역사책이라면 추상적인 언어들의 나열이라서 머리로 아는 역사가 되겠지만, 이 책은 구체적인 상황을 이야기하고 있기 때문에 가슴으로 느끼는 역사다. 이는 또 하나의 무대인 인도의 경우도 마찬가지다. 영국의 식민지 인도가 어떤 방식으로 운영됐는지, 유명한 '세포이의 반란'이 어떻게 전개됐는지 등 실감 나는 이야기들이 많다. 얼핏 연관이 없다고 생각할 수 있는 영국의 인도 식민지와 아메리카 식민지도 차(인도)와 거기에 타서 마시는 설탕(아메리카)을 생산하는 지역으로 밀접한 연관이 있음을 가르쳐준다.

이 밖에도 이 책은 본 줄거리 사이사이에 끼워져 있는 '잡학'들을 보는 재미도 쏠쏠하다. 밀폐된 유리 용기 안에서 외부의 도움 없이 초목이 오랫동안 생명을 유지하는 원리, 엔필드 소총 이야기에서 나오는 총의 격발 원리와 발전사, 아편의 과학, 중국인들의 '미앤즈(체면)'와 '관시(관계)' 이야기, 비참했던 19세기 말 '쿨리(중국인 노동자)'들의 해외 이주 실상, 영국인들의 음료가 맥주에서 홍차로 바뀌는 이유, 24조각으로 토막 내는 끔찍한 중국의 해적 처형 과정, 영국에서 초목 열풍이 분 배경, 영국 장미전쟁에 등장하는 빨간 장미는 실은 분홍색이라는 이야기 등등. 그리 두껍지도 않은 책에 온갖 분야의 이야기들이 잔뜩 들어 있다. 덕분에 역자는 메뚜기처럼 산지사방 뛰어다녀야 했다. 피곤하기는 했지만, 재미가 그 보상이었다.

서두에 말한 '모든 중국의 차'가 왜 '매우 귀중한 것'을 의미하게 됐는지는 이 짧은 후기만 읽어도 '머리'로는 대충 알 수 있을 것이다. 그러나 그것을 '가슴'으로 느끼려면 본문을 읽어야 한다.

끝으로, 이 책을 읽으면서 혹시 낯설게 생각될지 모를 번역어 한 가지에 대해 설명을 드리고자 한다. 보통 '산업혁명'으로 번역되는 'Industrial Revolution'은 이 책에서 '공업혁명'으로 번역했다. 우리말의 '산업'은 농업·공업·서비스업 등을 모두 포괄하는, 말하자면 '공업'의 상위 개념이다. 반면 영어의 'industry'는 경우에 따라 '공업'이나 '산업'으로 번역된다. 'Industrial Revolution'은 농업 중심의 산업 체계가 공업 중심의 산업 체계로 바뀐 것이다. '산업에서 혁명이 일어났다'는 의미에서 '산업혁명'이라고 할 수도 있겠지만, '농업혁명'이나 '정보산업혁명'과 함께 역사적인 관점에서 보자면 '공업혁명'이 더 적당할 듯하다. 말하자면 농업혁명은 1차 산업혁명이고, 공업혁명은 2차, 정보산업혁명은 3차 산업혁명인 셈이다. 같은 맥락에서 나온 'industrialization'을 '산업화'로 번역하면 개념이 이상해지는 점도 고려해야 한다. 우리에게 '산업혁명'이라는 용어를 전염시킨 것으로 보이는 일본에서도 '공업혁명'과 '공업화'라는 용어가 고개를 들고 있다고 한다.

2014년 11월

옮긴이 이재황

| 찾아보기 |

초목전쟁

영국은 왜 중국 홍차를 훔쳤나

지은이 세라 로즈
옮긴이 이재황
펴낸이 윤양미
펴낸곳 도서출판 산처럼

등 록 2002년 1월 10일 제1-2979
주 소 서울시 종로구 사직로8길 34 경희궁의 아침 3단지 오피스텔 412호
전 화 02-725-7414
팩 스 02-725-7404
E-mail sanbooks@hanmail.net
홈페이지 www.sanbooks.com

제1판 제1쇄 2015년 2월 20일

값 15,000원

ISBN 978-89-90062-56-7- 03900

* 잘못된 책은 바꾸어 드립니다.